DIE
SINGLE-FALLE

W0095768

LENA KORNYEYEVA

unter Mitarbeit von Nils Aschenbeck

DIE SINGLE-FALLE

FRAUEN UND MÄNNER IN ZEITEN DER SELBSTVERWIRKLICHUNG

HEYNE <

Die Verlagsgruppe Random House weist ausdrücklich darauf hin,
dass im Text enthaltene externe Links vom Verlag nur bis zum Zeitpunkt
der Buchveröffentlichung eingesehen werden konnten.
Auf spätere Veränderungen hat der Verlag keinerlei Einfluss.
Eine Haftung des Verlags für externe Links ist stets ausgeschlossen.

MIX
Papier aus verantwor-
tungsvollen Quellen
FSC® C083411

Verlagsgruppe Random House FSC® N001967
Das für dieses Buch verwendete
FSC®-zertifizierte Papier *Super Snowbright*
liefert Hellefoss AS, Hokksund, Norwegen.

Originalausgabe 09/2015

Copyright © by Wilhelm Heyne Verlag, München,
in der Verlagsgruppe Random House GmbH
Printed in Germany
Redaktion: Andrea Kunstmann
Umschlaggestaltung und Motiv:
Hauptmann & Kompanie, Zürich
Satz: Leingärtner, Nabburg
Druck: CPI books GmbH, Leck
ISBN: 978-3-453-26997-2

www.heyne.de

INHALT

KAPITEL 2
DIE ERFINDUNG DER EINSAMKEIT

KAPITEL 3
SINGLES UNDERCOVER

KAPITEL 4

»SELBSTBEWUSSTE« SINGLES

KAPITEL 5

SUCHENDE SINGLES

KAPITEL 6

SINGLES ALS GELDMASCHINE

KAPITEL 7

AM ABGRUND

KAPITEL 8

GLÜCKLICH ZU ZWEIT

ANHANG

»Menschen anrempeln. liebe finden.
wenn's nur so einfach wär.«

TWEET[1]

Alle in diesem Buch geschilderten persönlichen Schicksale beruhen auf meiner Erfahrung als Psychologin. Die vielen tatsächlichen Fälle aus meiner Praxis habe ich zu einigen typischen Geschichten zusammengezogen und diese so weit abstrahiert, dass sie nicht wiedererkennbar sind. Alle Namen und alle Orte sind frei erfunden.

Wer dennoch glaubt, sich in einer Person zu entdecken, der erkennt nur das psychologische Muster, das er mit vielen anderen Menschen teilt.

ZU DIESEM BUCH

»Jeden Abend verwandeln sich … an die 15 Millionen Deutsche.
Sie verlassen die Welt, in der man spricht, scherzt,
streitet, liebt, und betreten ihre eigene.
Sie werden zu Singles.«

MICHAEL ALLMAIER IN »DIE ZEIT«[2]

Wenn ich zurückdenke an meine Zeit in der Ukraine, dann waren wir immer *zusammen*. Um allein zu sein, musste ich eine Tür abschließen oder in den Stadtpark flüchten. Das Leben mit anderen – erst in der Familie, dann in der Partnerschaft – war für mich alltägliche Normalität. Mit 18 hatte ich geheiratet, mit 19 wurde ich Mutter.

Aus meiner heutigen deutschen Perspektive erscheint mir das intensive Zusammenleben vielleicht wie eine Zwangsgemeinschaft. Doch ich habe meine Jugend und das junge Erwachsenensein genossen – immer beachtet zu werden, mich immer mit anderen austauschen zu können. Die Momente des Alleinseins bekamen dann eine besondere Qualität. Sie waren kleine luxuriöse Inseln im Ozean der Kommunikation. Als ich 2006 nach Deutschland kam, war ich plötzlich viel allein. Ich arbeitete allein am Computer in meinem Büro, trieb allein mein Forschungsprojekt voran, fuhr allein im Bus und saß am Abend allein in meiner Küche am Esstisch. Und ging natürlich allein ins Bett.

Ich bemerkte schnell, dass es nicht nur mir so ging. Meine Büronachbarin hatte einen ähnlichen Tagesablauf. Und auch die Doktorandin, mit der ich manchmal zusammen in der Mensa zu Mittag aß, reihte sich nach kurzen Begegnungen wieder ein in das Heer der Alleinlebenden. Allein zu sein scheint mir in den westlichen Industrienationen allmählich zur Regel zu werden. Viele Deutsche wohnen auf 80, 100 oder mehr Quadratmetern allein. Als mir ein Bremer Bekannter das vierte Zimmer seiner Wohnung öffnete, fragte ich nach seinen Mitbewohnern. Er hatte keine, lebte ohne Partnerin auf 141 Quadratmetern zuzüglich ausgebauten Dachbodens und Dachterrasse. Auf meine Frage, ob er das Alleinsein nicht als bedrückend empfinde, zuckte er nur kraftlos mit den Schultern. Er hatte sich diese Frage offenbar nie gestellt. Zusammen zu sein, einen Partner zu haben – vielen erscheint das inzwischen als ein unerreichbarer Luxus, über den man nicht einmal nachdenken will.

Deutsche Freunde erzählen mir, dass sie genau wie ich aus ihrer Kinderzeit und Jugend das ständige Zusammensein kennen. Ihre Großeltern und auch noch ihre Eltern lebten zusammen, jeden Tag, jede Stunde – ohne das infrage zu stellen. Natürlich war auch damals nicht jede Beziehung erfüllend, natürlich gab es Zwangsgemeinschaften und auch Ehepartner, die in der Ehe verzweifelten. Doch in der Generation unserer Großeltern sorgte das mehr oder weniger freiwillige Zusammensein der Eheleute dafür, dass die Einsamkeit und daraus resultierende körperliche und vor allem seelische Krankheiten wie Depressionen oder Burn-out weniger häufig auftraten. Die Menschen waren vermutlich zufriedener – auch wenn sie härter arbeiten mussten, auch wenn sie in ihren Rollen gefangen waren, auch wenn kein eigenes Auto vor der Tür wartete, mit dem sie sich unabhängig und frei fühlen konnten.

Früher schien also vieles besser – und doch wird alles anders. Tatsächlich will heute kaum jemand mehr so leben, wie es die Großeltern getan haben, doch der Gewinn neuer Freiheiten und Möglichkeiten wird durch Verluste erkauft.

In den zurückliegenden Generationen hat sich das Alleinsein mehr und mehr etabliert. Alleinsein ist für viele vor allem jüngere Leute ein Normalzustand geworden, für manche vielleicht auch ein Idealzustand. Kurz gesagt: In den vergangenen Jahren ist es zu einer *Lonelification* der Gesellschaft gekommen, zu einem grassierenden Alleinsein, einer sich ausbreitenden Einsamkeit. Gerade junge, moderne Frauen in westlichen Gesellschaften leben immer häufiger ohne Nähe und ohne Liebe. Wie konnte das passieren? Hat die Beziehung ihre Attraktivität verloren? Sind die jungen Leute von heute zu »erwachsen«, um ihre Zeit »albernen« Beziehungsspielen zu widmen? Sind junge Leute heute so »abgeklärt«, dass sie gut und gerne auf den Partner verzichten können?

Lonelification mag für manche auf den ersten Blick eine tolle, fast »coole« Sache sein: Viele aktuelle Romane lehren uns, dass die wahren Helden des Alltags allein stehen, allein erfolgreich sind, allein mehr Spaß haben. Die einsamen Wölfe gewinnen, wenn wir von ihnen lesen, meist sofort unsere Sympathie. Auch in den Filmen sind Ehepartner die eher langweiligen Figuren – interessant, spannend und attraktiv werden ausgerechnet die Alleinlebenden gezeichnet.

Wir neigen dazu, das Alleinsein zu verklären, in der Einsamkeit Größe oder gar Überlegenheit zu entdecken. Einsame Entscheider, einsame Denker, einsame, aber umso inspiriertere Dichter. Und wenn wir noch skeptisch sind, wenn wir noch an der kuscheligen Zweisamkeit hängen, dann will uns spätestens die Werbung von den Vorzügen des coolen Singlelebens überzeugen. Allein mit dem neuen Auto über Landstraßen cruisen, dabei souverän mit der einen Hand den Wagen lenken und mit der anderen das Radio bedienen … Solche oder ähnliche Bilder werden uns jeden Tag im Fernsehen oder im Internet gezeigt. In Apples berühmter iPod-Werbung – schwarze Gestalten vor farbigem Grund mit weißen Hörerkabeln – tanzten die Menschen meist allein und in Ekstase. Auch in Anzeigen von Banken, Versicherungen und Stromversorgern ist der besonders erfolgreiche

Mensch allein. Man mag an Caspar David Friedrichs Gemälde eines Berg-steigers aus dem Jahr 1818 denken: »Der Wanderer über dem Nebelmeer«. Ein Mann mit Stock und windzerzausten Haaren hat einen Gipfel bestie-gen und blickt nun über die wolkenverhangene Berglandschaft. Damals war der Wanderer Symbol deutscher Innerlichkeit, heute könnte er als welt-weit gültiges, gesellschaftliches Ideal dienen: der einsame Gipfelstürmer, der Held, der alle anderen hinter sich gelassen hat und an seinem Ziel an-gekommen ist – dem Alleinsein.

In Michel Houellebecqs erfolgreichem Roman *Elementarteilchen*[3] lebt der Wissenschaftler Michel zusammen mit einem Kanarienvogel. Auf den ersten Blick ist Michel, der nicht zufällig den Vornamen Houellebecqs trägt, der ideale einsame Held – ein herausragender Denker, ein Mann, der mit seiner Wissenschaft die Welt erklären kann. Doch Houellebecq schil-dert eine andere, ernüchternde Wirklichkeit – das trostlose Leben eines einsamen Mannes mit einem einsamen Vogel. Aus Mitleid lässt Michel seinen Kanarienvogel eines Tages aus dem Käfig, er will ihm die Freiheit geben und aus der Einsamkeit erlösen; es endet damit, dass das Tier aus dem Fenster stürzt, auf einen benachbarten Balkon fliegt und »sich zitternd vor Kälte und Angst an die Betonwand«[4] drückt. Der Vogel, der mit seiner Freiheit nichts anfangen kann, der die Einsamkeit verinnerlicht hat, wird bei Houellebecq zum Symbol für die allein lebenden Menschen in der modernen Welt, die vor Kälte und Angst zittern.

Der Roman-Michel kündigt bald seinen Job, der ihn nicht erfüllt hat. Am ersten Abend, den er nach seiner Kündigung allein im Apartment verbringt, entdeckt er den Vogel tot im Käfig. Emotionslos nimmt er das Ableben des Seelenverwandten zur Kenntnis. Er isst zu Abend – »eine Portion Seewolf mit Kerbel der Marke *Monoprix Gourmet* […] und […] dazu einen mittelmäßigen Valdepenas« –, wirft den Kadaver in den Müll-schlucker des Apartmenthauses und legt sich schlafen. Aber in der Nacht findet er keine Ruhe: »Michel richtete sich nachts zitternd auf, es war noch nicht halb zwei. Er schluckte drei Xanax. So endete sein erster Abend in der Freiheit.«[5]

Houellebecqs Romane – so *Ausweitung der Kampfzone*, *Elementarteilchen* und *Karte und Gebiet* – handeln von den modernen, einsamen Menschen, die ihr Leben lang auf der Suche sind nach Zärtlichkeit, Zuneigung und Sex, die aber die ersehnte Erlösung trotz unzähliger Anläufe nicht finden, die sich längst in der Einsamkeit verfangen haben, die längst mehr auf Tabletten wie Xanax vertrauen als auf ihren eigenen Verstand.

In *Elementarteilchen* findet Michel dann doch die Frau, die er liebt – aber sie begeht Selbstmord. Auch sein Bruder Bruno, die zweite Hauptfigur des Romans, trifft schließlich auf die Richtige. Sie erkrankt an einer Nekrose, und Bruno kann nicht verhindern, dass sie sich aus dem Fenster stürzt – sie hat nicht an seine Liebe geglaubt. Houellebecq schildert in *Elementarteilchen* nicht ohne Zynismus die Lage der verwirrten, modernen Menschen und das Alleinsein, das zu Verzweiflung und Depression, zu Medikamentenabhängigkeit und manchmal zum Suizid führt.

Alle Versuche, das Alleinsein zur coolen neuen Existenzform zu erheben, alles Bejubeln des schrulligen Singles, der *Quirkyalone* – *Singles aus Leidenschaft* (so der Titel eines Bestsellers aus dem Jahr 2005) kann die vielen stillen Tragödien nur oberflächlich verdecken. Tatsächlich bedroht das in der ganzen westlichen Welt grassierende Alleinsein das Glück und auch die Gesundheit vieler Menschen. Die Lonelification, die Vereinsamung inmitten der Menschenmenge, ist ein Trend, der manchmal vielleicht cool erscheint, aber gleichzeitig zahlreiche individuelle Opfer fordert, über die kaum jemand redet.

Glück versus Einsamkeit

Das Alleinsein wird sehr unterschiedlich wahrgenommen. Manche haben seit Jahren keinen Sex – und fühlen sich dennoch nicht allein gelassen, können gut damit leben. Andere wurden seit vielleicht vier Wochen nicht mehr in den Arm genommen – und fallen bereits in ernsthafte Depressionen. Auf jeden Fall leidet jeder, der von sich behauptet, dass er *einsam* ist, unter der Situation – ihm fehlt die Nähe zu einer anderen Person. Und deshalb sollte jeder, der sich subjektiv einsam fühlt, an seiner Situation etwas ändern – um besser und glücklicher zu leben.

In diesem Buch werde ich der Frage nachgehen, warum inzwischen ein großer Teil der Städter allein lebt und viele von ihnen sich mehr oder weniger einsam fühlen. Aber vor allem werde ich aufzeigen, welche konkreten und erschreckenden Folgen das ungewollte Alleinsein nach sich zieht: Es sind eine tiefe Frustration bei Frauen und Männern, vielerlei Abhängigkeiten, seelische und körperliche Krankheiten – bis hin zu schweren Depressionen.

»Die Menschen seiner Generation waren häufig vom Elend bedroht und verbrachten darüber hinaus ihr Leben einsam und verbittert. Gefühle wie Liebe, Zärtlichkeit und Brüderlichkeit waren weitgehend verschwunden; in ihren zwischenmenschlichen Beziehungen erwiesen sich seine Zeitgenossen sehr häufig als gleichgültig oder sogar grausam«,[6] schreibt Michel Houellebecq ebenfalls in *Elementarteilchen*. Houellebecq überzeichnet und trifft gleichzeitig den Kern: Die Menschen unserer modernen Zeit erleben in ihrer Umwelt häufig Distanz und Kälte. Viele zweifeln längst an der Kraft von Liebe und Zweisamkeit und schlittern in Einsamkeit und Krankheit, ihr Leben führt von erster Liebe über Scheidung in die Psychiatrie.

Und doch ist diese verhängnisvolle Logik nicht unausweichlich. Und deshalb möchte ich im Folgenden auch zeigen, dass man der Einsamkeit entkommen kann! Der Weg zum Glück liegt in der Hand eines jeden Einzelnen. Jeder hat mehr Möglichkeiten, sich für ein anderes Leben zu entscheiden, als er denkt. In einer abgesicherten westlichen Gesellschaft, in der weder Hunger noch Obdachlosigkeit drohen, gelten keine Ausreden. Noch können die Menschen umfassend über die Gestaltung ihres Lebens selbst entscheiden. Es ist eine Frage der Sichtweise, ob man in den anderen nur Idioten sieht oder ob man mit Neugier die unendliche, spannende Vielfalt der menschlichen Art entdecken will. Es ist eine Frage der Herangehensweise, ob man sein Leben in die Sackgasse der Einsamkeit steuert oder es so gestaltet, dass es angenehm und lebenswert wird. Verbitterung, Verzweiflung und Verelendung sind in der Regel Folgen kontraproduktiver persönlicher Entscheidungen, auch wenn bestimmte gesellschaftliche Fehlentwicklungen, denen die Menschen zu einfach und zu unkritisch folgen, diese Entwicklung unterstützen. Aber ich bin überzeugt davon, dass es für jeden einen anderen Weg, eine Alternative zum Unglück gibt.

Mir geht es in diesem Buch niemals um eine pauschale Kritik an privaten Lebensentwürfen oder an der Entscheidung, allein zu bleiben – jeder soll so leben und so lieben, wie er will. Jeder hat natürlich das Recht, Single zu sein – für ein paar Monate, für Jahre oder für immer. Doch wer als Single kein Glück findet, wer *unglücklich allein* bleibt, wer sich *einsam* fühlt, der hat das Recht und die Möglichkeit, Lösungen und Auswege zu finden. Den Abschluss der Kapitel fünf und acht bilden deshalb Strategien, wie man das Alleinsein überwinden bzw. eine erfüllende Partnerschaft gestalten kann. Ich gebe Tipps für Singles, die einen Partner suchen, und für Partner in einer unerfüllten Beziehung. Denn: Auch das Glück lässt sich lernen.

Noch eine Anmerkung: In *Die Single-Falle* ist immer von Frauen und Männern die Rede. Das Buch scheint aus einem rein heterosexuellen Blickwinkel geschrieben. Doch das von mir Gesagte betrifft auch homosexuelle

Paare und Singles. Jede Beziehung – egal ob zu Mann oder Frau – ist für uns grundsätzlich notwendiger Quell seelischer Ernährung. Das ist nicht weniger als ein universelles zwischenmenschliches Prinzip.

KAPITEL 1

SO LEBEN WIR HEUTE

»Es ist die Berührungsangst, die Zärtlichkeitsangst, die Lebensangst,
die wie ein endloser Winter durch dieses Land wandert;
ihrer Kälte entkommst auch du nicht, und mit keinem Satz
und keinem Glas kannst du sie besiegen.«

JÖRG FAUSER[7]

Als ich im Jahr 2006 nach Bremen kam, kannte ich zuerst niemanden. Meine einzige Freundin, die mich unterstützte und mir in der Fremde half, saß in Aachen. Das störte mich damals nicht. Ich konnte meine neue Wohnung einrichten, ich musste mich in der neuen Universität zurechtfinden. Wenn ich am Abend müde ins Bett fiel, dann lagen volle, ja, erfüllte Tage hinter mir. Es gibt ohne Frage ein gutes Alleinsein, das man manchmal benötigt. Es gibt Phasen im Leben, in denen man zu sich selbst finden will, in denen ein Partner eher ablenken würde.

Doch nach den ersten drei, vier Wochen in meiner Dachgeschosswohnung begann ich das Alleinsein zu spüren. Ich begann zu begreifen, dass mir etwas Wesentliches fehlte, dass ich die Phase des Alleinseins beenden wollte. Aber wie? Die Männer, denen ich begegnete, schienen an einem Kontakt nicht interessiert. Die angehenden Wissenschaftler, die ich in der Mensa traf, waren nett, aber immer korrekt, zu korrekt. Zum Glück hatte ich mich inzwischen mit zwei Kolleginnen angefreundet: Karola und Esther, mit denen ich in meiner Küche über die Arbeit, die Forschung und natürlich vor allem über Männer und Partnerschaften reden konnte.

Karola behauptete damals, dass es keine vernünftigen Männer mehr gebe. Keinen einzigen! Sie seien alle Weicheier geworden, die nicht mal mehr ein Fahrrad reparieren können. »Ich will mich doch mal an eine Schulter anlehnen können«, erklärte sie.

»Es gibt schon noch ein paar richtige Typen«, entgegnete Esther. »Aber mehr als Sex geht mit denen nicht. Der nächste Morgen bringt meist die Katastrophe, dann bin ich froh, wenn sie sich schnell verziehen.«

»So könnte ich nicht leben«, entgegnete Karola an meinem Küchentisch. »Ich muss mich verlieben. Ohne Liebe keinen Sex. Aber in wen? In wen kann ich mich verlieben? Da ist niemand!«

Esther, Karola und ich arbeiteten damals an der Universität. Wir begegneten jeden Tag unzähligen Männern. So viele Typen umschwirrten uns jeden Tag – blond und braun, dünn und dick, schmal und kräftig. Viele waren, da bin ich mir sicher, genauso Singles, genauso auf der Suche wie wir. Und da sollte es niemanden geben, der zu uns passt? Niemanden, mit dem wir gerne mehr als nur eine Nacht verbringen? Ich konnte es damals, 2006, kaum glauben. Was war mit den Frauen und Männern geschehen? Wo ist der Magnetismus geblieben, der die Suchenden ganz von selbst zusammenführt? Warum ist es heute so schwer, sich zu verlieben?

Starke Frauen und Idioten

Wenn ich an Frauen und Männer denke, kommen mir (immer noch) Bilder von leidenschaftlich liebenden Paaren in den Sinn. Romeo und Julia, Tristan und Isolde, Elisabeth und der begehrte Mr. Darcy ... Ich muss zugeben, es sind Bilder, die ich aus dem Kino kenne, romantische Szenen, die sich in mein Gedächtnis eingebrannt haben und die ich nun womöglich mit der Realität verwechsle. Tatsächlich fällt es mir schwer, mich daran zu erinnern, wann ich zuletzt in der Realität ein Liebespaar gesehen habe, ein Paar, das sich in der Öffentlichkeit küsst oder nur eng umschlungen durch die Straßen geht. Stattdessen habe ich noch gut die Plakate in Erinnerung, die damals an Bremer Straßenbahn-Haltestellen Werbung für »starke Frauen« machten. Frauen, die mit verschränkten Armen den Betrachter anschauten, die – so schien es mir damals – keinen Partner benötigen. Mir machten die Bilder der starken Frauen Angst. Musste ich in Deutschland Stärke zeigen, um akzeptiert zu werden? War es aus der Mode gekommen, aus einer Partnerschaft Kraft zu ziehen?

Für mich hat Stärke nichts mit verschränkten Armen oder einem harten Blick zu tun. Stärke ist eine innere Einstellung, die man nicht vor sich hertragen muss, die keine Überschrift auf Plakatwänden benötigt. Auch und gerade feminine und weiche Frauen können stark, selbstbewusst und souverän sein. Aber in Deutschland ist inzwischen die Angst vor der eigenen Schwäche bei Frauen so groß geworden, dass die Stärke beschworen wird. Nur die Männer, so der gesellschaftliche Konsens, dürfen da nicht mitmachen: Sie sollen mehr und mehr das schwächere Geschlecht werden.

Esther erzählte mir, dass es in Deutschland nicht ungewöhnlich ist, dass die Frauen die Männer ansprechen. »Bei den vielen schüchternen Typen … da müssen die Frauen ja aktiv werden.«

»Und wieso sind sie dennoch allein?«, fragte ich. »Laufen die Männer etwa weg?«

»Sie finden nicht die Richtigen«, behauptete Esther. »Beim ersten Treffen schon erkennen sie, dass sie nicht zueinanderpassen.«

»Kann das so schwer sein?«, fragte ich. »Viele Menschen passen zusammen, sie müssen nur wollen, sollten sich nur auf das Gegenüber einlassen.«

»Du hast gut reden. Du weißt nicht, wie viele Idioten unterwegs sind. Mit denen würdest du auch nichts anfangen wollen.«

»Starke Frauen« und »Idioten« – ist das die Ursache des Problems?

Nein, natürlich nicht: Auch starke Frauen haben das Verlangen nach einem Partner, und Männer sind (meistens) keine Idioten. Es gibt noch Chancen für eine Zweisamkeit von Mann und Frau. Aber die unbewussten und bewussten Kennenlernstrategien, die heutzutage benutzt werden, die Urteile und Vorurteile, die verbreitet werden, die Ansprüche und Anforderungen, die viele verinnerlicht haben, führen, wie wir noch sehen werden, nicht zum Ziel.

Zahlen zur Lonelification

Das Problem der Entfremdung liegt tief und ist grundlegend. Es führt zu einer sich jedes Jahr, jeden Monat, jeden Tag weiter ausbreitenden Vereinsamung, einer die ganze Gesellschaft infizierenden Lonelification. Die Menschen suchen eigentlich Nähe – und finden Einsamkeit. Betrachten wir die Statistik, um das Ausmaß des Problems zu greifen.

Im Jahr 2011 gab es knapp 16 Millionen Alleinlebende in Deutschland. In den vergangenen zwei Jahrzehnten hat sich die Zahl stark erhöht. Waren 1992 noch 14 Prozent der Bevölkerung Singles, sind es heute 20 Prozent. Besonders viele Alleinlebende gibt es in den Städten – dort lebt etwa ein Drittel der Bevölkerung ohne Partner. In Berlin bestehen schon mehr als die Hälfte aller Haushalte nur aus einer Person. Gerade in »Ostdeutschland nahm die Zahl der Alleinlebenden seit der Wiedervereinigung um 57 Prozent auf 3,7 Millionen zu.«[8] Besonders verbreitet sind Single-Haushalte in den USA, wo bereits jetzt über die Hälfte der Einwohner allein lebt.[9]

Allerdings muss man Statistiken mit Vorsicht genießen – unterscheiden sie doch nicht zwischen Alleinlebenden, die dennoch eine Beziehung unterhalten, und Alleinlebenden, die sich einsam fühlen. Auch sind die jungen Singles, die noch vor einer Beziehung stehen, und die Witwen und

Witwer in den Zahlen enthalten und nicht gesondert ausgewiesen – eine ganz natürliche Gruppe der Singles, die im Falle der Witwen ebenfalls zunimmt. Und natürlich sagen diese Statistiken überhaupt nichts über die vielen Menschen, vor allem Frauen, aus, die sich in einer Partnerschaft allein, unverstanden und unglücklich fühlen, die im Stillen einsam sind und dann womöglich irgendwann beim Psychologen landen. Sie werden von keiner Volkszählung erfasst.

Dennoch geben die steigenden Zahlen einen Hinweis: dass Liebe, Zweisamkeit und Ehe es in modernen Gesellschaften immer schwerer haben.

Gleich statt anders

Karola hatte bald einen schüchternen Bremer erobert und sich auf eine Beziehung eingelassen. Wie immer saßen wir damals in meiner Küche und redeten über die Welt im Allgemeinen und die Männer im Besonderen.

»Aber gestern«, erklärte Karola kopfschüttelnd, »hat er mir vorgeworfen, dass ich zu unordentlich bin. Er mag es nicht, wenn meine Sachen im Schlafzimmer auf dem Boden herumliegen.«

»Ein ordentlicher Mann eben, was spricht gegen ihn?«, verteidigte Esther Karolas neuen Freund.

»Nichts. Aber das ist verdammt unsexy. Wie kann ich mit einem Mann ins Bett, der vorher aufräumt … und dasselbe auch von mir verlangt?«

Der Abend mit meinen Freundinnen ist mir gut in Erinnerung geblieben, denn auch Patientinnen berichten mir immer wieder, dass sie sich zwar einen emanzipierten, modernen Mann als Partner wünschen, der die Frau versteht, Hausarbeit übernimmt und die Kinder betreut. Doch wenn sie diesen Mann dann tatsächlich treffen, sind sie nicht zufrieden. Auch die Männer, die bei mir sitzen, erzählen von vergleichbaren Erfahrungen.

Sie vermissen bei den Frauen Wärme, Zärtlichkeit und Spontaneität. Sie finden sie oftmals nicht sexy – und bleiben mit ihnen dennoch zusammen, weil es so praktisch ist. Die moderne Inkompatibilität der Geschlechter hat unterschiedliche Facetten – Esther erzählte von einer weiteren.

»Es waren zwei Wochen, dann hatte ich genug.«

»So schnell?«, fragte ich.

»Er hat mich einfach nicht verstanden.«

»Wieso?«

»Männer können das einfach nicht, denen fehlt ein Sinnesorgan für die Frauen.«

»Genau«, rief Karola »so ist es!«

»Sie denken, die Frau ist nur ein Objekt. Sie wollen immer, aber wenn ich mal traurig bin, dann merken sie es nicht.«

»Männer haben Angst davor, mit Frauen zu reden, glaubt mir«, sagte Karola. »Und haben genauso Angst vor der Zärtlichkeit.«

»Kennt ihr den?«, fragte Esther und konnte ihr Lachen kaum zurückhalten. »Ein Paar liegt im Bett, und der Mann will Sex. Die Frau antwortet: ›Du, ich muss jetzt schlafen, morgen muss ich früh zum Zahnarzt.‹ Er überlegt einen Augenblick, dann: ›Du musst doch zum Zahnarzt, nicht zum Frauenarzt, wieso ...‹.«

Beziehungen sind häufig mehr ein Hort der Missverständnisse und der Unzufriedenheit denn des Glücks. Unausgesprochene Vorwürfe stehen wie Mauern zwischen Mann und Frau. Partner machen nicht das, sind nicht das und werden nicht das, was der andere von ihnen erwartet. Aber niemand traut sich, die eigenen Erwartungen auszusprechen; erst im Streit kommen die Vorwürfe hoch und werden dann in unangemessener Schärfe vorgetragen. Dann heißt es nicht, die Frau sei zu wenig zärtlich, dann ist sie im Wutausbruch des Mannes eine »frigide Sexverweigerin«. Und der Mann wird dann nicht mehr als »zu zurückhaltend« bezeichnet, sondern er ist plötzlich ein »erbärmliches Weichei« – und so weiter.

Vor sechs Jahrzehnten war die Welt der Frauen und Männer noch geordnet. Die Partner kannten die ihnen vorgeschriebenen Rollen – sie wurden nicht infrage gestellt. Im Internet habe ich einen Werbespot für Backmischungen von Dr. Oetker aus den 1950er-Jahren gesehen (bitte bei Google oder YouTube suchen: es lohnt sich!). Eine hübsch angezogene junge Frau eilt durch die Küche und will einen Kuchen backen. Aus dem Off sagt ein männlicher Sprecher, während die Frau die Backform mit Teig füllt: »Ein Mann will täglich aufs Neue gewonnen sein. Das haben wir Männer so an uns, das sind wir gewöhnt, und das wollen wir auch so haben.« Nachdem die Frau weiter den Teig vorbereitet hat, behauptet die Stimme aus dem Off: »Eine Frau hat zwei Lebensfragen: Was soll ich anziehen, und was soll ich kochen?« Die durch die Küche tänzelnde Frau, die zwischendurch Dr.-Oetker-Werbesprüche aufsagt, erscheint wie die passende Illustration dieser gewagten These. Und wenn der Kuchen gelingt, dann werde, so die Stimme, der Mann sanft und verträglich. »Da darf das Kleid auch mal 100 Mark mehr kosten – oder fünf.«[10]

Würde ein Ehemann heute so über seine Frau sprechen, würde sich diese totlachen oder die Scheidung einreichen. Das Geschlechterverhältnis war in der 1950er-Jahren noch ganz hierarchisch, die Aufgaben klar verteilt. Aus heutiger Sicht eine Groteske; aber Mann und Frau waren nicht – allein. Die traditionellen Rollen der Geschlechter funktionierten so gut, da sie kompatibel waren. Jeder übernahm einen genau definierten Teil der Arbeit und Verantwortung. Im Verlauf der Emanzipationsbewegung entstand ein neues Frauenbild – selbstbewusst, stark, unabhängig. Seither greifen die Rollen nicht mehr nahtlos ineinander. Nun machen auch Frauen Karriere und kümmern sich weniger um die Hausarbeit. Sie verdienen eigenes Geld und backen womöglich seltener Kuchen als ihre Männer. Die Position des Mannes wurde im Zuge der Emanzipation kaum thematisiert; er musste sich mehr oder weniger erfolgreich an die geänderten Gegebenheiten anpassen. Die emanzipierte Frau und der etwas ratlos zurückbleibende Mann: Das neue Paar der Weltgeschichte passt nicht mehr so gut zusammen wie einst.

Wenn die Kommunikation zwischen den Geschlechtern nicht funktioniert, führt das zu Unklarheit in der Beziehung, zu Unzufriedenheit, bald zur Frustration. Die ungewohnten neuen Geschlechterrollen und daraus resultierenden Kommunikationsschwierigkeiten hat die französische Zeichnerin und Feministin Claire Bretécher in ihrer Comicserie *Die Frustrierten* ab Mitte der 1970er-Jahre sehr treffend beschrieben. Die Emanzipation – so die Quintessenz – bringt den Frauen nicht nur Befreiung, schon gar nicht das Glück, sondern viel Frustration. Die Comics waren unglaublich erfolgreich: Die deutsche Ausgabe des ersten Bandes war bereits 1980 in siebter Auflage erschienen – 65 000 Exemplare lagen gedruckt vor.

Auf dem Titelbild des 1978 in deutscher Übersetzung erschienenen ersten Bandes sieht man eine Frau auf einem Sofa. Ihre Gesichtszüge hängen – ihre ganze Gestik zeigt Unlust und Unzufriedenheit. In der Hand hält sie eine Zigarette, an den Füßen trägt sie Latschen.

Im Comic »Identitätskrise« beschreibt Bretécher treffend die Krise des modernen Mannes.

Er: »Es macht mich ganz krank, dass man nicht aus seiner Haut kann … schrecklich, so eingeengt zu sein!«
Sie (1): »Find ich auch.«
Er: »Ich möchte zum Beispiel wissen, wie man sich als Frau fühlt … mich an deine Stelle versetzen …«
Sie (1): »hast du 'ne Ahnung.« (…)
Sie (1): »und ich möchte Alice Schwarzer sein. Ich kann mir gut vorstellen, dass ich Alice Schwarzer wär oder eine einfache Bäuerin …« (…)
Sie (1) zu Sie (2): »Und du? Mit wem möchtest Du tauschen?«
Sie (2): »Mit keinem … Ich bin zufrieden, so wie ich bin.«
Er: »Also: mit dir möchte ich tauschen!«

Gleich statt sexy

Man hätte erwarten können, dass die Emanzipation zu einer neuen weiblichen Identität führt, dass die Frau in der Gesellschaft nach eigenen Werten und Idealen lebt. Doch dieses schöne Ziel blieb leider eine Fiktion. Das Emanzipationsideal der Frau – scheint immer noch der Mann. Die Frauenbewegung hat dazu geführt, dass sich Frauen ausgerechnet dem männlichen Bild anzugleichen versuchen. All das, was eine Domäne der Männer schien, erobern nach und nach Frauen. Moderne Frauen trinken Bier aus der Flasche, schauen begeistert Fußball und können selbst ihr Auto reparieren. Manchmal bekommt man den Eindruck, dass Frauen heute die besseren und härteren Männer sind.

Im Büro einer meiner Bremer Kolleginnen hing eine Postkarte, die eine (fiktive) Stellenanzeige zeigt:»Suche fünf fleißige Männer – oder eine Frau.«Ehrlich gesagt möchte ich keine Frau sein, die es mit fünf fleißigen Männern aufnimmt. Ich habe andere Qualitäten und andere Vorzüge als die Tatkraft und den Fleiß von fünf Männern. Ich muss mich für meine Weiblichkeit nicht schämen, muss mich nicht hinter männlichen Werten verstecken.

Politik und gesellschaftlicher Wandel haben dafür gesorgt, dass Frauen und Männer im Berufsleben und im Alltag heute weitgehend gleichgestellt sind, dass letzte Ungerechtigkeiten nun bald verschwinden – und niemand außer ewig Gestrigen wird das beklagen wollen. Der Mann ist heute nicht mehr der alleinige Ernährer und Entscheider, manchmal ist in einer Beziehung die Frau der besser verdienende Partner. Die Hierarchie zwischen Mann und Frau ist weitgehend verschwunden (oder hat sich in einigen Fällen gar gedreht).

Mit der Angleichung der Geschlechterrollen ist beim Mann jedoch eine Unsicherheit gewachsen: Welche Rolle ist heute angemessen, was ist noch »männlich«? Kann sich der Mann gegenüber der »starken« Frau noch als

Macho geben? Kann er noch die Frau durchs Leben »führen«? Die Gefahr liegt auf der Hand, dass derjenige, der in einer modernen Beziehung altmodischen Mustern folgt, lächerlich wirkt. Aber was ist dann die neue Rolle des Mannes, mit der er die weibliche ergänzen kann? Soll er den traditionellen Part der Frau einnehmen, das »schwache Geschlecht« werden? Manche Männer scheinen heute diesen Weg zu wählen, allein um eine Symmetrie in ihrer Beziehung wiederherstellen zu können. In der überwiegenden Zahl der Partnerschaften jedoch befinden sich Frauen und Männer nun auf Augenhöhe. Entscheidungen werden ausdiskutiert, Kompetenzen geteilt. Weibliche und männliche Aufgabenbereiche sind nicht mehr geschieden – weder bei der Kindererziehung noch in der Küche. Theoretisch könnten Frau und Mann sich heute umso besser verstehen und gleichberechtigter und spannungsfreier zusammenleben als je zuvor. Doch paradoxerweise ist häufig genau das Gegenteil der Fall. Trotz oder wegen ihrer Gleichstellung entfremden sich Frauen und Männer voneinander und haben sich scheinbar immer weniger zu sagen. Das große Versprechen der Emanzipation führt anscheinend nicht immer und automatisch zu harmonischerer Zweisamkeit und auch nicht zum persönlichen Glück.

Martin erzählte mir von seiner Ehe. Eigentlich fing alles gut an, eigentlich lebten er und seine Frau so, wie junge Paare eben leben. Aber irgendwann fiel doch ein Schatten auf die Beziehung: Er begehrte seine Frau nicht mehr, er fand sie nicht mehr attraktiv. Martins Partnerin gehörte zu den starken, emanzipierten Frauen. Beim Hausbau konnte sie gut mit anfassen, sie schuftete wie ein Handwerker, und das war gut so. Martin schätzte das Engagement seiner Frau, durch das sie viel Geld sparten. Aber gleichzeitig sah er mit Sorge, wie sie jeden Tag in einen Overall schlüpfte und sich die Haare kürzer als er selbst schneiden ließ. Er mochte die männliche Art nicht, die sie so betonte. Er wollte keine starke Bauarbeiterin an seiner

Seite, er hatte sich doch damals in eine feminine Frau mit langen Haaren verliebt. Als das Haus fertig war, bekamen sie zwei Söhne. Seine Frau wurde nach der engagierten Handwerkerin nun auch die perfekte Mutter. In dieser Funktion bedachte sie alles und kümmerte sich um jedes Problem. Gleichzeitig reduzierte und versteifte sie sich auf die Rolle der alle umsorgenden Mama – und fiel abends abgekämpft ins Bett. Von der attraktiven Frau, in die er sich einmal verliebt hatte, war scheinbar wenig übrig geblieben. Manchmal kam er sich schon vor wie ihr dritter Sohn ... Bald versagte er im Bett. Zuerst vermutete er, dass das seine persönliche Schwäche sei, vielleicht altersbedingt. Er ließ sich vom Urologen eine »erektile Dysfunktion« diagnostizieren und bekam Viagra verschrieben. Mit Viagra klappte der Sex – aber schön wurde er dennoch nicht. Martin und seine Frau waren nun beide in ihrer Beziehung unzufrieden. Sie fühlte sich zu angespannt, um darüber zu reden, er schwieg aus Scham über seine ihm unangemessen erscheinenden Gefühle. Für ihn wäre eine Trennung ein Vertrauensbruch gewesen – und würde unweigerlich zum Verlust des Hauses, vielleicht zum finanziellen Ruin führen. Dann doch lieber weiter wie bisher.

So oder ähnlich leben viele Paare in Deutschland. Sie bleiben zusammen, weil es gute Argumente gibt. Nur die Liebe und das Verlangen sind längst verkümmert.

Zusammen und dennoch einsam

Corinna arbeitet als Beamtin in einer Nachbarstadt. Sie verlässt, da sie einen langen Arbeitsweg hat, jeden Morgen in aller Frühe das Haus. Dafür ist sie am Nachmittag bereits um halb fünf zurück und hat dann Zeit, sich um den Haushalt und den Garten zu kümmern. Ihr Mann arbeitet freiberuflich und kommt am Morgen nicht vor elf aus den Federn. Seine ersten

Termine hat er gegen zwölf, manchmal noch später. Dafür zieht sich seine Arbeit bis in den späten Abend. Wenn er nach Hause kommt, verabschiedet er seine Frau ins Bett. Er setzt sich dann an den Computer und arbeitet oder spielt die halbe Nacht. Meist muss er auch am Wochenende arbeiten. Wenn die beiden dann doch einmal zweisam zusammen sind, dann wissen sie nicht, was sie miteinander reden sollen.

Am meisten erstaunt mich, dass diese Beziehung seit vielen Jahren hält. Man hätte erwarten können, dass Corinna und ihr Mann schnell den Wunsch entwickeln, ihr Leben neu zu organisieren, dass sie zumindest die Arbeitszeiten so angleichen, dass gemeinsame Freizeit bleibt. Oder dass sie als Radikallösung die Beziehung beenden und eine andere, besser passende Partnerschaft anstreben. Doch Corinna und ihr Mann leben weiter nebeneinander her. Dabei ist Corinna tief unglücklich. Sie weint oft an den einsamen Abenden. Mit ihrem Mann kann sie nicht über ihre Einsamkeit sprechen. Und die Notbremse zu ziehen, scheint ihr unmöglich: Sie hängt am gemeinsamen Haus, ihrem Zufluchtsort. Das alles aufgeben? Corinna hätte dann das Gefühl, die vergangenen Jahre umsonst gelebt zu haben. Sie hat Angst vor einer Zukunft ganz allein. Zumindest das Haus ist ein Ziel, für das es sich zu arbeiten lohnt, für das sie die Einsamkeit schweren Herzens hinnimmt.

Corinna und ihr Mann leben inzwischen in einer funktionalen Beziehung, in der es nicht mehr um Wärme und Liebe geht, sondern nur noch darum, den Status quo zu halten. Einst hatte ihre Liebe womöglich romantisch begonnen – mit viel gemeinsamer Zeit. Doch schleichend, von beiden kaum bemerkt, hatte sie sich zur Funktionsbeziehung entwickelt, in der der Alltag läuft, aber Zweisamkeit und Liebe auf der Strecke bleiben.

Tränen nur im Kino

Die Erwartungen, die Frau und Mann an ihren Partner stellen, werden häufig nur scheinbar oder gar nicht erfüllt. Martin kommt dank Viagra zum Orgasmus – aber beim Sex denkt er an Frauen, die er auf der Straße oder im Internet gesehen hat. Corinna und ihr Mann erfüllen Pflichten, bringen den Müll runter und putzen das Badezimmer – aber sie ignorieren die emotionalen Erwartungen des anderen ebenso wie die eigenen Vorstellungen vom Zusammenleben und verdrängen den eigenen Traum einer harmonischen Beziehung. Häufig trauen sich die Partner nicht einmal mehr, das eigene Verlangen in Worte zu fassen (es erscheint ihnen vielleicht chauvinistisch oder egoistisch, es könnte auch als Zeichen der Schwäche interpretiert werden); genauso haben sie Angst, das heimliche Begehren des Partners wahrzunehmen (es könnte bedrohlich sein ... zu sehr eigene angelernte Muster infrage stellen).

Statt mit dem Partner zu reden, suchen die Menschen Ablenkung zum Beispiel im Kino oder vor dem Fernseher, wo sie womöglich triviale, unrealistische Unterhaltung aussuchen. Dort haben sie die Erlaubnis, ihren Emotionen freien Lauf zu lassen. Sie weinen, wenn der Held seiner Angebeteten die Liebe erklärt und die Frau die Liebe erwidert. Auch der ungeheure Erfolg der Romantrilogie *Fifty Shades of Grey* zeigt, dass Bücher und Filme ein Ventil für unterdrückte Wünsche und Begierden sind – über die man in einer »gut funktionierenden« Partnerschaft niemals sprechen würde. Liebesroman und Filmromanze sind deshalb so erfolgreich, da sie auf ein tief frustriertes, überwiegend weibliches Publikum treffen.

Ein Paar, Mitte 40, hat seit fünf Jahren keinen Sex. Von außen erschien ihre Beziehung ideal: ein eigenes Haus, zwei halbwüchsige Kinder. Gustav arbeitete rund um die Uhr; er opferte sich für die Existenz der Familie geradezu auf. Doch Helene warf ihm vor, keine Zeit für sie und die Kinder zu haben. Er verstand ihre Einwände nicht: Ohne seine Arbeit hätten sie nicht genug Geld. Sie begriff seine Dickfelligkeit nicht: Er könne doch mal einen Tag Urlaub nehmen, das sei doch das Mindeste, was sie von ihm erwarten könne. Natürlich wussten beide, dass ihre Beziehung nicht so läuft, wie sie es sich einst vorgestellt hatten. Die Romantik war passé. Um wieder zueinanderzufinden, verabredeten Gustav und Helene ein gemeinsames Abendessen. Er reservierte einen Tisch für zwei in einem guten Restaurant, in das sie immer schon mal wollten. Aber Helene konnte nicht anders: Sie musste ihre Frustration loswerden – und machte ihm noch während des Essens lautstark Vorwürfe. Er würde nur an die Arbeit denken, die Familie sei ihm egal, die Kinder würden schon auffällig und hyperaktiv, da er sie so vernachlässige … Gustav antwortete darauf etwas zu enttäuscht, etwas zu heftig – und bald hatten sich beide in einen Streit verstrickt. Der Abend war ein voller Misserfolg.

Helene und Gustav konnten auch in den folgenden Tagen und Wochen nicht mehr richtig zusammenfinden, schafften es aber, einen erneuten Streit zu vermeiden. Ein schlechter Frieden, dachte Gustav, ist besser als ein offener Konflikt. Beide unterhielten sich fortan noch über oberflächliche Dinge wie offene Handwerkerrechnungen; sie planten die anstehenden Kindergeburtstage, aber sie umschifften mit erstaunlicher Eleganz die eigenen Probleme. Dabei unterdrückten sie ganz nebenbei auch alle angenehmen Gefühle, die sie noch füreinander empfanden. Abends lagen sie nebeneinander im Bett, lasen oder sahen fern. Wenn Gustav seine Frau mit der Erwartung von Sex vorsichtig zu liebkosen begann, antwortete sie, dass es spät sei. Aber wenn ein amerikanischer Liebesfilm auf seinen Höhepunkt zusteuerte, wenn sich Held und Heldin endlich fanden, begann Helene zu weinen.

So oder ähnlich leben Tausende Familien in Deutschland – es ist (fast) eine Normalsituation. Romantische Bücher und Filme sind heute oftmals der einzige Weg, um Gefühle zu erleben und abzureagieren. In den Beziehungen schaffen es viele Menschen hingegen immer weniger, ihr Gefühlsleben zu thematisieren.

Konturlos statt authentisch

Karola arbeitete damals, als ich mit ihr in der Küche saß und sie mir von ihrem Freund erzählte, in einem Berliner Institut. Die meisten ihrer Kolleginnen kleideten sich betont »geschlechtsneutral«. Karola jedoch opponierte gerne gegen den Mainstream, benutzte fast provozierend Lippenstift, trug kurze Röcke und manchmal High Heels. Ihr machte es einfach Spaß. Lachen konnten ihre Kolleginnen darüber nicht. Zum Geburtstag bekam sie eine Holztafel geschenkt, auf der in schöner Schrift »Ich schmeiß' alles hin und werd' Prinzessin« geschrieben stand. Es war eine subtile Anklage: Als Prinzessin verletzte sie die ungeschriebenen Regeln des Instituts, als Prinzessin erhob sie sich über die Gemeinschaft. Eine Prinzessin wie aus dem Märchen gilt als einmalig und einzigartig – in jeder Beziehung herausgehoben und ungewöhnlich. Der moderne Mensch soll bitte schön alles andere als einmalig sein. Er soll sich fühlen und geben wie jeder andere – ohne herausgehobene Eigenschaften.

Zu meiner Überraschung musste ich bei der Recherche zu diesem Buch feststellen, dass die Holztafel mit dem Spruch kein seltener Fund war – die ironische Aussage gibt es längst auf Postkarten und T-Shirts in allen Größen in vielen Geschäften und natürlich im Internet zu erwerben. Selbst Kinder lernen heute, dass man keine Prinzessin sein soll – und verinnerlichen ein entsprechend defensives und angepasstes Verhalten. So kann ein kleiner Spruch, auf den ersten Blick harmlos gemeint, ein Instrument der Manipulation werden.

Natürlich existieren noch immer viele Karolas in deutschen Instituten und Büros: Menschen, die sich unangepasst verhalten, die ihren eigenen Stil beibehalten. Doch sie geraten mehr und mehr in die Defensive. Denn in bestimmten Kreisen wird beispielsweise »feminin sein« als Zeichen einer mangelnden Emanzipation verstanden, als Symptom einer gesellschaftlichen »Unterentwicklung« gesehen, was dazu führt, dass Frauen versuchen, ihre Weiblichkeit lieber hinter grauen Einheitsklamotten zu verstecken. Das Zeigen der eigenen Einzigartigkeit wird von anderen als eine Art Bedrohung oder Provokation wahrgenommen. Diejenigen, die in braver Befolgung des Mainstreams ihre Unverwechselbarkeit aufgeben, die sich selbst einengen, die gönnen den anderen auch deren Freiheit nicht. Nicht jeder hat den Mut und die Kraft, sich über die herrschende Meinung im Institut oder in der Firma hinwegzusetzen. Überhaupt: Anpassung verspricht Gewinn! Menschen ohne eigene Konturen können sich zugehörig und sicher fühlen. Sie haben in der Gesellschaft ihren Platz gefunden. Sie werden bestätigt – und bleiben in der Norm. Zumindest glauben sie das.

Aber neben den vermeintlichen Vorteilen kann die Anpassung Verluste bringen: Den Menschen, die heute »richtig« leben, die der äußeren Norm folgen, fehlt etwas Wesentliches, das ihr Leben schöner und glücklicher machen kann: die eigene Individualität. Moderne Menschen machen immer seltener die Erfahrung, für ihre Individualität wertgeschätzt zu werden. Sie finden Akzeptanz nur dann, wenn sie wie »alle anderen« werden. Eigenwillige Typen, wie sie früher unter Politikern (Franz Josef Strauß, Herbert Wehner und andere) oder unter Künstlern (Nina Hagen, Marlon Brando oder Lino Ventura) bekannt waren, passen nicht mehr so richtig in unsere Zeit. Das Leben wird glatter, vorhersehbarer und zunehmend grau. Gleichzeitig bleiben immer mehr Menschen allein. Durch das Verdrängen und Beschneiden ihrer Individualität büßen sie gerade den außergewöhnlichen Teil ihres Selbst ein, an den ein begehrenswerter Partner hätte anknüpfen können. Wir sind soziale Wesen, und deshalb gehört es zum Leben dazu, sich anzupassen. Andererseits müssen wir aufpassen, dass wir die Anpassung nicht auf Kosten der Authentizität vorantreiben; denn mit jeder Anpassung beginnt ein Prozess der Selbstentfremdung und Selbstverleugnung. Wenn man nur mit den Erwartungen der anderen beschäftigt ist und die eigenen persönlichen Wünsche verdrängt – kann man nicht glücklich werden.

Der moderne Mensch bekommt immer mehr Angst vor seiner Individualität – er wird so zu einem Mensch ohne Eigenschaften. Der Schriftsteller Robert Musil schrieb Anfang der 1930er-Jahre über einen Wiener *Mann ohne Eigenschaften* – ein Mann der lauten und hektischen Großstadt, der durch das Leben driftet, ein typischer Vertreter des 20. und 21. Jahrhunderts. Bei Musil war der Mann ohne Eigenschaften noch eine Entdeckung, eine neue Spezies, die es zu beschreiben lohnt – auf vielen Hundert Seiten. Heute ist der Mensch ohne erkennbare Eigenschaften, ohne Individualität längst gesellschaftlicher Standard geworden. Menschen haben Angst, zu Eigenschaften zu stehen. Sie bekommen ein Gefühl von Panik, wenn sie vom Gegenüber in Schubladen geschoben oder mit Etiketten versehen werden. Links, rechts, gläubig, atheistisch … es macht die Menschen fassbar und damit angreifbar. Aber sie erkaufen die Aufgabe der Eigenschaften teuer: Die glatten, konturlosen Menschen von heute sind dazu verdammt, nicht nur langweilig, sondern auch fast asexuell zu sein. Es gibt keine Eigenschaften mehr, für die man sie lieben könnte. Mit anderen Worten: Sie erscheinen für das andere (oder gleiche) Geschlecht uninteressant. Einen Partner zu finden, wird für Frauen wie Männer, die angepasst in den Büros sitzen und durch die Fußgängerzonen marschieren, immer schwerer, fast unmöglich. Menschen ohne Eigenschaften bleiben auch in der Menschenmenge gesichtslos. Sie erkennen in den anderen durchschnittlichen Menschen nicht die potenziellen Partner.

Aber die eigenen Bedürfnisse sind auch den konturlosesten Vertretern in der Menschenmenge geblieben: Wärme, Liebe und Sex. Um die Bedürfnisse zu erfüllen, suchen auch die Menschen ohne Eigenschaften den einen Partner mit Eigenschaften, den einzigartigen Mann oder die einmalige Frau. Dieser Widerspruch zwischen gesellschaftlich gewünschter Konturlosigkeit und der Suche nach dem Charakter bestimmt unsere Zeit.

Meine Freundin Karola wurde für ihr fröhliches Anderssein übrigens bestraft – zumindest entstand bei ihr dieser Eindruck. Ihr Vertrag im Institut wurde nicht verlängert – zu sehr unterschied sie sich offenbar von den angepassten, den »ordentlichen«, den »richtigen« Kolleginnen.

Kälte statt Zweisamkeit

Eine neue Logik hat alle Bereiche unseres Lebens erfasst – bis hinein in unsere intimen Beziehungen. Wir sollen heute funktionieren, sollen glatt sein, den gesellschaftlichen Vorstellungen entsprechen. Anstatt dagegen zu opponieren, unser authentisches Leben zu verteidigen, anstatt die Funktionserfüllung in der Hierarchie unserer Wünsche und Bedürfnisse nach unten zu setzen (als notwendiges Übel), idealisieren wir das moderne und kalte Leben, so als ob die Abwesenheit von Emotionen und emotionalen Bedürfnissen ein anzustrebendes Ziel sei.

Zu den bekanntesten Gemälden gehören heute die Arbeiten des amerikanischen Malers Edward Hopper (1882–1967). Seine Bilder zeigen Gestalten der Großstadt, die meistens allein sind. In »Nighthawks« sitzen zwei Männer und eine Frau am Bartresen. Niemand schaut den anderen an, niemand spricht – ein Bild vollkommener Einsamkeit in der Großstadt. Allein der Barkeeper bewegt sich als Kontaktperson noch zwischen den isolierten Einsamen: Der Barkeeper nimmt die Bestellung für den nächsten Drink auf, die meist lässig durch ein unauffälliges Handzeichen vom Gast gegeben wird. Trotz der dargestellten Trostlosigkeit lieben die Amerikaner und längst auch die Europäer die Bilder; sie werden millionenfach als Kunstdrucke für ein paar Euro verkauft – und hängen dann in den Zimmern der modernen Großstädter an der Wand, als Dopplung, aber auch als Verherrlichung der eigenen einsamen Existenz. Statt ihnen Angst einzujagen, erscheinen den Menschen die Hopper-Bilder irgendwie »cool«. Das Lebensgefühl, das sie darstellen, entspricht unserer Zeit. Manche modernen Menschen sehen sich gar selbst als einsame Jäger der Großstadt – immer auf der Suche nach einem verlorenen Schatz.

Coolness ist ein wichtiger Wert geworden. Männer und Frauen – wollen sie anerkannt und bewundert werden – müssen sich so wie die Hopper-Figuren *cool* verhalten. Unter Coolness versteht man jedoch nichts anderes als ein Unterdrücken, ein Von-sich-Weisen von Gefühlen. Man kann das schöne Wort »cool« durchaus mit dem weniger schönen »gefühlskalt« übersetzen. Oder wem das zu negativ klingt: Coolness ist auch eine Form der Dickhäutigkeit, ein Gefühlsdefizit, das als Stärke verkauft wird. Ein cooles Girl auf einem Zeitschriftencover soll dem Betrachter zeigen, dass es ihm an nichts fehlt. Würde ein Fotomodell offenbaren, dass es verzweifelt nach Liebe sucht, dann gäbe es eine Schwäche zu, dann wäre die schöne Frau – *uncool*. Tatsächlich ist diese so bewunderte Coolness eine künstliche, anerzogene Beschränkung und ungesunde Selbstaufgabe: Jeder von uns benötigt emotionale Zuwendungen. Ohne Ermunterung, Zärtlichkeit und Liebe kann man kaum glücklich werden. Das geht den coolen Schauspielern und Schauspielerinnen, den Sängerinnen und Sängern und natürlich auch den Fotomodels nicht anders – nur verkaufen sich die natürlichen emotionalen Bedürfnisse wie Wärme und Zweisamkeit nicht gut – sie sind uncool geworden.

Coolness hat sich zum weltweiten Trend entwickelt, da die Menschen ihre eigene Empfindsamkeit nicht wahrnehmen und auch nicht zeigen wollen. Das Bedürfnis nach Liebe, vor allem das unerfüllte, wird als persönlicher wunder Punkt empfunden, als eine Schwäche gesehen, die man verstecken soll. Wenn ein Mensch offenbart, dass er keine Liebe bekommt, dass er einsam ist, dann ist er für viele ein Versager und Verlierer. Je cooler die Leute scheinen, die wir in der Öffentlichkeit erleben, umso mehr versuchen sie, ihre Empfindsamkeit zu überspielen. Letztlich ist die Coolness das Symptom einer verunsicherten, einer unbefriedigten und unglücklichen Gesellschaft. Wer in einer Beziehung lebt, in der seine Bedürfnisse erfüllt werden, der hat es nicht nötig, nach außen »cool« dazustehen.

Mit der aufgesetzten und die eigenen Gefühle verdeckenden Coolness, die inzwischen weite Bereiche der populären Kultur durchdrungen hat, kam die Romantik unter die Räder. Das mag auf den ersten Blick wenig bedeutend erscheinen. Das romantische Getue, das wir aus manchen Filmen kennen, ist uns heute fast zuwider, es passt irgendwie nicht mehr zu uns und zu unserer Realität. Doch wir verkennen dabei, dass es nicht um eine Änderung der Mode oder des Zeitgeistes geht, sondern um das Aussterben einer *gefühlsbezogenen Kommunikation*. Mit dem Aussterben der Romantik verlieren wir auch die Begriffe für unser Gefühlsleben. Wir verlernen, unsere emotionalen Bedürfnisse in Worte zu fassen. Wir verlernen sogar, Gefühle bei uns selbst zu identifizieren!

Auch die romantischen Formen einer nonverbalen Kommunikation zwischen Frau und Mann beginnen zu verschwinden. Zur nonverbalen Kommunikation können wir alles rechnen, was zur äußeren Erscheinung gehört – von der Mimik bis zur Kleidung. Ein gezielter Augenkontakt zwischen Mann und Frau wird heute oft als Gefahr wahrgenommen und ängstlich vermieden. Männer haben in ihrer Sozialisation die Befürchtung anerzogen bekommen, dass allein die Blicke schon eine Grenze zur Belästigung überschreiten. Cool zu sein, niemanden anzuschauen, in die Luft zu gucken – das ist heute der sicherere Weg. Eine Frau, die sich sexy kleidet, wähnt sich in Gefahr, in erster Linie als Objekt angesehen zu werden. Sie sendet zu deutliche Botschaften. Ein Mann, der die Frau mit seinem großen Wagen abholt, ihr die Tür aufhält, sie sozusagen auf Händen trägt – er ist ein Typ von vorgestern. Er zeigt offen seine Wertschätzung für das

»schwache« Geschlecht. Das wirkt heute schon fast wie eine Diskriminierung. Die Beispiele ließen sich beliebig fortsetzen. In dieser Hinsicht hat sich zwischen Mann und Frau ein gefährliches Minenfeld ausgebreitet, das jeder, der im Mainstream der Gesellschaft schwimmt, tunlichst meidet.

Manchmal schaue ich mir im Fernsehen Kinofilme oder Serien aus den 1970er- oder 1980er-Jahren an: *Columbo*, *Detektiv Rockford*, *Magnum* oder Kinoklassiker aus Frankreich und Italien. Mit Interesse sehe ich dann, wie sehr der Mann und die Frau damals noch in komplementären Rollen steckten. Frauen schienen zurückhaltend und weich, ihnen ging es vor allem um Gefühle. Männer gaben den Macho – manchmal mit stolz gezeigter Brustbehaarung. Heute erscheint uns das albern, wir würden lachen, wenn ein Mann sich immer noch so benähme. Doch Mann und Frau, so unterschiedlich und klischeehaft sie damals auch agierten, verstanden und ergänzten sich. Der Mann las die Sprache der Frau und umgekehrt – eine Kommunikation ohne Unklarheiten. Die Partner, die Verliebten oder die Flirtenden waren Puzzleteile, die ohne viele Worte zueinanderfanden. Was man heute als klischeehafte Rollen oder Stereotypen bezeichnen würde, das waren Muster, die eine Kommunikation vereinfachten. Heute kann man in manchen Filmen sehr schön sehen, wie mit den weiblichen und männlichen Stereotypen auch die Eindeutigkeit der weiblichen oder männlichen Kommunikation verschwindet, wie stattdessen ein modernes Durcheinander entsteht, das seinerseits ideale Basis von Komödien oder Dramen ist (so der amerikanische Spielfilm *Away We Go – Auf nach Irgendwo* von Sam Mendes aus dem Jahr 2009).

Trennungspop statt Romantik

»Mein Wunsch: ein romantischer Abend am Kamin.« Wer in seinem Singlebörsen-Profil heutzutage diesen Satz postet und die Aussage nicht mit Wünschen nach sportlichen Betätigungen oder Reisen in ferne Länder ausgleicht, der läuft Gefahr, dass man über ihn schmunzelt. Ein romantisches »Date« gilt heute nicht mehr als erste Wahl, wenn ein gelungener Abend geplant werden soll. Potenzielle Partner reagieren womöglich schon allein auf das Wort »romantisch« allergisch.

Romantisch und damit unzeitgemäß erscheinen manchen Menschen heute die für die Ewigkeit versprochene Liebe und natürlich vor allem die Ehe. Cool sind alle anderen Formen des Zusammenseins und vor allem des Auseinandergehens. Eine Haltung, die sich teils ironisch auch in vielen modernen, gerade deutschsprachigen Songtexten spiegelt, während die Liebesschwüre mehr und mehr dem unverbindlichen Pop oder der Volksmusik vorbehalten bleiben.

Tim Bendzko singt, dass er nicht zu seiner Liebsten kommen kann, da er noch unendlich viele E-Mails »checken« muss. Die Münchner Sängerin Fiva freut sich über die Trennung: »Du kannst die Katze behalten, doch die Stadt gehört mir ...« Bobby Geloso deklamiert: »Mein größter Fehler im Leben bist du«. Im schrägen Lied »Männer« von »Zigaretten rauchen feat. Rosa« heißt es 2008: »Schau sie nicht an, die Männer, denn es sind doch sowieso nur Penner. Schau sie nicht an, denn es bringt dir nichts.« Ich kann mich des Eindrucks nicht erwehren, dass früher deutlich häufiger über innige Liebe und etwas chiffriert auch über Sex gesungen wurde. Damals wurden die Partner überhöht, ihnen die ewige Liebe erklärt. Heute scheinen gerade in Deutschland Texte über Trennungen, über das Alleinsein und über vielfältige Brüche auf dem Weg zur Liebe immer zeitgemäßer zu werden.

Natürlich gibt es sie noch, die liebesduselige Popmusik, bei der man in andere, vielleicht glücklichere Welten abtauchen kann. Natürlich dient diese Musik auch der Kompensation: Wenn der Alltag so öde, trist und einsam ist, dann rettet mich wenigstens die Musik. Aber diese Titel spiegeln nicht mehr die Realität, stehen mehr und mehr in einem eklatanten Widerspruch zu dieser.

Ja, wir sind abgeklärt, wir können sehr gut zwischen unserem Alltag und der trivialen Fiktion unterscheiden. Wir begreifen längst das coole Alleinsein als Normalität, wir lachen über den Realitätssinn des Trennungspops einer Fiva, während uns Liebe fast wie ein süßer, kitschiger Ausnahmezustand erscheint. Und doch sehnen wir uns immer noch nach diesem Zustand – auch und gerade in der Musik. In dem oben zitierten Lied »Männer« heißt es am Schluss versöhnlich: »Aber trotzdem, wir alle warten doch nur drauf, dass wir 'nen Mann sehen, an dem wir nicht vorübergehen.«

Beziehung als Maschinerie

Kennen Sie den Werbespot, in dem ein Paar mit schlafwandlerischer Sicherheit und ohne Worte immer dieselben Handgriffe ausführt? Der Mann und die Frau sind perfekt aufeinander eingespielt – wie eine gut geölte Maschine. Wenn wir länger in einer Partnerschaft leben, dann automatisieren wir den Alltag. Jeden Morgen dieselben Routinen. Es kann Freude bereiten, dass alle Handgriffe ineinandergreifen, dass man sich ohne Worte versteht und ergänzt. Auch mein Mann und ich sind inzwischen ein eingespieltes Team. Manchmal zu eingespielt: Wir drücken beide gleichzeitig unterschiedliche Lichtschalter im Flur, und die Lampe, die angehen soll, erlischt sofort wieder. Dann amüsieren wir uns wie Kinder …

Aber in der Routine und im Funktionieren liegt auch eine Gefahr für die Beziehung: dass wir durch zu viel Sicherheit und Automatismen unsere tiefen und drängenden Bedürfnisse überspielen. Unlängst hörten wir, als wir mit dem Auto die Alpen überquerten, im österreichischen Radio FM4 ein Interview, in dem ein junges Paar bekannte, dass es mit der Stoppuhr die jeweiligen Zeiten beim Putzen, Kochen und Aufräumen misst. An jedem Monatsende wird abgerechnet: Wer stand länger am Herd, wer hat sich länger mit dem Putztuch über die Kloschüssel gebeugt. Ziel war, über den gleichen Zeitaufwand für die Hausarbeit eine Gleichberechtigung von Frau und Mann herzustellen, jede Übervorteilung und mögliche Unterdrückung zu vermeiden. Liebe, Wärme und Sex hatten offenbar eine geringere Bedeutung, standen in der Hierarchie der partnerschaftlichen Themen ganz hinten, weit hinter der Ordnung und dem Putzen. (Alle Formen der Zuneigungsbezeugung wie Küssen oder Umarmen wurden zumindest zeitlich nicht erfasst, nicht einmal erwähnt.)

Auch wenn dieses Beispiel in seiner Zuspitzung grotesk erscheint: Das interviewte Paar repräsentiert unsere Zeit; in abgeschwächter Form verhalten sich viele Paare so oder ähnlich. Sie rechnen Leistungen gegeneinander auf, kontrollieren die Einhaltung von Haushaltsplänen und streiten womöglich über ausgebliebene Wischeinsätze. Aus einer Liebesbeziehung (»Ich mache alles für dich«) wird immer häufiger eine Funktionsbeziehung (»Ich mache genauso viel für dich wie du für mich. Das Zusammenleben muss einen Nutzen haben.«). Vor allem: Die Kommunikation über Bedürfnisse und Gefühle wird durch tägliche Absprachen der Aufgaben ersetzt. Hast du den Müll rausgebracht? Kannst du einkaufen fahren? Sind die Schuhe geputzt? Wer kocht heute? Die Gleichberechtigung der Frau – das eigentliche Anliegen des Paars im FM4-Interview – dient als Ausrede, um den eigentlichen Wünschen und Bedürfnissen auszuweichen. Ich will dem Paar nicht zu nahe treten – aber mich beschleicht der Eindruck, dass ihre penible Zeiterfassung eine Ersatzhandlung ist, die von einem emotionalen Defizit in der Partnerschaft ablenkt.

Zu einem gelungenen Ausgleich der Interessen eines Paares gehört vor allem die Erfüllung emotionaler Wünsche. Zuneigung, Zärtlichkeit und Sex lassen sich nicht durch Ordnung ersetzen, und Gleichberechtigung wird nicht durch Buchführung über Putzzeiten erreicht. Mit anderen Worten: Wenn die emotionalen Bedürfnisse erfüllt sind, dann kann ein Partner auch einmal mit einem Lächeln über die ungleiche Verteilung von Hausarbeit hinwegsehen. Wenn die Bedürfnisse jedoch unerfüllt bleiben, dann mag der Haushalt zum Kampfgebiet werden.

Viele Singles, viele Ursachen

Wir sehen: Die Einsamkeit und Bindungsunfähigkeit der Menschen in der modernen Gesellschaft hat viele Gesichter und ein komplexes Geflecht von Ursachen, unter anderem:

* Die Nebenwirkungen der Emanzipationsbewegung: Alte Geschlechterrollen haben sich aufgelöst, und Frauen und Männer ringen noch um neue Formen der Identität, der Kommunikation und des Zusammenlebens.

* Die vorrangige Erfüllung von Erwartungen und Ansprüchen Dritter: Die westlichen Leistungsgesellschaften erwarten von den Individuen, dass sie den Arbeitseifer über die Bedürfniserfüllung und Anpassung über Authentizität stellen.

* Die Angst vor Gefühlen und ihrer Preisgabe: Wer sein Bedürfnis nach Nähe zeigt, wer zugibt, einsam zu sein, macht sich angreifbar. Also werden Gefühle unterdrückt oder zumindest nicht geäußert. Nur wer »cool« wirkt, ist up to date.

Bevor wir uns genauer mit den einzelnen Ausprägungen der Lonelification beschäftigen, möchte ich einen Blick auf die historische Entwicklung von Zweierbeziehungen und Familie werfen.

47

KAPITEL 2

DIE ERFINDUNG DER EINSAMKEIT

»Ja, eine Liebesgeschichte ... lieber Meister, wie denken Sie sich das?
In der heutigen Zeit Liebe? Lieben Sie? Wer liebt denn heute noch?«

KURT TUCHOLSKY (FIKTIV) AN ERNST ROWOHLT[11]

Früher ...

Mein Mann hat in seinem Arbeitszimmer ein Bild seiner Vorfahren hängen. Es zeigt seine Urgroßeltern im Kreise ihrer Kinder – insgesamt sieben. Für das Bild, entstanden um 1900, hatten sich die Eltern und die älteren Kinder auf Stühle gesetzt, die jüngeren Kinder stehen dahinter. Alle blicken selbstbewusst und stolz in die Kamera. Sie lebten damals in einem großen Bauernhaus zusammen. Die Familie war die Basis ihrer Existenz, sicherte ihr Leben und garantierte das Gelingen der Zukunft. Auf dem Bild blicken die vier Töchter nicht weniger selbstbewusst als die drei Söhne. Jeder wusste, dass er seinen Platz im Leben hatte.

Als das Bild entstand, war die kleine Gemeinde, in der die Vorfahren meines Mannes lebten, noch heil, fast unberührt von der modernen Welt. Die Menschen auf dem Dorf verdienten mit Ackerbau und Viehzucht ihr Geld – wie seit Jahrhunderten. Sie lebten in Häusern, die zwei, drei oder vier Generationen vor ihnen errichtet worden waren. Nichts deutete darauf hin, dass dieses Foto den Abschluss einer Epoche markierte. Es war das letzte Foto, das die Familie meines Mannes in dieser selbstbewussten Pose abbildet. Alle folgenden Bilder in den Alben zeigen Einzelpersonen, die nicht mehr in der Lage waren, sich für einen Fototermin zusammenzufinden.

Auch bei meiner Mutter hängt ein fast verblichenes Bild mit ihren Großeltern im Kreise der Kinder. Auch dieses Bild, aufgenommen bei Odessa in der Ukraine, zeigt einen intakten und stolzen Familienverband. Nach der Oktoberrevolution wurde der Zusammenhalt jedoch von den Sowjets zerstört – Familienmitglieder wurden deportiert, andere starben an Hunger. Aber das ist eine andere, traurige Geschichte.

Heute wird meist kein Fotograf mehr gerufen, wenn man eine Etappe im Familienleben festhalten will. Abgesehen davon, dass aufgrund von Digitalkameras und Smartphones Fotografen im familiären Rahmen so gut wie überflüssig geworden sind, hat sich auch das Fotomotiv geändert. Früher zeigte das Familienbild eine Einheit, in der der Einzelne aufgehoben war, die ihm Halt gab, ihm nicht zuletzt auch den Sinn des Lebens vermittelte. Die Familie war ein Ort der emotionalen Ernährung – selbst, wenn die Mitglieder sie als autoritär oder streng wahrnahmen.

Würden die Vorfahren meines Mannes im 21. Jahrhundert leben, würden sie sich jeweils selbst mit dem Smartphone aufnehmen – schnell und flüchtig – und diese Fotos bei Facebook oder anderen sozialen Netzwerken posten. Allein das Zusammenstellen einer Facebook-Gruppe würde die Familie noch virtuell erkennbar machen. Die Art, wie wir uns fotografieren, wie wir uns selbst darstellen, ist ein Beleg für den gesellschaftlichen Wandel: Weil die Idee der Familie als Einheit keine zentrale Rolle mehr spielt, ist heute nicht mehr das Familienfoto, sondern das Single-Selfie die Normalform.

Die bürgerliche Familie um 1800

Als Jane Austen um 1800 ihre Romane schrieb, war die bürgerliche Familie ein ungebrochenes Ideal. Bei Austen lesen wir von warmherzigen Eltern, die sich liebevoll, aber auch bestimmt um ihre Kinder kümmerten. Wichtigstes Ziel war, die Töchter gut unter die Haube zu bringen. Die Kindererziehung schien die Hauptbeschäftigung der Eltern, die Zeit und Einsatz kostete – so in *Stolz und Vorurteil*:

>»*Stell dir vor, mein Lieber, Mrs. Long sagt, dass ein junger Mann aus dem Norden Englands mit großem Vermögen Netherfield gemietet hat; dass er am Montag in einem Vierspänner heruntergekommen ist, um sich den Besitz anzusehen, und so entzückt war, dass er mit Mr. Morris sofort einig geworden ist; noch vor Oktober will er angeblich einziehen, und ein Teil seiner Dienerschaft soll schon Ende nächster Woche im Haus sein.*«
>
>»*Wie heißt er denn?*«
>
>»*Bingley.*«
>
>»*Ist er verheiratet oder ledig?*«
>
>»*Na, ledig natürlich! Ein Junggeselle mit großem Vermögen; vier- oder fünftausend pro Jahr. Ist das nicht schön für unsere Mädchen!*«
>
>»*Wieso? Was hat das mit ihnen zu tun?*«
>
>»*Mein lieber Mr. Bennet*«, erwiderte seine Frau. »*Wie kannst du nur so schwerfällig sein! Du musst dir doch denken können, dass er eine von ihnen heiraten soll.*«[12]

Die Dinge nahmen ihren vorhersehbaren Lauf. Damals wurden Bälle veranstaltet und aufgesucht, nur damit sich die jungen Leute kennenlernen konnten. Die Zahl der gemeinsamen Tänze war dann ein erstes Indiz, ob es bald zu einer Hochzeit kommen würde. Es lag damals noch in der Verantwortung der Eltern, das Glück der Kinder zu organisieren. Eine ledig gebliebene Tochter wurde als Versagen der Familie interpretiert. Natürlich war die vorindustrielle britische Gesellschaft nicht frei von Problemen und Konflikten. Trotz elterlicher Bemühungen fanden nicht jede Tochter und jeder Sohn einen Partner. Auch Jane Austen blieb in ihrem kurzen Leben unverheiratet. Als Schriftstellerin gelang es ihr, die gesellschaftlichen Normen zu umgehen. Ansonsten blieb für viele der Alleingebliebenen nur eine Karriere in der Kirche – um gesellschaftlichen Vorstellungen zu entsprechen, aber auch der ökonomischen Versorgung wegen.

Doch trotz der Ausnahmen waren Familie und Ehe die Eckpfeiler der gesellschaftlichen Ordnung, die nicht infrage gestellt wurden und das ökonomische und emotionale Wohlergehen der Menschen manchmal mehr, manchmal weniger garantierten – an die die Menschen einst glaubten, auf die sie vertrauten.

Die Industrialisierung ab 1850

In der Mitte des 19. Jahrhunderts begann die Ordnung zu zerbrechen. Auf dem Land hatte sich damals eine tiefe Armut ausgebreitet, viele Menschen konnten sich kaum ernähren. Manche wanderten nach Amerika aus, andere suchten in den großen Städten ein besseres Auskommen. In Hafen- und Bergbaustädten waren damals die ersten Fabriken gegründet worden – sie benötigten viele, sehr viele Arbeitskräfte. Die Menschen, die vom Land in die Vorstädte und Arbeiterorte zogen, ließen ihre traditionellen Beziehungen hinter sich. Die Großfamilien mit Großeltern, Eltern und Geschwistern in einem Haushalt begannen sich aufzulösen. In den Industriestädten waren die Neubürger allein. Sie lebten zuerst in Ledigenheimen, dann in Arbeiterwohnungen und konnten schließlich, sofern sie schon etwas angespart hatten, eine neue Familie gründen.

Die jungen Familien in den Städten konnten sich aber nicht mehr auf die Strukturen stützen, die sie verlassen hatten. Oft fingen zwei verlorene Menschen, die beide fremd in der Stadt waren, bei null an und versuchten dennoch, die alten Vorstellungen von Ehe und Familie, die alte, erlernte Ordnung beizubehalten. Es sollte auch bei ihnen den Patriarchen geben, der über die Familie wachte, und die Frau, die sich aufopfernd um Haushalt und Familie kümmerte. Was die jungen Eheleute aber nicht bedachten, waren die neuen Rahmenbedingungen der Industrialisierung. Der Mann war selten zuhause, da er jeden Tag neun oder zehn Stunden am Fließband oder am dampfbetriebenen Webstuhl stand. Auch die Frau und womöglich selbst die Kinder mussten in der Fabrik arbeiten. Die tradierte Familie befand sich nun in der Defensive, ja, sie löste sich gegen den Willen der Menschen geradezu auf. Mit Macht und Strenge versuchten viele Männer, die Familie zu retten. Und die Frauen erlebten vielleicht damals erstmals das, was heute als »Doppelbelastung« bezeichnet wird, indem sie nach einem langen Arbeitstag zuhause weiter die Rolle der perfekten Hausfrau und Mutter erfüllen mussten.

Tatsächlich geriet die Familie in der zweiten Hälfte des 19. Jahrhunderts mehr und mehr zu einem Zerrbild ihrer selbst. Väter, die auf die Traditionen pochten, Mütter, die sich abmühten, alles behaglich zu gestalten – und Kinder, die in dieser Familie keine Zukunft mehr sahen und ausbrechen wollten. Die Nachkommen der ersten Generation der in die Stadt gezogenen Arbeiter entfernten sich von der Familie, glaubten nicht mehr an deren Rolle. Sie sahen ihre Aufgabe in der – Arbeit.

Der Soziologe Max Weber prägte für dieses Phänomen den Begriff der »protestantischen Ethik«. Er stellte fest, dass gerade in den protestantischen Gesellschaften der Arbeit höchste Priorität zukam. Nur mit Arbeit – so viel, wie nur eben zu schaffen war – könne man als Protestant vor Gott bestehen; Arbeit war eine andere Form der Sühne, entsprechend der katholischen Beichte. Auch wenn sich Webers Begriff der »protestantischen Ethik« durchgesetzt hat – im Grunde ging es vermutlich weniger um eine religiös motivierte Einstellung als vielmehr um eine neue Form der Bestätigung. Das Selbstbewusstsein wurde nicht mehr aus Zugehörigkeit zu einer Familie oder einer Gruppe gezogen, sondern aus der individuell erbrachten Leistung.

In der zweiten Hälfte des 19. Jahrhunderts begann der Arbeiter im Sinne der protestantischen Ethik den Aufgaben hinterherzurennen. Je mehr Arbeit er am Fließband oder im Kontor verrichten konnte, umso mehr Geld verdiente er, umso besser stand er in der Gesellschaft da, umso mehr achteten ihn Frau und Kinder. Der Arbeiter wurde zum Getriebenen der Arbeit. Er tat nicht mehr das, was ihm ökonomisch notwendig und sinnvoll erschien, sondern er arbeitete um der Arbeit willen.

Der amerikanische Soziologe Richard Sennett schrieb über diese Epoche, dass »die Lebensgeschichte des getriebenen Menschen ... eine endlose Suche nach Anerkennung durch andere und nach Selbstachtung« wird. Aber Sennett merkt an, dass die Arbeiter nie genug arbeiten konnten, um sich wirklich selbst zu achten. »Selbst wenn andere [den Arbeiter] für seine weltliche Askese loben, fürchtet er, dieses Lob zu akzeptieren, denn dies würde eine Akzeptanz seiner selbst bedeuten.«[13] Die verzweifelte, aber vergebliche Suche nach Bestätigung führte dazu, dass die Menschen immer mehr und härter arbeiteten – um irgendwann ihr Ziel zu erreichen. Dabei wurden die Familie und überhaupt alle emotionale Bedürfnisse systematisch vernachlässigt, waren zweitrangig. Die Liebe war im System der Leistung und der Planerfüllung kein zentrales Bedürfnis, das eingefordert werden musste, Liebe war eher ein Luxuswunsch, den man sich nicht oder nur selten erfüllen durfte. Es kam, wie es kommen musste: Die Menschen der wachsenden Industriestädte rieben sich in Arbeit auf, isolierten sich in Kleinfamilien – und wurden zunehmend unglücklich. In dieser Epoche wurden die Grundlagen der heute grassierenden Vereinsamung gelegt.

In den Werken von Victor Hugo oder Gerhart Hauptmann – beispielsweise *Les Misérables* und *Die Weber* – werden die einsamen, verlorenen Menschen beschrieben, die in der neuen industriellen Welt keine Geborgenheit mehr finden – die gezwungen sind, allein für ihr Überleben zu sorgen. In der Epoche der Industrialisierung haben die Menschen gelernt, dass der Wettbewerb ihr Leben mehr bestimmt als die alte Geborgenheit der Familie. Sie haben verinnerlicht, dass ihr Wert mehr vom erzielten Einkommen (als Äquivalent der Arbeit) abhängt als von allen anderen persönlichen Leistungen.

Die Entstehung des Angestellten um 1900

Die Literatur beschäftigte sich zur Jahrhundertwende immer ausführlicher mit der gesellschaftlichen Situation. Der ausgebeutete und aus der Tradition herausgerissene Arbeiter sowie das Primat der Arbeit und des Geldes wurden ein Leitmotiv des sogenannten Naturalismus. So schrieb der amerikanische Autor Theodore Dreiser in *Eine amerikanischen Tragödie*, dass allein die Geldvermehrung zählt, wenn man in der modernen Gesellschaft eine bessere Position erreichen will. Geld ersetzt bei Dreiser in brutaler Form die Liebe: Ein Mann ermordet seine schwangere Verlobte aus einfachen Verhältnissen, um seinen gesellschaftlichen Aufstieg nicht zu gefährden.

Die offenkundige Ausbeutung der Arbeiter, dargestellt in der Literatur, hautnah zu erleben in den Arbeiterstädten, brachte zahlreiche Gegenbewegungen auf den Plan. Die entfremdete Arbeit war genauso Angriffspunkt der Kritiker wie die enge Familie mit ihren strengen Regeln. Reformer plädierten für gesündere Architektur und Wohnungen, legten Frauen den Verzicht auf einengende Kleidung nahe und propagierten Erholung am Wochenende in der Natur. Auch die Wandervogelbewegung entstand in diesen Jahren.

In England stritten Frauen für ihre Rechte; bald wurden sie unter der Bezeichnung Suffragetten bekannt. Sie wandten sich nicht nur gegen diskriminierende Gesetze, sondern revoltierten auch gegen die Macht der Patriarchen in den Kernfamilien. Von England aus breitete sich eine feministische Bewegung aus – und veränderte erfolgreich das Rollenbild vor allem der Frau. Die Frauen, die inspiriert von den neuen Ideen, sich von den einengenden Familien abwandten und damit vor der Aufgabe standen, sich selbst zu ernähren, standen nun für den Arbeitsmarkt zur Verfügung. In den schnell wachsenden Großstädten fanden sie Anstellung als Stenotypistinnen oder sogenannte Locherinnen. Siegfried Kracauer schrieb 1930 in seiner soziologischen Studie *Die Angestellten: Aus dem neuesten Deutschland*, dass gerade Frauen Arbeiten bekamen, die sich durch Stupidität und Monotonie auszeichneten. Die jungen emanzipierten Frauen stanzten den ganzen Tag die Lochkarten oder schrieben von morgens bis abends Abrechnungen. Aus dem Gefängnis der Familie rutschten sie in die Abhängigkeit kaum erfüllender Arbeit. Doch die Arbeit, so schien es, versprach nichts weniger als Freiheit. Das Geld, das sie verdienten, konnten sie für die individuellen Vorhaben und Anschaffungen nutzen. Allerdings blieb die Freiheit meist Theorie: Das wenige verdiente Geld reichte in der Regel gerade so zum Leben – alle Wünsche darüber hinaus mussten warten. Kracauer konstatierte 1930, dass die Metropole Berlin bereits von den jungen Angestellten und ihrer Kultur dominiert werde, von den ihrem familiären Rahmen Entrissenen und Entwurzelten.

Den alleinstehenden jungen Angestellten – Frauen wie Männern – gelang damals schon eine fast schizophrene Zweiteilung des Lebens. Tagsüber verrichteten sie im Büro als austauschbare Handlanger austauschbare Tätigkeiten. Abends aber zogen sie in die Innenstädte und bevölkerten die neu eröffneten Bars und Nachtklubs, Kinos und Varietés. Illustrierte Zeitungen unterhielten die Menschen, während sie mit Straßenbahn oder U-Bahn durch die Stadt glitten. Angestellte etablierten eine Dialektik von Arbeit und Vergnügen – und erkannten nicht mehr nur in der Arbeit, sondern auch im Amüsement den Sinn des Lebens. Das abendliche Vergnügen ließ sich als Single viel besser erleben: Da nörgelten keine Partner, keine kleinen Kinder im vorstädtischen Zuhause. Man war offen für nächtliche Abenteuer. Allein zu sein schien und scheint in der Epoche der Angestellten – es ist die Epoche, in der wir noch immer leben – eine Voraussetzung zu sein, um die »Errungenschaften« der Zeit vollständig genießen zu können.

Man kann zusammenfassen, dass mit dem Aufkommen der Klasse der Arbeiter und der Angestellten die Herauslösung des Menschen aus seinen schützenden traditionellen Strukturen begann. Die Städter begannen zu vereinsamen – ein Prozess, der immer noch nicht abgeschlossen ist. Das sehr hellsichtige Buch von Kracauer gibt uns genaue und plastische Einblicke in diese Frühzeit der Singlekultur. Es beschreibt die Menschen, die sich mehr mit den Kinostars beschäftigten denn mit politischen Themen, die vor allem den nächsten Abend im Tanzpalast oder das nächste »Weekend« am Wannsee im Sinn hatten, die auch von sexuellen Eskapaden träumten, die aber in der Ehe mehr und mehr eine Beschneidung der Freiheit erkannten (auch wenn ein Einlaufen in diesen Hafen damals noch als unumgänglich angesehen wurde).[14]

Die sinnstiftende Familie war in ihrer Bedeutung an den Rand gedrängt. Eine neue Aufgabe fanden die Großstädter in der Arbeit, im Vergnügen und bald mehr und mehr im Konsum. Es ist kein Zufall, dass Anfang des 20. Jahrhunderts die ersten Markenprodukte vertrieben wurden: Persil, Odol, Kaffee HAG und manche andere. Die Industrie brachte die Markenartikel mit vollmundigen Werbeversprechen auf den Markt, um den jungen Konsum anzuregen, aber sie beutete die Angestellten auch auf neue Art aus – indem sie diese zu »Verbrauchern« formte.

Viele Angestellte lebten Anfang des 20. Jahrhunderts bereits isoliert in den Metropolen wie Berlin oder Paris. Statt ihre freie Zeit im Kreis der

Großfamilien zu verbringen, saßen sie in kleinen Stadtwohnungen, sie erwarben Markenprodukte in den neuen Kaufhäusern wie Karstadt und Hertie oder feierten womöglich in Bars und Varietés. Wir kennen Bilder aus dieser Zeit, die Kaufhäuser mit überbordendem Warenangebot und vollen Rolltreppen und auch ein buntes, prickelndes Nachtleben zeigen. Tatsächlich überdeckte die schillernde Oberfläche der großen Städte oft die tiefe Traurigkeit der alleinlebenden Menschen.

Die 1968er

Seit der Industrialisierung löste sich die große umfassende Familie, in der mehrere Generationen unter einem Dach lebten, auf. In den wachsenden Städten entstanden die typischen Kleinfamilien, die nun nur noch aus Eltern und ihren Kindern bestanden. Für diejenigen, die in der Großstadt keinen Partner fanden, die ausschließlich zwischen Arbeit und Vergnügen wechselten, blieb selbst die Kleinfamilie das Sehnsuchtsbild einer heilen Welt – mehr nicht.

Konservative, fortschrittsfeindliche und rechtsgerichtete Kräfte haben im Laufe des letzten Jahrhunderts immer wieder versucht, das vergangene Glück, die heile Familie und das zugehörige Wertegebäude billig zu rekonstruieren. So waren die nationalsozialistische Zeit und auch die 1950er-Jahre Phasen der Restauration. Die brave, biedermeierliche Familie, die es nicht mehr gab, die aber noch als schöngefärbte Erinnerung im Raum stand, schien ein positives Gegenbild zu den Schrecken der Moderne zu sein.

Doch mit der Erholung der Wirtschaft Ende der 1950er-Jahre begannen die Menschen das Ideal der Familie schnell wieder infrage zu stellen. In der Kultur der Angestellten, die sich nun fortsetzte und weiterentwickelte, fanden die alten Werte keine Basis mehr. Arbeiten, Vergnügen und

Konsum wurden erneut die Prioritäten der jungen Generation – verbunden mit dem Verlangen nach neuen Werten. 1968 entflammte gar eine Art Revolution gegen autoritäre und restaurative Kräfte, auch und vor allem gegen die patriarchalisch geprägten Familien. Junge Leute begehrten gegen alte Strukturen auf, verlangten neue Freiheit in allen Bereichen der Gesellschaft.

Die »1968er« werden gerne für den Verfall der Sitten und der Moral, für alles Unglück der Gegenwart, die Vereinsamung des modernen Menschen inklusive, verantwortlich gemacht. Doch die Kritik greift zu kurz. Jedes Modell der heilen Familie ist heute anachronistisch und damit zum Scheitern verurteilt. Unter den Bedingungen der modernen Gesellschaft fühlen sich die Menschen selbstständiger, souveräner und emanzipierter als je zuvor – im festen Glauben, dass sie besser leben als ihre Vorfahren. Tatsächlich besitzen die Menschen heute die Freiheit, über ihre Arbeit und ihr Vergnügen, insbesondere ihre Sexualität, selbst zu entscheiden. Aber mit der umfassenden Freiheit ist auch die Verantwortung gewachsen. Der Mensch, gerade der Städter, kann sich nicht mehr mit dem beruhigenden Gefühl zurücklehnen, dass die Dinge ihren Lauf nehmen, dass er eingebettet ist in eine größere Ordnung. Nun, da die alten Strukturen zerschlagen, die Familien nur noch eine lose Bindung darstellen, muss jede Lebensfrage selbst entschieden werden. Jeder Weg verlangt nun Kraft und Mut. Auch den Mut, gegen das Alleinsein anzukämpfen, um unter den neuen Bedingungen einen Partner zu finden.

Auch wenn es auf den ersten Blick vielleicht wie ein Widerspruch erscheint: Gerade das Mehr an Freiheit und Verantwortung, das die Menschen seit Ende der 1960er-Jahre genießen, hat die Vereinzelung vorangetrieben. Zwischenmenschliche Kälte und Isolation in der Menschenmenge sind Phänomene, die mit der Industrialisierung und dem Städtewachstum begonnen haben.

Der flexible Mensch

Wichtiger Teil der scheinbar von den Menschen und vor allem von den Frauen eroberten Selbstbestimmung ist das Recht auf Arbeit. Mit der Arbeit lässt sich Geld verdienen, mit dem Geld kann ein Leben geführt werden, *so wie ich es will*. Doch diese Annahme verkennt, dass die Strukturen, die uns als Selbstbestimmung verkauft werden, anderen nutzen. Die Industrie und der Handel hatten und haben größtes Interesse daran, dass die Menschen – auch die Frauen und Mütter – arbeiten. Die Arbeit der Massen ist Voraussetzung für den Erfolg der Unternehmen. Jeder Arbeiter, jede Angestellte generiert einen Mehrwert für den Kapitaleigner, vergrößert dessen Vermögen. Gleichzeitig ermöglichte der Arbeitslohn, dass Arbeiter und Angestellte konsumieren, dass sie die Produkte der Industrie kaufen und nutzen. Die Emanzipation des Menschen, die Befreiung aus archaischen familiären Strukturen führte zu einer Abhängigkeit vom Wirtschaftsleben, die meistens nicht erkannt wird. Zu groß sind die Versprechen, denen wir erliegen: Konsum- und Freizeitangebote durchschauen wir in der Regel nicht als Strategien der Industrie zur Mehrung des Profits, sondern halten sie für Verheißungen eines schöneren Lebens.

Es ist paradox: Das Streben nach Unabhängigkeit und ihren vermeintlichen Vorzügen führt tatsächlich zu Alleinsein und gleichzeitig zu einer Abhängigkeit vom Markt. Da die Arbeit heute als Voraussetzung für den Konsum und damit auch für die Selbstbestimmung gesehen wird, messen wir ihr höchste Bedeutung bei. Je mehr wir arbeiten, umso unabhängiger können wir leben. Gerade Frauen scheinen inzwischen unter dem Druck zu stehen, immer noch etwas mehr zu leisten, immer noch mehr zu geben. Sie tun es scheinbar für sich selbst – für die Unabhängigkeit, für die persönliche Freiheit, für die Ermöglichung von Vergnügen, Konsum und Wellness. Oftmals verlangen sie von sich mehr Leistung, als sie tatsächlich erbringen können.

Der Soziologe Sennett beschreibt den modernen Arbeitnehmer als »flexiblen Mensch«.[15] Dieser muss sich darauf einstellen, dass sein Arbeitsplatz immer wieder umstrukturiert und »optimiert« wird, dass täglich neue Anforderungen an ihn gestellt werden. Auch muss er befürchten, entlassen, womöglich mit Mitte 50 arbeitslos zu werden. Der flexible Mensch passt ideal in die moderne Arbeitswelt – er bedient die Interessen der Arbeitgeber. Gleichzeitig findet er keine Sicherheit. Er ist immer weniger in der Lage, seine Zukunft aufzubauen. Wer beispielsweise mit einem Zeitvertrag angestellt ist – an deutschen Universitäten ist es die überwiegende Mehrheit des wissenschaftlichen Personals –, der wird sich keine Wohnung oder kein Haus kaufen, er bekommt von der Bank nicht einmal einen Kredit. Sein Leben basiert auf dem Gefühl der Unsicherheit. Der flexible Mensch muss auch in der Liebe wandlungsfähig sein. Womöglich schickt ihn sein Arbeitgeber in eine andere Stadt, womöglich wird sein Partner bald versetzt. Zur Ruhe kommt er jedenfalls nicht – und damit bleiben auch Beziehungen im Ungefähren. Heirat erscheint als Risiko, eine langfristige Lebensplanung unrealistisch. Und so führt der flexible Arbeitnehmer auch ein flexibles Liebesleben – wenn es nicht ganz zum Erliegen kommt.

Die Singles im Zeitalter des flexiblen Menschen

Noch in den 1980er-Jahren kamen zahlreiche Bücher auf den Markt, die den Menschen zeigen sollten, wie sie schnell einen Partner finden; das grassierende Alleinsein sollte geheilt werden. In *Singles. Alleinsein als Chance des Lebens*, einem frühen deutschsprachigen Buch über das Thema, wird trotz des hoffnungsvollen Titels ein negatives Bild des Alleinlebens gezeichnet.[16] Der Autor skizziert die Stadien des Alleinseins, die von positiven Erfahrungen bis hin zum Tod führen. Im ersten Stadium gibt es noch hinnehmbare »einzelne Erlebnisse des Alleinseins und Verlassenseins«. Wer aber als Single nicht bald den Absprung in eine Partnerschaft schafft, dem drohen die finalen Stadien des Single-Lebens: der »Selbstmordversuch« und schließlich der gelungene Selbstmord.[17] Wer sich als Single nicht irgendwann vor den Zug wirft, der kann zerstörerische Kraft entfalten. Vom Scheidt nennt als berühmten Single Adolf Hitler, dessen destruktiver Vernichtungswille mit dem Single-Dasein in einer Beziehung stehe.[18]

Trotz der Unkenrufe hinsichtlich der alleinlebenden Sonderlinge verbreitete sich das Alleinsein gerade in der Nach-1968-Ära rasant. Plötzlich hatten vor allem Frauen den Mut, einengende Ehen zu verlassen. Junge Frauen und Männer verzichteten darauf, dauerhafte Bindungen einzugehen. Es war Zeit, das Alleinleben umzuwerten, ihm ein positives Gesicht zu geben. Irgendwann in den 1970er-Jahren bekamen die »Ledigen« den neuen, aus den USA kommenden Begriff »Single« zugewiesen. Was zuvor negativ klang – ledig oder unverheiratet – wurde plötzlich schick. Ledige Menschen waren traurige Individuen, Singles hingegen schienen hip. Man musste sich nun nicht mehr schämen, allein zu sein, im Gegenteil.

Die Sehnsucht des flexiblen Menschen

Je weniger Liebesbeziehungen in der Realität funktionieren, desto mehr Bedeutung gewinnen gleichzeitig die Versprechen. Je unsicherer unser Leben wird, umso sehnsüchtiger sehen wir Liebesfilme, träumen wir von einem anderen Leben. Gerade das vermeintlich bukolische Landleben hat für die Städter einen unwiderstehlichen Reiz. Auf dem Land scheint alles von Dauer zu sein. Hier wird man nicht mal entlassen, mal wieder eingestellt, hier lebt man nicht mit One-Night-Stands oder in On-Off-Beziehungen. Ein Blick in den Zeitschriftenhandel zeigt, dass inzwischen Millionen Exemplare entsprechender Zeitschriften unser Verlangen nach

Sicherheit, Familie und traditionellen Werten stillen. *Landlust, Liebes Land, Landgefühl* und zahlreiche weitere Titel bedienen jeden Monat neu die Sehnsüchte der Städter. »Für positive Nachrichten sorgt erneut das nach wie vor boomende Segment der Landmagazine: Den größten absoluten Zuwachs aller Kiosktitel verzeichnete ›Landidee‹ mit einem Plus von rund 58 000 Exemplaren bzw. 26 Prozent auf 277 808 verkaufte Exemplare. Auch ›Mein schönes Land‹ (+7 Prozent/355 761 Ex.) und der Pionier ›Landlust‹ (+1 Prozent/1 066 876 Ex.) konnten zulegen«, hieß es im Januar 2014.[19]

Tatsächlich leben wir einsam und isoliert in großen Städten, tatsächlich widmen wir uns von morgens bis abends der Arbeit, leisten uns mit schlechtem Gewissen einmal im Jahr ein Wellnesswochenende und eine Pauschal-Sonnenreise. Doch wir träumen von Landhäusern, in denen wir mit drei Generationen zusammenleben, träumen von begrünten Terrassen, auf denen wir die Bücher von Jane Austen lesen, während um uns unsere Kinder und womöglich Enkel spielen.

Familien im Zeitalter des flexiblen Menschen

Politiker reden gerne vom hohen Wert der Familie, die man gegen alle möglichen Bedrohungen verteidigen müsse. Doch die Realität sieht anders aus. In Zeiten, in denen beide Elternteile mehr oder weniger rund um die Uhr arbeiten, geht es weniger um Liebe und emotionale Unterstützung als mehr darum, den Alltag samt Kindern zu »managen«. Und so ist es Kindern heute oft peinlich, den Eltern gegenüber über ihre Gefühle zu sprechen. In der modernen Familie lernen sie nicht, ihre Emotionen zum Ausdruck zu bringen. In der Sichtweise der Kinder, vor allem der heranwachsenden Jugendlichen, sind Eltern manchmal schon mehr Dienstleister denn eine vertrauenswürdige emotionale Instanz. Eltern ihrerseits stöbern heute meist auf den Facebook-Seiten ihrer Kinder, um herauszufinden, welche Freunde Sohn und Tochter haben, womit sie sich beschäftigen – sofern sich die Eltern überhaupt noch dafür interessieren. Immer mehr Familien nehmen ihre Mahlzeiten nicht mehr gemeinsam ein. Da die Eltern berufstätig sind, kommen Kinder früh in Krippen und Kindergärten. Viele Kindergarten- oder Schulkinder müssen alleine nach Hause gehen, alleine die Haustür aufschließen und alleine das Fertiggericht in die Mikrowelle schieben – und dann darauf warten, dass die Mutter oder der Vater von der Arbeit kommen. Die moderne Familie hat sich zu einer Funktionsfamilie isolierter Individuen gewandelt. Schnell lernen alle Beteiligten, gut zu funktionieren, aber über »störende« Gefühle hinwegzugehen. Für Liebesbekundungen fehlt meist schlicht die Zeit. Wer lange in einer Funktionsbeziehung lebt, der verliert mehr und mehr die Unbeschwertheit, mit der er seine Gefühle zum Ausdruck bringen kann. Oftmals haben Eltern und Kinder heute schon Hemmungen, ihre Emotionen überhaupt zum Ausdruck zu bringen.

Natürlich gibt es sie noch, die liebevollen Familien, in denen sich die Eltern um die Kinder kümmern, in der man viel Zeit zusammen verbringt. Doch diese Familien stehen unter Druck: Auch wenn es wirtschaftlich möglich wäre, dass ein Elternteil zuhause bleibt, sich um die Kinder kümmert, mit ihnen spielt, ihnen die Welt zeigt – diese Nähe zu den Kindern wird von Politik und Gesellschaft nicht mehr unterstützt. Erst der Besuch der Krippe, so heißt es heute, vermittelt den Kleinkindern die Fertigkeit, mit anderen Menschen zu kommunizieren. Kinder ohne Krippenerfahrung seien benachteiligt. Eltern, die ihre Kleinkinder zuhause lassen, stehen im Verdacht, entweder nicht alles für ihren Nachwuchs zu tun oder gar religiöse Fundamentalisten zu sein. Im Kindergarten, nach der Krippe die nächste Pflichtunterbringung, erfahren die Kleinen dann neben der sozialen auch intellektuelle Bildung. In manchen Kindergärten wird schon Englisch gesprochen – um den Kindern einen Entwicklungsvorsprung zu verschaffen. Eltern, die ihre Kinder womöglich die ersten sechs Jahre zuhause betreuen, die ihnen ihre Liebe vermitteln, die eine emotionale Nähe pflegen, machen nach den Vorstellungen unserer modernen Zeit alles falsch.

Obwohl wir die Sehnsucht nach der heilen Familie, diese Landhaussehnsucht haben, läuft die gesellschaftliche Realität in die entgegengesetzte Richtung. Wir lassen es zu, dass unsere Kinder schon früh aus der engen Beziehung zu uns herausgerissen werden, dass sie früh das Alleinsein in der Menge lernen.

Der Verlag Gruner & Jahr hat die flexible Familie als Markt entdeckt. Im Magazin *Nido* geht es ausdrücklich nicht um die heile Welt, sondern um die tatsächlichen alltäglichen Brüche und Herausforderungen. Als ich bei der Recherche zu diesem Buch deren Webseite besuchte, begrüßte mich folgendes Thema: »Urlaub mit getrennt lebenden Eltern – geht das?« Aber auch über »Spaniens letzte Kinder« wurde berichtet: »Immer mehr Paare entscheiden sich gegen eine Familie«. Und weiter im Inhalt: Warum tun sich Eltern (…) so schwer, richtig gute Liebesbeziehungen zu führen?[20] Die Auflage von *Nido* ist jedoch bescheiden, vergleicht man sie mit der der kompensatorischen Landmagazine. Nicht jeder will der Realität ins Auge blicken.

Frauen im Zeitalter des flexiblen Menschen

Frauen haben seit der Industrialisierung genauso wie die Männer die festgelegten Positionen in familiären Strukturen verloren. Die Befreiung aus ehemals zugeschriebenen Rollen öffnet jedem die Möglichkeit, nun tatsächlich ein selbstbestimmteres Leben führen zu können. Manche Frauen haben es geschafft, auf der Basis der Errungenschaften der Emanzipation ihr Glück zu finden – womöglich mit einem passenden, sich ebenfalls frei fühlenden Partner. Gerade schwule Männer und lesbische Frauen können erst im 21. Jahrhundert so leben, wie sie wollen. Für sie war die gesellschaftliche Entwicklung in Europa in den zurückliegenden Jahrzehnten ein Segen.

Doch es gibt auch eine andere Gruppe von Menschen, die weniger von der gesellschaftlichen Entwicklung profitieren – obwohl sie genauso wie alle anderen das gute Recht haben, in einer erfüllenden Partnerschaft zu leben. Tatsächlich stehen viele Frauen heute alleine in der Welt, sind nun alleine für ihr Wohlergehen verantwortlich, alleine für das Einkommen und vielleicht auch alleine für die Erziehung der Kinder zuständig. Sie haben keine Familie als Rückhalt und oft auch keinen Partner, mit dem sie die Lasten des Alltags zusammen tragen können. Das, was ihnen die Emanzipationsbewegung als Freiheit versprochen hat, das blieb für sie Theorie. Die Situation scheint heute tatsächlich nicht viel anders zu sein als Anfang des 20. Jahrhunderts: Damals wollten Frauen ein unabhängigeres Leben führen, sie verließen die Enge der Familien, strebten in die Großstädte – und wurden als Arbeiterinnen oder Angestellte ausgenutzt. Auch heute folgen viele Frauen den von der Gesellschaft vorgegebenen Mustern, führen ein angeblich emanzipiertes Leben – und finden ihre neue Rolle alleine in der abhängigen Arbeit.

Während die hart arbeitenden Frauen meist davon überzeugt sind, emanzipiert und frei zu sein (es wurde ihnen schließlich immer wieder gesagt), fühlen sich viele von ihnen doch auch niedergeschlagen und frustriert, meist ohne es bewusst wahrzunehmen. Es gelingt den Betroffenen nicht, den gordischen Knoten der vielfachen Abhängigkeiten in ihrem Leben zu zerschlagen. Waren früher Familie oder Ehemann die einengenden Faktoren, ist es nun der Job. Der einzige Ausweg aus ihrer Situation, so denken die scheinbar emanzipierten und hart arbeitenden Frauen dann in der Regel: noch mehr und noch härter arbeiten. Doch natürlich verstärken sie durch die Steigerung des Pensums nur ihr Leid, ihre Frustration.

Eine echte Emanzipation, die den Namen verdient hätte, hieße, die eigene Rolle in der Welt für sich selbst zu definieren und Abhängigkeiten sowie Einschränkungen zu vermeiden oder zu lösen. Eine echte Emanzipation hieße, nicht die abhängige Arbeit als Sinn des Lebens zu begreifen, sondern stattdessen mehr Zeit für sich und die eigenen Vorlieben zu finden. Eine echte Emanzipation würde in eine »Selbstaktualisierung« münden. Den Begriff der Selbstaktualisierung hat der Psychologe Abraham Maslow eingeführt. Wenn man die eigenen Grundbedürfnisse erfüllt habe, dann könne man sein eigenes Talent entfalten (und jeder verfügt über ein Talent!), dann könne man das Leben nach eigenen Vorstellungen gestalten und so den Sinn des Lebens finden. Mit der Selbstaktualisierung werden folgende Fragen beantwortet: Weshalb lebe ich? Welchen Sinn hat meine Existenz? Was wird von mir bleiben? Was macht mich unsterblich? Als Antworten auf diese Fragen können die Familie und die Kinder genannt werden. Aber auch kreative Tätigkeiten können einem Menschen den Sinn im Leben vermitteln, ihm das Gefühl geben, nicht umsonst gelebt zu haben.

Selbstaktualisierung sollte jedoch nicht über einen Selbstbetrug erfolgen. Manche Menschen, Mann wie Frau, glauben, dass der Sinn des Lebens in abhängiger Arbeit liegt (und sind dann von der Leere überrascht, die auf den Verlust der Arbeit folgt, beispielsweise im Ruhestand oder nach einer Kündigung). Tatsächlich wird der eigene Sinn im Leben niemals von Arbeitgebern definiert, er wird auch nicht von der Gesellschaft vorgegeben – er muss immer selbst gefunden werden, nur dann erreicht man das angenehme Gefühl der Souveränität und der vollkommenen Zufriedenheit.

Viele Männer und Frauen schrecken letztlich vor einer Selbstaktualisierung oder Selbstverwirklichung zurück. Es scheint ihnen auszureichen, sich als unabhängig oder emanzipiert zu sehen. Sie pflegen die Fassade, hinter der aber viele offene Fragen auf eine Beantwortung warten. Würden diese Männer und Frauen ihrer Niedergeschlagenheit und ihrer Frustration auf den Grund gehen, würden sie erkennen, dass alles Gerede von Emanzipation, Freiheit und Selbstverwirklichung oftmals nur benutzt wird, um die eigene Abhängigkeit zu beschönigen.

Zu mir kommen immer wieder Patientinnen, die sich als »stark« und »selbstbewusst« bezeichnen, die sich aber gleichzeitig verzweifelt fühlen, da sie den Druck am Arbeitsplatz kaum aushalten, da sie zu Hause nur noch erschöpft ins Bett fallen, nach der Arbeit zu nichts mehr Lust haben, ja, die nicht mehr in der Lage sind, an eine Beziehung überhaupt nur zu denken. Die Strategie, nach außen gut auszusehen, während man tatsächlich die eigenen Ziele im Leben nicht erreicht, während man tatsächlich den Sinn der eigenen Existenz nicht definieren kann, ist gefährlich. Diese Strategie führt zuerst zu Ersatzhandlungen, zur Entfremdung vom eigenen Ich und zuletzt zum Unglück, vielleicht zum sogenannten Burn-out.

Zu den Ersatzhandlungen, die vor allem Frauen in ihrer Frustration wählen, gehört der Versuch, von der eigenen Situation abzulenken. Statt sich die Selbstverwirklichung zu gönnen, statt die Beschränkungen der eigenen Freiheit aufzubrechen, finden viele Frauen den scheinbaren Ausweg beim Partner. Nicht, indem sie ihn einbeziehen in ihre Suche nach einem besseren Leben, sondern indem sie versuchen, unbewusst die Einschränkungen und Leiden der eigenen Existenz auf ihn zu übertragen. Nach dem Motto: Wenn ich so viel arbeite, wenn ich dadurch die Lust am Leben verliere, dann darf auch er keine Freude empfinden. Die Frau gönnt ihrem Mann dessen innere Freiheit nicht, da sie ja selbst ihre Freiheit nicht ausleben kann oder will. Dieses Verhalten beeinflusst auch die Sexualität so gestrickter Paare, die nun von Einschränkungen und Verboten dominiert wird. Die Einschränkung des anderen verspricht vermeintlich die eigene Befriedigung. Aber letztlich führt diese Befriedigung nicht zur Zufriedenheit. Ein verdoppeltes Leid ergibt kein Glück, sondern führt tatsächlich zum Unglück.

Dieses Verhaltensmuster, dieser unbewusste Umgang mit der eigenen Unfreiheit lässt sich heute mehr bei modernen Frauen denn bei Männern feststellen. Männer, die fast verlernt haben, sich durchzusetzen, akzeptieren die von der Frau vorgegebenen Einschränkungen, folgen ihren Vorgaben, um eine vermeintliche Harmonie und um ihren Zugang zum Sex in der Partnerschaft zu erhalten. In der Führung die »emanzipierten« Frau, die sich in Wahrheit eingesperrt fühlt, hinterhertrottend der liebe, aber durchsetzungsschwache Mann – so wandert das ungleiche Paar des 21. Jahrhunderts Hand in Hand Richtung Unglück.

Viele Frauen und Männer leben heute in einer unguten Symbiose. Statt die beiderseitige Freiheit anzustreben, statt eine neue Ebene der eigenen Emanzipation zu erreichen, werden Pflichten und Verbote thematisiert (wobei ein Netz von Verboten das Gegenteil der Emanzipation bedeutet). So landen die Paare in einem selbst gebauten Gefängnis; und so erreichen sie das Gegenteil der Emanzipation: ein unfreies Leben.

Dabei haben alle Frauen und Männer die persönliche Freiheit und damit das persönliche Glück mit allem Recht der Welt verdient. Gerade weil sie meist so viel arbeiten, gerade weil das Geld hinten und vorne nicht reicht, sollten sie sich nicht auch noch in ihrem Grundrecht, frei und selbstbestimmt leben zu dürfen, beschränken lassen. Die persönliche Freiheit ist die Basis des Glücks – nichts weniger.

Männer im Zeitalter des flexiblen Menschen

Die Zeit, in der ein Mann sein Selbstbewusstsein aus seiner Rolle als Einzelverdiener und »Ernährer« zog, sind lange vorbei. Wir wollen dem Abgang des Patriarchen nicht beklagen – eine Welt ohne feste Rollenzuschreibungen gibt Mann und Frau tatsächlich die Chance, sich selbst zu verwirklichen und glücklich zu sein. Doch gleichzeitig – wir haben es gesehen – tun sich auch Gefahren und Grauzonen auf, die es vorher in diesem Umfang nicht gab.

So hat der flexible Mann heute Schwierigkeiten, seine Position gegenüber einer Frau zu bestimmen. Ja, er hat häufig schon Probleme, überhaupt eine Partnerin zu finden. Moderne Männer wissen oft nicht mehr, wie sie sich gegenüber modernen Frauen verhalten sollen. Die Rolle der Frau hat sich geändert, eine damit kompatible neue Männerrolle hat sich noch nicht etabliert. Entsprechend unsicher und zurückhaltend sind Männer geworden, könnten tradierte Verhaltensmuster doch im 21. Jahrhundert unangemessen sein.

Als der Sänger Andreas Kümmert im März 2015 den Vorentscheid des Eurovision Song Contest gewann, fühlte er sich nach eigener Aussage der Situation nicht gewachsen und verzichtete auf die ihm übertragene Verantwortung. Die neben ihm stehende »starke« Mitbewerberin Ann Sophie griff souverän zu. In den deutschen Medien wurde der Vorfall zum Anlass für die Diskussion über ein neues Männerbild: Kümmert sei begabt, aber ein »Weichei« – und damit gleichzeitig ein typischer Mann des 21. Jahrhunderts.

In meiner Praxis erlebe ich immer wieder derart liebe und nette Männer, oft sind sie intelligent und belesen. Viele von ihnen, vor allem die Jüngeren, haben es in ihrer Sozialisation nicht gelernt, sich durchzusetzen. Sie können sich in eigentlich harmlosen Konflikten kaum behaupten, können nicht die eigenen Interessen verteidigen – selbst in den Situationen, in denen es um ihr Wohlergehen, um ihre Existenz geht. Doch Nettigkeit ohne Durchsetzungsfähigkeit (auch gegenüber Frauen) gerät für diese Männer zu einer persönlichen Gefahr – sie lassen sich von Dritten in eine Sackgasse manövrieren und kommen mit ihrer Freundlichkeit da nicht mehr heraus. Irgendwann reagieren sie mit Stresssymptomen, begreifen, dass sie nicht so leben, wie sie eigentlich leben wollten. Doch in dieser Situation wissen die Betroffenen meist nicht, was sie tun sollen, so verharren sie dann wie gelähmt in ihrer Sackgasse ohne Wendemöglichkeit.

In Schweden haben Männer einen scheinbaren Ausweg aus ihrer Identitätskrise gefunden, indem sie sich selbstbewusst als Feministen bezeichnen und so versuchen, sich auf die Seite der »starken« Frau zu begeben (um damit selbst Stärke zu gewinnen). Der moderne Mann, so scheint es, trägt ein »Femen«-Shirt und kämpft für die Rechte der Frau. Aber natürlich garantiert der Einsatz für die Gleichberechtigung nicht jedem Mann die beglückende Zweisamkeit. Auch die Verunsicherten, die vorsichtshalber gleich den Frauen jede Initiative überlassen, laufen Gefahr, ausgelacht oder gar nicht erst wahrgenommen zu werden.

Eine Frau sucht zwar in der Regel nicht den gestrigen Macho, aber doch auch nicht ihr Ebenbild. Nur wenn er seine Andersartigkeit behält, können Mann und Frau kompatibel bleiben. Nur wenn er den eigenen Interessen folgt und eigene Vorstellungen umsetzt, kann der Mann ein passender Partner werden. Auch der Mann muss sein eigenes Leben verwirklichen.

Aber was sind seine Interessen, seine Vorstellungen? Wozu kann er seine Freiheit nutzen? Seine Andersartigkeit (Männlichkeit) macht den Mann heute mehr denn je ratlos: Soll ich einen Bart tragen, um angemessen zu wirken? Oder findet meine Partnerin das albern? Darf ich die Frau zum Essen einladen? Oder verletzte ich damit ihren Anspruch, selbst über ihr Leben zu entscheiden?

Der flexible Mann muss mehrfach beweglich sein: Er muss sich an die stets wechselnden Anforderungen des Arbeitgebers anpassen (den unbefristeten Stellen hinterherlaufen), muss sich an die emanzipierten Frauen anpassen und gleichzeitig auch anders bleiben, auch seine Männlichkeit irgendwie inszenieren. Der Zürcher Autor Réda El Arbi schreibt im *Tagesanzeiger*:

»Aus der Sicht des Mannes ist das ein unlösbares Dilemma: Wenn wir auf eine Frau zugehen und sie ansprechen, sind wir ›einfach nur aufdringlich‹, kurz Idioten. Wenn wir zurückhaltend flirten und ab und zu den Blickkontakt suchen, sind wir Weicheier. … Inzwischen verstehe ich, dass Männer gar nicht mehr versuchen, jemanden Neuen kennenzulernen. Die meisten normal aussehenden Männer ohne speziellen Status haben vor ihrem 30. Lebensjahr ihre tausend schmerzhaften Abweisungen eingefahren. Das prägt und nimmt die Lust, auf Frauen zuzugehen«.[21]

Der Wunsch nach Zweisamkeit scheitert schon beim Kennenlernen. Singlebörsen scheinen deshalb zwingend notwendig, um überhaupt die flexiblen Individuen, die kaum noch gegenseitige Anknüpfungspunkte zeigen, irgendwie zusammenzubringen. Aber auch die Singlebörsen versprechen kein automatisches Glück – wir werden das noch sehen.

Manche Männer reagieren auf die Schwierigkeiten der modernen Zeit, indem sie sich an alten Mustern orientieren, bewusst die harten Typen raushängen lassen, zu »Lumbersexuellen« werden, die nur Holzfäller-Shirts zu langen Bärten tragen. Sie glauben, damit letztlich auch die Frauen überzeugen zu können. Aber tatsächlich wird die Maskerade, und mehr ist es ja nicht, schnell durchschaut – dahinter verharrt doch immer nur der unsichere Mann.

»Wieso sonst müsste man seine Männlichkeit wie eine Halloweenmaske tragen, sorgfältig inszeniert, als ob Mann eine Mittelklasse-Limousine mit einem mächtigen Frontschutzbügel und einem Camouflage-Anstrich zu einem Offroader aufmotzen möchte«.

Das fragt Réda El Abi in einem weiteren Blog-Beitrag. Und weiter:

»Da sitzen sie dann in Cafés und Bars im Kreis 4 und lassen nach einem harten, schweisstreibenden Tag als Grafikdesigner oder Medienfuzzi hinter einem

Airbag ihre urchige Wildheit auf die Umgebung wirken. Sie setzen den Hugh-Jackman-Blick auf und versuchen, ihre Naturburschenschaft mit stoischer Attitüde zu verteidigen.« [22]

Die Strategien des Mannes, im Zeitalter des flexiblen Menschen eine Partnerin zu finden, scheitern häufig, sehr häufig. Denn viele Frauen suchen gerade den authentischen Mann, der das macht, was er ist. Genau diese Frage können Männer aber oft nicht beantworten: Wer bin ich? Wodurch zeichnet sich meine Männlichkeit aus? Wo stehe ich in dieser Gesellschaft? Viele Männer verzichten deshalb darauf, einen eigenen Charakter, eine Position im Leben auszubilden. Sie bleiben seltsam indifferent und werden als schwach wahrgenommen. Wenn es darum geht, dass sie die Frauen verstehen, sind sie klasse, aber sie selbst werden von den Frauen nicht verstanden.

Zu den offenkundigen Kommunikationsschwierigkeiten zwischen Mann und Frau gesellt sich der in unserer Gesellschaft wachsende weibliche Ehrgeiz. Frauen arbeiten oft hart an ihrer Ausbildung und ihrer Karriere – sie haben gelernt, dass sie scheinbar nur über das Vorankommen und den Erfolg unabhängig und selbstbewusst werden. Mit den Männern, die diesen Ehrgeiz nicht zeigen, können sie nun nichts mehr anfangen. Moderne Frauen suchen den gebildeten und karriereorientierten Mann, den sie in ihre durchkalkulierten Funktionsbeziehungen einbinden können, der auch bei ihren Freundinnen nicht als Tollpatsch oder Trottel auffällt.

Der flexible Mensch in der Zukunft

Nichts wird besser, zumindest nicht ohne unser Zutun. Die Vorstellung, dass die Mitglieder unserer Gesellschaft von selbst immer glücklicher und zufriedener leben werden, ist irrig. Die moderne Welt braucht den karriereorientierten Menschen, idealerweise den Single. Schon Vom Scheidt schrieb 1980, dass »ohne Singles … unser Wirtschaftssystem längst zusammengebrochen« wäre.[23] Singles seien das »Kernstück der hierarchisch-autoritären Strukturen, die auf Rivalität und Leistungs-Konkurrenz-Denken basieren (statt auf Kooperation) und damit das Kernstück der Leistungsgesellschaf«.[24]

Wir dürfen also erwarten, dass die Gesellschaft immer mehr Frustrierte hervorbringt – sie sind systemkonform und systemwichtig. In den USA und in Japan lassen sich jetzt bereits die nächsten Stufen des Alleinseins beobachten. Man muss kein Prophet sein, um zu vermuten, dass diese Trends auch nach Europa kommen:

Karriere vor Kinderwunsch

Die aus den USA zu uns kommende Praktik erfolgsorientierter Frauen, Eizellen einzufrieren, um dann nach dem Aufbau der individuellen Karriere im mittleren Alter noch Kinder zu bekommen, zeigt die Perfektionierung der Funktionsbeziehungen. *Die Zeit* schrieb 2013 über eine Münchner Praxis, die das Einfrieren von Eizellen sogar mit Radiospots bewarb:

»Bedrohlich schwindet die Zeit im Sekundentakt. Man kann es hören: tack, tack, tack. Dann mahnt Jack Nicholson: ›Bewahren Sie Ihre Fruchtbarkeit. Bestimmen Sie den passenden Zeitpunkt für Ihren Kinderwunsch von nun an selbst.‹ Ausgerechnet mit der Synchronstimme des fiesen Hollywood-Opas Jack Nicholson, der die Finger nicht von jungen Frauen lassen kann, wirbt das Münchner ›Kinderwunsch Zentrum an der Oper‹ im Radio für seinen aktuellsten Service. Die potenziellen Kundinnen sitzen gerade beim Frühstück oder im Auto auf dem Weg zur Arbeit – da macht ihnen die Münchner Fertilitätspraxis dieses große Versprechen: Liebe Hörerinnen, Frauen wie Sie können ihre biologische Uhr ab jetzt anhalten.«[25]

Frauen, die ihre Eizellen einfrieren lassen, wollen sich so vom Druck befreien, sich neben ihrer Karriere noch um andere Dinge kümmern zu müssen. Sie können nun bis zum Alter von 45 oder gar 50 Jahren durchstarten – und sich erst dann mit dem Thema Kind beschäftigen.

Heute erscheint das manchen schon als attraktiv: Als Maschine arbeiten, Gefühle beiseiteschieben und das Thema Kind und Familie irgendwann im Alter angehen. Kinder werden so eine Art Landhaussehnsucht – Frauen und auch deren Partner denken ganz theoretisch an sie, wollen aber in Zeiten der Karriereplanung keine Verantwortung für den Nachwuchs übernehmen, diese zumindest auf eine ferne Zukunft schieben.

Kinder aus dem Katalog

Die Frau, die doch das Verlangen hat, ein Kind zu bekommen, kann durchaus auf den echten und komplizierten Mann verzichten – und sich das passende Kind im Internet zusammenstellen. Auch das Kinderkriegen lässt sich so optimieren, dass dazu keine Zweisamkeit mehr notwendig ist, dass man niemandem mehr zuvor die Liebe erklären muss und doch bekommt, was man als Frau will. Bei der dänischen Samenbank »Cryos« können Spermien nach Ethnizität, Haarfarbe, Augenfarbe, Körpergröße und auch nach dem »psychischen Profil« des Spenders online gesucht werden.[26]

Doch manche Frauen finden die Vorstellung, neun Monate schwanger durch die Stadt zu rennen, womöglich am Arbeitsplatz weniger flexibel zu sein, belastend. Wenn sie dennoch ihren Kinderwunsch in die Realität umsetzen wollen, können sie sich für eine Leihmutterschaft entscheiden. In Indien, der Ukraine und anderen Ländern existieren entsprechende Einrichtungen (nach deutschem Recht allerdings – noch – verboten). Fragt sich dann nur, was aus dem kleinen Kind wird, wenn es auf eine Mutter trifft, die keine Schwangerschaft erlebt, die, eingespannt in Arbeit und Karriere, vielleicht noch keine Gefühle für das kleine Wesen entwickelt hat, ja, für die ein Kind zunächst eine Art Karriereziel darstellt, das es zu erreichen gilt. Die Beziehung zum Nachwuchs wird sich nur dann positiv entwickeln, wenn die Eltern das Kind nicht als »Errungenschaft« oder als »Dekoration« betrachten, sondern als ein neues Familienmitglied, mit dem sie ihre Liebe teilen wollen.

Katzencafés und Kuschelhaus

In Japan und inzwischen auch in einigen europäischen Städten bieten »Katzencafés« die Wärme eines Tieres an. Menschen kommen aus ihrem stressigen, meist isoliert (in der Menschenmenge) verbrachten Alltag, um dann bei Katzen die Wärme und Zärtlichkeit zu finden, die sie von ihren Mitmenschen nicht mehr erfahren. Im Londoner Katzencafé kosten »zwei Stunden Kraulen … umgerechnet sechs Euro, Speisen exklusive, trotzdem ist der Laden auf Wochen ausgebucht«.[27] Im amerikanischen Wisconsin sollte 2013 ein »Kuschelhaus« die Bedürfnisse der Singles erfüllen. Hier wurden die Einsamen und Alleinlebenden in den Arm genommen, hier konnten sie mit einem anderen Menschen einfach nur im Bett kuscheln. Das Etablissement wurde allerdings von den Behörden geschlossen – diese Art von Dienstleistung schien dem prüden Amerika wohl zu anrüchig.[28]

Designbeziehungen

Aus den USA kommt noch eine weitere neue Form, das moderne Leben zu organisieren und auch die emotionalen und sexuellen Bedürfnisse zu befriedigen. Menschen gründen »Designfamilien«, in denen alles richtig und gut organisiert ist, in denen Kinder großgezogen und ein ordentlicher Haushalt geführt werden. Allein die Liebe und der Sex bleiben ausgespart. Die sexuelle Befriedigung holen sich die Partner der Design-Familien in wechselnden Beziehungen oder womöglich im Bordell.

Internetseiten wie »modamily.com« versprechen den Menschen, die eine Familie gründen wollen, den passenden Partner. Die Seite legt Wert darauf, dass die Teilnehmer umfassend geprüft werden – Gesundheit, ordentliche Lebensführung und materieller Wohlstand sind die Basis für das Zeugen von Kindern. Allein: Auf die Liebe kommt es nicht an – die Liebe besorgen sich die Mitglieder bei modamily.com woanders. Natürlich werden die Kinder aus diesen so zusammengefügten Familien nicht über normalen Sex, sondern über die künstliche Befruchtung gezeugt. Körperliche Nähe zwischen den Eltern steht nicht auf der Tagesordnung. Auf der Startseite des Anbieters sieht man glückliche Erwachsene und hübsche Kinder – man kann sich vorstellen, dass viele alleinlebende Menschen der Verlockung des Angebots erliegen.

Laut *Focus* existieren in den USA bereits mehrere Tausend Designfamilien.[29] Auch homosexuelle Paare können über entsprechende Portale ihren Kinderwunsch erfüllen. Die »Designfamilie« ist vielleicht die konsequenteste Form, das Leben nach Funktionen zu unterteilen und den Ablauf zu »optimieren«. Sex nach Bedarf, Familie bestens organisiert.

Phänomen Sexsucht

Menschen, die die Fähigkeit verloren haben, Beziehungen einzugehen, die sich nicht mehr in der Lage glauben, sich auf einen anderen Menschen in dessen ganzer Komplexität einzulassen, oder die einem anderen nicht das eigene Ich offenbaren können, kurz: die ein emotionales Problem mit sich tragen, leiden manchmal an einer auf den ersten Blick paradoxen »Krankheit«: der sogenannten Sexsucht. Personen aus dem öffentlichen Leben haben sich in jüngster Vergangenheit zu ihrer Sexsucht bekannt, so der Golfspieler Tiger Woods, die Sängerin Rihanna und manche andere mehr. Tatsächlich greift diese Sucht um sich, erfasst nach den Prominenten nun auch die normalen Menschen.

Immer wieder sitzen bei mir Patienten, die behaupten, ihr Partner sei sexsüchtig. Sexsucht ist zu einem beliebten Kampfbegriff in Partnerschaften geworden, um das sexuelle Verlangen des Partners abzuwehren, um ihn zu pathologisieren, um ihn manchmal auch zu manipulieren. Doch anders als bei der Alkohol- oder Drogensucht handelt es sich bei der Sexsucht nicht um eine wirkliche Abhängigkeit, vielmehr um das gesteigerte Ausleben eines normalen menschlichen Bedürfnisses. Diejenigen, denen eine Sexsucht unterstellt wird oder die sich selbst als sexsüchtig bezeichnen, haben nur eine Strategie gefunden, ihre sexuellen Bedürfnisse von ihren Gefühlen zu trennen (da die Gefühle, die mit Nähe verbunden sind, sie womöglich belasten; oder da sie Gefühle wie Liebe und Verbundenheit einfach als zu anstrengend empfinden). Die Sexsüchtigen reduzieren ihre komplexen Bedürfnisse auf den Geschlechtsverkehr – und glauben so, das Leben erfolgreich meistern zu können. Doch hinterlässt bei ihnen jeder sexuelle Akt ein unerfülltes Bedürfnis nach Liebe – ein Bedürfnis, das das Verlangen nach dem nächsten Akt weckt – geradezu ein Perpetuum mobile.

Es ist anzunehmen, dass sich die Sexsucht, die keine wirkliche Sucht ist, zu einer Modekrankheit ausweiten wird. Sexsucht sieht schick aus (wer sich als sexsüchtig bezeichnet, der hat immerhin Sex!), sie entspricht der Idee der Leistungsgesellschaft (so viel Sex wie möglich!), und das Label »Sucht« ermöglicht, dass man sich als krank bezeichnen kann, dass man nicht wirklich über die Ursachen des eigenen Verhaltens nachdenken muss, dass man nicht wirklich selbst die Verantwortung dafür tragen muss.

Tatsächlich gibt es in den Vereinigten Staaten und auch schon in Europa Psychologen und ganze Kliniken, die sich auf die Behandlung dieser sogenannten Sucht spezialisiert haben. Sie bedienen einen neuen »coolen« Markt, der umso lukrativer wird, je moderner und zeitgemäßer die Sexsucht, die auch eine Gefühlsverbannung ist, erscheint. Sexsucht und Sexabstinenz sind beides Ausprägungen der modernen Zeit, beides Spielarten eines Lebens, in dem Gefühle (und gleichzeitig auch die Vernunft) zurückgedrängt, ja marginalisiert werden. Aber – Gefühle (vor allem die Gefühle, die unerfüllte Bedürfnisse zum Ausdruck bringen) nutzen eigene Strategien, um sich gegen ihre Unterdrückung zu wehren, sie kommen immer wieder, drängen irgendwann in den Vordergrund, dann als echte Krankheiten beispielsweise.

Leben ohne Sex

Karriereorientierte und technikaffine Menschen entscheiden sich in Japan immer öfter gegen körperliche Nähe und Sex. Nach einer Umfrage aus dem Jahr 2013 haben 45 Prozent der jungen japanischen Frauen (16 bis 24 Jahre) kein Interesse mehr am Sex. Bei jungen Männern sind es immerhin 25 Prozent (nach Zahlen der Japan Family Planning Association). Die Zahl der Singles hat ebenfalls ein Rekordhoch erreicht.[30]

Es scheint nicht ganz klar, wo die Gründe dieser neuen Enthaltsamkeit liegen. Erklärungen, dass der tägliche Stress gerade bei Frauen dazu führt, dass keine Zeit für Beziehungen bleibt, scheinen nicht ganz auszureichen, bezeichnen nur einen Teil des Problems. Die Ursache für die sexuelle Abstinenz liegt, so meine Vermutung, auch in der Digitalisierung unserer Welt. Man muss geradezu den Eindruck bekommen, dass in modernen, durch und durch digitalisierten Mediengesellschaften – gerade Japan ist hier ein Vorreiter – echte Körper zunehmend irritieren, dass echter Sex mehr Angst als Freude macht. Immer mehr japanische Frauen, so heißt es in der Studie ebenfalls, empfinden Ekelgefühle gegenüber Intimitäten. Vor den Körperflüssigkeiten von Mann und Frau ist man nur bei virtuellem Kontakt sicher geschützt.

In einer Funktionswelt, in der nahezu alle Wünsche optimal durch Konsum befriedigt werden können, in der die gesamte Kommunikation und das gesamte soziale Leben digitalisiert sind, erscheint Sex wie eine unhygienische, eigenartig riechende, zu sehr körperliche und überhaupt höchst zweifelhafte Sache. Man weiß nicht genau, was man bekommt; man muss sich beim Sex auf eine andere Person mit all ihren Nebenwirkungen einlassen: unberechenbare Kommunikation, überraschende Gerüche sowie die schwer zu steuernden eigenen Empfindungen. Es ist naheliegend, dass von jungen, medienerfahrenen Leuten die Dinge, die nicht zu kalkulieren und zu digitalisieren sind, die zu einer gestrigen, vordigitalen Welt gehören, mehr und mehr gemieden werden. Ergebnis ist, dass im 21. Jahrhundert die Wirklichkeit allmählich unwirklicher wird als die Fiktion. Immer mehr Menschen empfinden die programmierten Internetwelten als ihr Zuhause, bewegen sich im virtuellen Raum wie ein Fisch im Wasser, aber auf der realen Straße mit realen Menschen überkommt sie Unsicherheit, manchmal Angst.

In Europa sind wir von dem japanischen Phänomen noch weit entfernt – in Europa bleibt der Sex in seiner körperlichen Realität noch attraktiv. Doch seitdem die Digitalisierung des Lebens weiter voranschreitet, seitdem mit Armbändern und »intelligenten« Uhren der eigene Körper überwacht wird, seitdem die Smartphones vibrieren, sobald man am Tag zu wenige Schritte gegangen ist, wird auch in Europa eine einst unschuldige Körperlichkeit problematisiert. Erlaubt mir mein neues Gadget den Sex? Oder bedeutet er zu viel Anstrengung für den Tag? Passt der Geschlechtsverkehr in meinen Fitness-, Tages-, Wochen- und Monatsplan? Vielleicht bekommen wir bald die »App«, die uns mitteilt, wann »vernünftigerweise« der nächste Sex zu vollziehen ist – egal, ob wir Lust und Verlangen empfinden.

Vielleicht wird es unter diesen Bedingungen einfacher und unkomplizierter, tatsächlich *ohne* Sex zu leben, ihn nur virtuell zu erleben. Ist das unsere Zukunft? Ist die Liebe im digitalen Zeitalter entweder virtuell oder, wie alles andere im Leben auch, »optimiert« und von »smarten« Maschinen gesteuert?

Virtuelle Freundin

Emotionale Befriedigung und Sex(ersatz) werden in Zukunft vermutlich immer stärker vermarktet, während die kostenlos erhältliche Zweisamkeit keine Fürsprecher mehr haben wird. Die Menschen werden vergessen, dass sie das Glück auch ohne Hilfe der Industrie und des Internets finden könnten.

Im Jahr 2013 erzählte der amerikanische Spielfilm *Her* von einem Mann, der sein Geld damit verdient, Liebesbriefe für andere Leute zu schreiben. In dem Film, der in der Zukunft spielt, sind die Emotionen schon ein Teil des Marktes – gefühlsschwangere Liebesbriefe werden in Auftrag gegeben, da normale Menschen nicht mehr wissen, wie sie ihre Gefühle formulieren sollen. Der Liebesbrief-Autor lebt nun ausgerechnet selber allein. Eines Tages installiert er ein neues Betriebssystem auf seinem Computer, das ihm die Berücksichtigung all seiner Wünsche und eine virtuelle Ansprechpartnerin verspricht, die immer für ihn da ist. Die Software simuliert perfekt die Zuwendung eines echten Menschen, der Interesse am Gegenüber hat, der dessen Gewohnheiten und Eigenheiten berücksichtigt. Die virtuelle Frau, die nur aus einer weiblichen Stimme besteht (im Original gesprochen von Scarlett Johansson) redet mit ihm über alltägliche Dinge, aber auch über Beziehungen und Sex. Der Mann verliebt sich allmählich in die körperlose Frau in seinem Computer, die seine Bedürfnisse (scheinbar) viel besser erfüllt als all die echten Menschen um ihn herum, viel besser auch als seine Ex und viel besser als eine echte Frau, die er zwischenzeitlich kennengelernt hat. Nur das Anfassen, der Sex mit der virtuellen Geliebten ist unmöglich. Der Film zeigt, in welch »schöne neue Welt« uns die Digitalisierung führen könnte (wenn auch auf den Helden nach dem Ende seiner virtuellen Beziehung die Perspektive einer realen Beziehung wartet).

KAPITEL 3

SINGLES UNDERCOVER

»Schon seltsam, dass die Simpsons inzwischen die einzig
normale Familie im deutschen Fernsehen sind ...«

TWEET[31]

Einsamkeit, das ist schon im ersten Kapitel angeklungen, hat viele Gesichter. Es gibt Menschen, die (teilweise schon jahre- oder jahrzehntelang) in einer Beziehung leben und sich dennoch einsam fühlen. Ich bezeichne sie als Undercover-Singles. Tatsächlich gehören die meisten Menschen, die bei mir Rat und Hilfe suchen, zu dieser Gruppe. Wären die gesellschaftlichen Hürden für eine Scheidung nicht so hoch, würden nicht die finanzielle Existenz oder der Erhalt des Hauses vom Fortbestand der Ehe abhängen, dann würden viele lieber heute als morgen den einengenden und nicht befriedigenden Rahmen verlassen. In Deutschland, so meine Befürchtung, leben Zehntausende, Hunderttausende oder gar Millionen Menschen, die nur aufgrund finanzieller Überlegungen oder anderer Sachzwänge an der Ehe festhalten – aber nicht aus Liebe, nicht aus der Überzeugung heraus, in der Beziehung ihre drängenden Bedürfnisse erfüllen zu können.

Desperate Housewives

Nach Flower Power und den ganzen Glücksversprechen der späten 1960er- und frühen 1970er-Jahre zog bald Ernüchterung in die Gesellschaft und die einzelnen Familien ein. Statt zum Glück führen die Bedingungen der modernen Zeit bei vielen in die Frustration – wir haben es gesehen. Zwar waren die drei »K«s – Küche, Kinder, Kirche – nicht mehr der einzige Lebensinhalt der Frauen, zwar gab es neue Freiheit auf vielen Gebieten, die Sexualität wurde enttabuisiert – aber statt glücklich zu sein, fühlten sich viele Frauen, gerade die, die in Beziehungen lebten, eingesperrt und frustriert.

Die moderne Frau und der moderne Mann lebten nun im modernen Bungalow, hatten eine Einbauküche und leisteten sich eine Geschirrspülmaschine. Musik kam aus der weiß-schwarzen Kompaktanlage mit futuristischen Rundboxen … Aber die beiden Protagonisten der modernen Welt saßen immer unglücklicher auf ihrem Sofa, fanden immer weniger Gesprächsthemen, begannen bald zu schweigen. Es war, als ob auf die Befreiung aus den alten Zwängen und Hierarchien eine große Leere folgte.

Das Wort »Frustration« bezeichnet laut Wörterbuch die »Täuschung einer Erwartung«, welche mit dem »Erlebnis eines aufgezwungenen Verzichts von Triebwünschen einhergeht«. Die Frauen in den 1970er- und 1980er-Jahren hatten demnach Erwartungen an ihre Männer oder an die Familie, die nicht erfüllt wurden. Trotz der schönen neuen Wohnungen und schicker Autos, die sich nun viele Deutsche leisten konnten, trotz Urlaubsreisen nach Italien oder Spanien, trotz großer gesellschaftlicher Freiheiten – stimmte etwas nicht. Es waren die Männer, die den Frauen nicht das gaben, was sie suchten. Alles hatte sich verändert – nur der Mann verharrte noch in der Vergangenheit. Er hatte sein Interesse am Fußball genauso behalten wie seinen Bierbauch. Doch während der Mann auf dem Sofa saß und auf den Fernseher starrte, statt sich für seine Partnerin zu interessieren, statt sie nach ihren Wünschen und Bedürfnissen zu fragen, stand diese mit verschränkten Armen hinter ihm. Habe ich mir dafür meine Freiheiten erkämpft? Muss ich ihn immer noch mit Bier und Chips versorgen? So weit wird es noch kommen!

Frauen hatten von Alice Schwarzer gelernt, dass sie nicht mehr die machtlosen kleinen Dinger waren, sondern die Kraftzentren der Familie. Doch aus dieser ihnen aus der Emanzipation erwachsenen Bedeutung zogen die Frauen meist keinen Gewinn. Sie ging vielmehr einher mit einem Gefühl des Nichtverstandenwerdens, mit wachsender Einsamkeit und nachfolgender Frustration. Den Frauen blieb irgendwann nichts anderes, als sich selbst ermattet vor dem Fernseher niederzulassen und dort Serien wie *Desperate Housewives* zu konsumieren, die ihr Unverstandensein spiegeln.

Die Männer bemerkten zwar diese Frustration, wussten aber nicht, was sie unternehmen sollten. Sie reagierten mit den alten Rollenreflexen. »Ich tue doch, was ich kann«, war dann ihre hilflose Antwort. Sie mähten den Rasen noch kürzer, sie renovierten das Schlafzimmer oder kauften ein neues Auto. Aber die Erwartungen ihrer Frauen erfüllten sie damit nicht.

Ja, auch mancher Mann begann sich nach 1968 allmählich zu verändern. Er wurde still, ratlos, aber sehr flexibel. Das Unverständnis zwischen den Geschlechtern, das mit der 1968er-Revolution einsetzte, hat sich seitdem weiter ausgebreitet – und bestimmt längst die modernen Ehen. Viele Zweierbeziehungen sind heute entsprechend notleidend. Die Partner haben die gemeinsame Basis verloren, aber sie wissen nicht, was sie dagegen tun, wo und wie sie eine neue Basis finden sollen.

Missverstehen

In allererster Linie entstehen Krisen aus der Unfähigkeit, Konflikte offen anzusprechen, wie das Schicksal meiner Freundin Esther belegt.

Esther hat vor einem Jahr geheiratet – mit allem Drum und Dran. Es war vielleicht der schönste Tag in ihrem Leben. Auf die Hochzeit folgten zwei Wochen in Italien. Nach ihrer Rückkehr erlebte ich eine strahlende Esther – offenkundig hatte sie alles richtig gemacht. Es war die große Liebe … Aber nach ein paar Monaten änderten sich ihre Gesichtszüge. Aus der strahlenden Frau, die die ganze Welt umarmen konnte, wurde eine schweigsame, von Sorgen belastete. Sie lachte nur noch selten. Wenn ich sie fragte, was sie bedrückte, dann wehrte sie ab. »Lass mich, alles ist gut.« Natürlich war nichts gut, aber ich wollte sie nicht in die Enge treiben. Esther wusste, dass sie mit mir über alles reden konnte – und irgendwann würde sie von selbst damit beginnen. Nach einiger Zeit stellte sie mir eine Frage: »Wie würdest du reagieren, wenn dein Mann einer anderen Frau schreibt?«

»Hat er eine andere?«

»Nicht wirklich, aber da ist eine Frau, die hatte er früher, als wir noch nicht zusammen waren, über eine Single-Börse kennengelernt. Von der kommt er irgendwie nicht los. Sie hat ihm eine SMS geschrieben. Und er hat geantwortet. Idiot.«

»Hast du ihn darauf angesprochen?«

»Nein, das … das passte nicht.«

»Trifft er sich mit ihr?«

»Weiß ich nicht. Aber ich habe Angst vor dem, was ich noch alles erfahren werde. Weiß ich, was er tut, wenn er allein ist?«

Esthers Vertrauen in ihren Mann war erschüttert. Sie hatte Angst, dass sich Abgründe offenbarten, die sie nicht kennen wollte. Aber gleichzeitig sprach sie das heikle Thema nicht an. Sie wollte an ihren Ehemann keine Forderungen stellen, wollte ihm keine Verbote erteilen, wollte ihm die eigene Verletztheit nicht offenbaren. Sie erwartete, dass er von sich aus die Chats beendete, dass er von sich aus die Unangemessenheit seines Verhaltens erkannte. Ihr Mann wiederum bemerkte die Sorgen seiner Frau nicht, übersah, dass sie litt. Er hatte sich bei dem kleinen Chat mit der Ex nichts gedacht. Für ihn war es eine Kleinigkeit, auf die Meldungen, die auf seinem Smartphone aufpoppten, zu antworten, es war nicht seine Art, jemanden wegzudrücken.

Esther schwieg trotz ihrer Sorgen eisern. Sie wollte ihm ihre Angst auf keinen Fall zeigen – das wäre ein Zeichen der Schwäche gewesen; unpassend für eine starke Frau. Stattdessen hatte sie zu meiner Überraschung sogar mit dem Rauchen begonnen. Ihr Mann hatte zwar die Nase gerümpft, erzählte sie mir, stellte aber keine Fragen. Doch Esthers Strategie des Schweigens war nicht produktiv. Je länger sie schwieg, umso größer wurde ihre Angst, umso mehr ärgerte sie sich über ihren Mann.

»Hast du mit ihm über deine Ängste gesprochen?«, fragte ich Esther beim nächsten Treffen, zwei Wochen später.

»Ich konnte nicht anders. Ich habe ihm Vorwürfe gemacht. Es ist mit mir durchgegangen.«

»Wie hat er reagiert?«

»Er sagte, er mag es nicht, dass ich sein iPhone ausspioniere.«

»Das war alles?«

»Dann ist er gegangen.«

»Und?«

»Ach ja, wir haben uns irgendwie beruhigt. Ist alles wieder in Ordnung. Haben das Thema nicht mehr angeschnitten.«

»Hat er sich entschuldigt?«

»Nein. Ist auch egal, das Thema ist durch.«

Ich spürte jedoch, dass für sie das Thema ganz und gar nicht durch war. Nachdem Esther ihren Ärger über Wochen runtergeschluckt hatte, war es also irgendwann zum Knall gekommen. Ihr Mann hatte die plötzliche Dramatik nicht begriffen und wollte oder konnte die Beschuldigung nicht ernst nehmen. Esther fühlte sich nun selbst schuldig. Sie hatte geschrien, es war ihr nicht gelungen, ruhig mit ihm zu reden. Sie empfand sich daher noch stärker als zuvor als Verliererin.

Die Gefahr ist groß, dass Esther ihren Mann in Zukunft still beobachtet und kontrolliert – und dabei unzufrieden bleibt. Sie wird belastendes Material suchen und alles, was auf Kontakte zwischen ihrem Mann und anderen Frauen schließen lässt, zu seinen Ungunsten interpretieren. Ihr Mann hingegen ahnt nicht, dass seine Ehe, die so glücklich begonnen hatte, bereits in einem Teufelskreis steckt.

Optionen

Nicht immer sind es Missverständnisse, die sich in einer Beziehung festsetzen und eine unheilvolle Dynamik entwickeln. Manchmal tragen die Partner den Keim des Scheiterns schon in die Beziehung hinein – indem sie an der eigenen Liebe zweifeln.

Heute finden sich Partner oftmals erst nach langen Single-Episoden. Sie haben dann die tägliche Partnersuche, den regelmäßigen Blick in die Postbox der Singlebörsen als Normalität verinnerlicht. Schließlich funkt es, sie verlieben sich, heiraten. Aber trotzdem kommen sie von ihren Gewohnheiten nicht los ... Sie werden verfolgt von den »Optionen«.

Vielleicht wartet doch noch der bessere, schönere, elegantere, stärkere ... Partner auf mich, irgendwo da draußen. Vielleicht lohnt doch noch ein Blick auf die vielversprechenden Seiten der Singlebörsen. Viele Ex-Singles schaffen es nicht, ihr Dating-Profil, an dem sie über Monate oder Jahre gearbeitet haben (ein Ausdruck ihres idealisierten, perfekten Ichs) zu löschen. Zu sehr sind die in der Mailbox eintreffenden Kontaktanfragen auch eine Bestätigung des Selbstbewusstseins. Selbst wenn das eigene Profil womöglich zusammen mit dem Profil des Partners feierlich gelöscht wird, bleibt vielleicht das zweite oder dritte heimlich online.

Jeden Tag Versuchungen: Ein Martin oder ein David möchte dich kennenlernen ... In der Phase des frischen Verliebtseins werden alle weggeklickt, aber sobald die erste Beziehungskrise zu bewältigen ist, wird zweimal hingeschaut, dann bekommen die Fremden plötzlich wieder eine kleine Chance. Gleichzeitig verliert der (Ehe-)Partner an Attraktivität. Er sendet nicht jeden Tag per E-Mail eine überraschende oder süße Botschaft. An ihm ist alles wie immer. Morgens riecht er komisch aus dem Mund, beim Frühstück etabliert er unangenehme Angewohnheiten und tagsüber bei der Arbeit stellt er sich tot. Der Partner verspricht anders als die Unbekannten in der Datenbank der Single-Börse keine aufregenden Optionen mehr, er steht eher für das Gegenteil. Auch der Sex wird in den ersten Wochen und Monaten einer Beziehung vom Reiz des Neuen und Ungewohnten getragen. Es macht Spaß, einen anderen Menschen zu entdecken. Aber auch hier stellt sich bald Gewohnheit ein. Und dann, wenn man die Beziehung schleifen lässt, wenn der Sex seltener wird, dann melden sich die »Alternativen«.

Stilles Leiden

Wie viele Partner in einer Beziehung allein leben, lässt sich nicht feststellen. Statistische Daten liegen nicht vor, und wenn es sie gäbe, wären sie mit Vorsicht zu genießen. Es braucht meist Jahre, bis die Partner realisieren, dass sie unerfüllt und frustriert in einer Beziehung verharren. Und wenn sie es dann begriffen haben, versuchen sie oftmals immer noch, die Probleme kleinzureden. Denn wenn sie sich ein Scheitern der Partnerschaft eingeständen, dann müssten sie handeln, mit dem Partner unangenehme Gespräche führen – sie müssten Verantwortung übernehmen.

Gerade Männer neigen dazu, sich mit einer unerfüllten Beziehung abzufinden und sich die sexuelle Befriedigung vor dem Computerbildschirm oder bei einer Prostituierten zu holen. Frauen können die Unzufriedenheit weniger leicht kompensieren. Aber wenn sie etwas unternehmen wollen, wenn sie an der Beziehung arbeiten wollen, dann werden sie oftmals vom Partner ausgebremst, wie der amerikanische Spielfilm *Wie beim ersten Mal* (2012) treffend illustriert. Kay Soames (Meryl Streep) lebt mit ihrem Mann Arnold (Tommy Lee Jones) seit über drei Jahrzehnten in einer Funktionsbeziehung. Immer dasselbe Morgenritual mit einem flüchtigen Kuss auf die Wange, aber keine Gespräche mehr, keine Zärtlichkeit, kein Sex. Kay schleppt ihren Mann gegen seinen Widerstand zu einem Paartherapeuten. In der ersten Sitzung erklärt er dem Paar, dass sie den Schorf von einer alten Wunde abreißen müssten. Das sei ein schmerzhafter Prozess. Tatsächlich versucht Arnold, die Flucht aus der Therapiestunde zu ergreifen – zu unangenehm erscheint es ihm, über seine Ehe und insbesondere über seine sexuellen Erfahrungen und Fantasien zu sprechen.

Das ist der Kern des Problems: Auch im wirklichen Leben vermeiden die Partner oftmals alle Gespräche, die ihre Situation, ihre Festgefahrenheit thematisieren. Sie umschiffen geschickt die eigenen wunden Punkte und die des Partners (da sie aus Erfahrung wissen, wie schmerzhaft ein Streit sein kann). Stattdessen organisieren sie den Tag, reden über Belanglosigkeiten – und formen so eine Schein-Zweisamkeit. Natürlich bemerken sie bewusst oder unbewusst, dass ihnen etwas fehlt, dass ihre Beziehung sie nicht befriedigt. Eigentlich wissen die Partner ganz genau, dass sie einen falschen Weg beschreiten, dass sie ihren Partner und sich selbst im Stich lassen. Doch statt gegenzusteuern, statt die schmerzhaften Wahrheiten zumindest auszusprechen, stürzen sich viele in Ersatzbefriedigungen, die sie von der Beschäftigung mit unangenehmen Wahrheiten abhalten. Frauen gehen shoppen oder sehen die täglichen Serien. Männer entdecken die Bundesliga als Lebensaufgabe oder verbringen immer häufiger die Abende mit Freunden in einer Kneipe – sofern sie sich nicht still ins Arbeitszimmer zurückziehen, um am PC gegen virtuelle Feinde zu kämpfen.

Im Film finden Kay und Arnold dank professioneller Hilfe aus ihrer kalten, emotionslosen Funktionsbeziehung heraus. Auf Empfehlung des

Therapeuten üben sie Zärtlichkeit und entdecken auch den Sex neu. Sie verabreden sich zu einem romantischen Abendessen, aber erleben dann – wie im richtigen Leben – einen massiven Rückschlag, der beinahe zur Trennung führt. Als der Zuschauer schon fast am Schicksal der beiden verzweifelt, gibt es doch noch Happy End. Arnold wird die Verzweiflung seiner Frau bewusst; plötzlich ist er bereit, ihr wieder Wärme und Zärtlichkeit zu schenken. Er stellt seinen Alltag und sein Verhalten auf den Kopf, um seine Liebe zu retten.

Für diejenigen jedoch, die nicht mutig genug sind, die eigenen Muster zu durchbrechen, die eingefahrenen Gleise zu verlassen, bleibt das Happy End im wirklichen Leben meist eine Fata Morgana.

Das Unausgesprochene

»Ein schlechter Frieden ist besser als ein guter Streit« – viele Menschen handeln nach diesem Grundsatz. Statt über die Probleme in der Beziehung miteinander zu reden, statt der Ursache einer offenkundigen Unzufriedenheit nachzugehen, schweigen sie – weil sie an den Wert des schlechten Friedens glauben.

Manchmal wünschen wir uns etwas vom Partner, bekommen diesen Wunsch aber nicht erfüllt. Manchmal stört uns eine Verhaltensweise des Partners – ohne dass dieser das weiß. Manchmal wundern wir uns über unseren Partner oder sein Verhalten – und der Partner könnte die offenen Fragen klären. Doch oft sagen wir nichts, da wir fürchten, es könnte den Partner verletzen. Doch es ist unproduktiv, in diesen Fällen zu schweigen; auch wenn das Ansprechen womöglich einen Konflikt heraufbeschwört, dessen Ausgang nicht vorhersehbar ist. Wenn man schweigt, wird nichts besser. Dann erhält der Partner keine Chance, unsere Wünsche zu befriedigen, alles bleibt dann wie bisher – nur die Unzufriedenheit wächst; und mit der Unzufriedenheit entstehen weitere Missverständnisse. Die Entfremdung innerhalb der Beziehung oder Ehe nimmt zu.

Durch das Schweigen aus Unzufriedenheit werden die gegenseitigen Bilder beschädigt; insgeheim gewinnen nun die schlechten Eigenschaften, die am Partner stören, an Bedeutung. Plötzlich hat man den Eindruck, dass der Partner die Schuld an der eigenen Unzufriedenheit trägt. Umgekehrt bemerkt dieser, dass etwas nicht stimmt, interpretiert jedoch die latente Unzufriedenheit als schlechte Laune oder Zickigkeit – denn das hartnäckige Schweigen lässt ihm viel Freiraum für Interpretationen. So steht Schweigen am Anfang einer Erosion der Beziehung, am Beginn des allmählichen Schwindens der Liebe.

Silke saß völlig aufgelöst bei mir. Elf Jahre war sie mit Bernd zusammen gewesen – und hatte ihn dann von heute auf morgen rausgeworfen. Es musste irgendwie sein, und gleichzeitig bereute sie es.

Bernd, ein Bauingenieur, war ihre große Liebe. Sie arbeiteten in derselben Firma und hatten nahezu jeden Tag miteinander verbracht. In den ganzen Jahren hatte Silke, so erzählte sie mir, alles für Bernd getan: jeden Tag gearbeitet, oft mit Überstunden, dann noch gekocht, geputzt und sich um den Garten gekümmert. Bernd hatte meistens erklärt, dass ihn die Arbeit zu sehr belaste – und sich abends gleich in seinen Sessel fallen lassen. Dass er eigentlich einen alten Stallanbau zu einer Gästewohnung umbauen sollte, das schob er seit Jahren vor sich her. Aber Silke hatte sich nie beschwert. Sie wollte ihn nicht drängen, ihm auch keine Vorwürfe machen – dazu war ihr die Beziehung zu wichtig.

Als sie vor mir saß, fiel es ihr immer noch schwer, über den Vorfall zu sprechen. Er hatte sie betrogen, mit ihrer besten Freundin! Sie war überrascht gewesen, dass er an den Weihnachtstagen nicht wie üblich mit zu ihrer erwachsenen Tochter gefahren war. Sie hatte ihn aber nicht gefragt, wieso. Ihr war aufgefallen, dass er zum Telefonieren nun immer den Raum verließ. Sie fragte aber nicht, wer in der Leitung war. Silke wollte ihrem Freund nicht misstrauen. Gleichzeitig hatte sie eine stille Angst vor dem, was sie vielleicht erfahren würde. Dass die Angst nicht unbegründete war, zeigte sich ein paar Wochen nach Weihnachten. Eine Kollegin erzählte ihr, dass sie ihren Freund zusammen mit einer anderen gesehen hätte – sich umarmend und küssend. Zuerst wollte Silke das nicht glauben. Aber die Kollegin recherchierte von sich aus, ihr machte es offenbar Spaß, Silkes Glück zu ruinieren. Heraus kam, dass Bernd eine Affäre mit Silkes bester Freundin hatte. Er stritt es nicht ab; es sei einfach passiert, behauptete er. Sie schmiss ihn noch am selben Abend hochkant aus der Wohnung. Natürlich wollte sie eigentlich, dass er blieb, dass er die Scherben aufheben und wieder zusammenkleben würde. Aber er ließ sich nicht zweimal auffordern und ging – direkt zu seiner Affäre.

Auf Silkes Wunsch hatte ich einen weiteren Termin bei mir angesetzt, zu dem sie auch Bernd mitbringen wollte. Sie sagte, dass sie einfach wissen müsse, wie es dazu kommen konnte. Sonst würde sie nicht mehr schlafen und nicht mehr denken können, sonst würde sie überhaupt nichts mehr können. Bernd willigte ein, und an einem Freitagnachmittag saßen sie nun auf meinem weißen Sofa – mit gehörigem Abstand voneinander, beide offenkundig traurig, Silke etwas verweint.

Ich wollte ihnen die Chance geben, miteinander über ihre Gefühle zu reden und sich so vielleicht zu verstehen. Anders als bei ihnen zuhause hatten sie sich bei mir auf einen Rahmen eingelassen, in dem jeder dem anderen zuhörte. Nach einiger Zeit begannen sie schließlich ein direktes Gespräch.

»Wieso überhaupt? Wie konnte das passieren?«, fragte Silke.

»Ich wollte das nicht«, antwortete Bernd.

»Wieso sie? Hat sie etwas, was ich nicht habe?«

»Glaub mir, ich bin da reingerutscht … Aber es hat so gutgetan, gestreichelt und gelobt zu werden. Ich fühlte mich plötzlich wie ein anderer Mann.«

»Aber sie kann mir doch das Wasser nicht reichen! Immer nur Jeans! Die Haare ungepflegt! Wieso gerade sie?«

»Wie soll ich das erklären ... die Sanftheit, die Zärtlichkeit ... Und überhaupt, du hast doch nie gesagt, dass du mich liebst.«

»Aber das wusstest du doch«, entgegnete Silke erschrocken, »das war doch klar. Ich habe alles für dich getan! Oder etwa nicht?«

»Ich fühlte mich dabei wie ein Gegenstand.«

»Wie kannst du so was sagen? Ich habe mich doch für dich aufgeopfert! Jeden Tag!«

»... sie sagt, dass ich ihr so viel bedeute.«

»Weißt du eigentlich, wie sehr du mich damit verletzt?«

»Das ist nicht meine Absicht, glaub mir. Aber du warst immer so wie ein, wie ein ...Stein.«

Silke fiel aus allen Worten. Sie hatte für ihr gemeinsames Glück jeden Tag und jede freie Stunde geschuftet – und das alles war nichts wert, nun war er zu einer anderen Frau gegangen, zu ihrer besten Freundin. Erst jetzt, nach elf Jahren Beziehung, begriff sie, dass er ihre Mühe nicht gewollt hatte. Sein Wunsch war Nähe und Zärtlichkeit gewesen, waren die regelmäßigen Liebesbekundungen, die er nun bei einer anderen Frau bekam. Elf Jahre lang hatten Silke und Bernd zu wenig miteinander gesprochen, sie hatten ihre gegenseitigen Bedürfnisse nicht ergründet.

Sex statt Nähe

Auch bei einer anderen Patientin lassen sich die Probleme auf fehlende Kommunikation zwischen den Partnern zurückführen: Sarah, Mitte 40, sehnt sich sehr nach einer warmen Beziehung: also einem Mann, der nicht nur Sex will, sondern mit ihr redet und lacht, einem Seelenverwandten. Sie will begehrt und geliebt werden – und natürlich auch Sex haben. Ihre Bedürfnisse hat sie ihrem Freund, der sie zweimal in der Woche besucht, allerdings noch nie offenbart; sie will nicht lästig sein, nicht riskieren, dass er die Lust an ihr verliert. Sarah hat herausgefunden, dass er im Internet mit anderen Frauen kommuniziert. Sein Eintrag lautet:»Suche unkomplizierte Frau für alles, das zu zweit mehr Spaß macht«. Um ihn nicht einzuengen, um selbstbewusst zu wirken, hat sie ihren Fund verschwiegen und sich auf eine reine Sexbeziehung eingelassen – nur um seine Nähe zu bekommen, mit einer unbestimmten Hoffnung auf mehr. Doch das Geschäft ist einseitig geblieben: Sarah bekommt nicht das, was sie sich wünscht; sie fühlt sich trotz der regelmäßigen Sextreffen einsam und ist verzweifelt. Sarah und vermutlich auch ihr Freund gehen nicht offen mit ihren Bedürfnissen und Ansprüchen um und leben, auch auf der Sexebene, unerfüllt nebeneinander her.

Prägungen

Kein Mensch ist perfekt, jeder hat seine individuellen Prägungen und Schwächen. Unsicherheit und uneingestandene Ängste, Einstellungen, die auf kindlichen Erfahrungen aufbauen, können dazu beitragen, dass Menschen sich später im Leben einsam fühlen – auch in einer Partnerschaft. Einige typische Prägungen möchte ich hier aufführen:

Mangelndes Selbstbewusstsein

Alleinlebende leiden oft unter mangelnder Selbstsicherheit und mangelndem Selbstbewusstsein – oft bedingt durch eine in der Kindheit erlebte Abwertung.

Mangelnde Diplomatie

Manche Partner ruinieren die Beziehung durch mangelnde Diplomatie. Das Unvermögen, sanft um etwas zu bitten (um so die eigenen Ziele zu erreichen), beruht oft darauf, dass die Eltern das Kind einst überforderten: Es musste zu früh erwachsen werden und Stärke zeigen.

Angst vor falsch verstandenem Egoismus

Viele Erwachsene haben Angst, egoistisch zu wirken. In einer Beziehung können sie sich dann nicht behaupten und fühlen sich schnell benachteiligt. Sie sind vermutlich zusammen mit Geschwistern groß geworden und haben von den Eltern immer wieder zu hören bekommen, dass sie sich nicht in den Vordergrund spielen sollen. Wer nie gelernt hat, die eigenen Interessen durchzusetzen, bleibt auch in einer Beziehung schüchtern und defensiv und verschweigt aus Angst vor Selbstsucht, was ihn belastet.

Einer meiner Patienten, Berthold, bot Behinderten in der Nachbarschaft einen ehrenamtlichen Fahrdienst an. Doch wenn einer der Beförderten oder dessen Familienmitglied ihn loben wollte, fühlte er sich unangenehm berührt. Ich fragte ihn, wie er sich das erklären könne.

»Habe gelernt, bescheiden zu sein. Ich will mich nicht bedeutender machen, als ich bin«, antwortete er.

»Und wieso leisten Sie diese Arbeit?«

»Wenn ich später alt und krank bin, dann möchte ich auch, dass mir jemand hilft. Wie kann ich das verlangen, wenn ich nicht selbst für meine Mitmenschen da bin?«

»Aber wenn Sie Hilfe annehmen, dann werden Sie sich doch auch beim Helfer bedanken, oder nicht?«

»Das ist was anderes.«

Berthold habe ich als einen feinen Menschen erlebt, der Anerkennung dafür verdient, dass er den Bedürftigen der Nachbarschaft hilft, ohne Geld dafür zu verlangen. Doch er unterdrückt sein eigenes Bedürfnis nach Anerkennung und profitiert deshalb selbst nicht von seinem Engagement. Er leidet unter der verinnerlichten Regel, nicht egoistisch sein zu dürfen. Deshalb hat er nach seinen Einsätzen, für die er immer gelobt wird, kein gutes Gefühl – sondern fühlt sich beschämt. Die innerliche Zurückweisung von Zufriedenheit und Stolz ist jedoch immer auch eine Unterdrückung wichtiger Emotionen. Das Gebot »Ich darf nicht egoistisch sein« führt den Menschen weg vom eigenen Selbst und verhindert einen ausgeglichenen emotionalen Haushalt. Nur diejenigen, die in der Lage sind, auch an sich selbst zu denken, die selbstbewusst auftreten, finden auch den Weg zu einer entspannten Selbstverwirklichung und damit zu Glück und Gesundheit.

Keine Hierarchie der Prioritäten

Manche Menschen können nicht entscheiden, was ihnen wichtig ist. Sie verärgern ihren Partner, weil sie sich für Arbeit, Hobbys und alles Mögliche andere gleichermaßen interessieren. Wem es in seinem Leben nicht gelingt, Prioritäten in eine Hierarchie zu bringen, der hatte vielleicht zu fürsorgliche Eltern und wurde stets bevormundet.

Sprachlosigkeit

Das größte Problem in Beziehungskrisen ist meist die Sprachlosigkeit, obwohl man viel zu sagen hätte. Wer nicht zuhören kann, wem die Gabe fehlt, zielorientiert zu kommunizieren, der kommt womöglich aus einer kalten, schweigsamen Familie, in der sich die Eltern still angegiftet haben.

Suche nach Anerkennung

Manche Menschen dürsten nach lobenden Worten, doch ihre Partner verstehen dieses Bedürfnis nicht und sind davon schnell genervt. Wer stets nach Anerkennung und Bestätigung verlangt, der hat als Kind vermutlich die Erfahrung gemacht, unwichtig zu sein. Die Eltern haben vielleicht von ihrer Liebe zum Kind geredet, sich tatsächlich aber stets um Dinge gekümmert, die ihnen wichtiger waren.

Diese hier skizzierten Prägungen spielen im Leben der Paare heute eine entscheidendere Rolle als früher. Die Ursache liegt in der gewachsenen Freiheit der Menschen, die manchmal in Verwirrtheit umschlägt. In der Welt der unendlich vielen Möglichkeiten fühlen sich viele Menschen nicht angetrieben, sondern blockiert. In dem Augenblick, in dem der moderne Mensch womöglich das erste Mal in seinem Leben ratlos verharrt – nach dem Abitur, nach der Ausbildung, nach dem Tod eines Angehörigen –, holen ihn die Prägungen der Kindheit ein und beginnen, ihn zu belasten.

In Deutschland leben Tausende Menschen, die sich nicht mehr trauen, das Haus zu verlassen, da sie Angst haben, mit anderen Menschen in Kontakt zu kommen. So paradox es erscheinen mag: Die Sozialphobie ist nicht zuletzt Folge einer offenen Gesellschaft, in der alles möglich scheint. Gleichzeitig fördert die Gesellschaft die Pathologisierung des Einzelnen. Wer sich dem Mainstream verweigert, wer irgendwie auffällig ist, der bekommt den Stempel »psychisch krank« und muss fortan behandelt werden. Die entsprechend gestempelten Menschen gewöhnen sich daran, dass sie für ihr Leben nicht ganz verantwortlich sind. Sie werden schleichend immer abhängiger, immer kränker – und nie erwachsen.

Erfolgreich und langfristig mit einem Partner zusammenleben können aber nur diejenigen, die nicht in ihren Prägungen verharren, die sich keine Krankheiten einreden lassen, sondern die sich von den Prädispositionen emanzipieren können – die schlicht erwachsen werden.

Gabi arbeitet in einem großen Unternehmen in der Buchhaltung. Auch Gabi wird von ihrer in der Kindheit erfahrenen Prägung beherrscht – sie ist die fürsorgliche Frau, die einen Menschen benötigt, für den sie sich aufopfern kann (auch wenn dieser womöglich keine Betreuung erwartet oder wünscht). Gabi ist seit mehr als 20 Jahren verheiratet. Auch sie lebt inzwischen in einer erkalteten Beziehung – sie bezeichnet ihre Ehe als »vergiftet«. Natürlich könnte sie jeden Tag aussteigen, ihren Mann verlassen, alleine alles besser machen. Aber sie glaubt nicht an diesen vermeintlich einfachen Ausweg. Auch wenn die Ehe nicht funktioniert, auch wenn es keinen Sex mehr gibt – so ist sie doch immerhin nicht allein. Wenn sie nach Hause kommt, ist da eine Person, um die sie sich kümmern muss. Die Alternative – alleine in ein leeres Haus zu kommen, mit niemandem reden zu können – kann sie sich kaum vorstellen. Eine schlechte »Ernährung« ist ihr lieber als gar keine. Einen fluchenden, maulenden, schlecht gelaunten Partner zu ertragen scheint ihr leichter als nur die Stille.

Vor zwölf Jahren hatte ihre Beziehung voller Hoffnungen begonnen. Sie und ihr Mann fühlten sich wie füreinander geschaffen, passten wie Puzzleteile zusammen. Er erzählte ihr von einer jugendlichen Missbrauchserfahrung, die ihn sehr belastete. Sie gab ihm Trost und hatte selbst das Gefühl, ihn aus der bösen Vergangenheit zu befreien. Ihr Mann hatte jedoch nie von ihr verlangt, dass sie ihn rettete. Er genoss zwar die Fürsorge, blieb aber still mit seinen Sorgen beschäftigt, teilte sie nicht, verließ nie sein Schneckenhaus. Nach der anfänglich als euphorisch erlebten Zeit verstummte allmählich die Kommunikation.

Vor drei Jahren fiel ihr Mann schließlich in eine Depression. Vordergründig schien es die Kapitulation vor seiner Geschichte. Er sah keinen anderen Weg, mit seiner Erfahrung als Missbrauchsopfer umzugehen. Er wusste nicht, wie er auf der Basis einer solchen Vergangenheit eine positive Zukunft gestalten sollte. Doch hintergründig reagierte er auch auf die nicht funktionierende Kommunikation in seiner Beziehung. Gerade in der

Partnerschaft entdeckte er – trotz oder wegen Gabis Fürsorge – keine Perspektive für sich selbst. Gabis Bemühen hatte bei ihm sogar den gegenteiligen Effekt: Er wusste nun, dass er ein bemitleidenswerter Versager war, dass man ihn beweinen und bemuttern musste.

Natürlich stellte Gabi irgendwann fest, dass sie mit ihrer Fürsorge bei ihm nicht weiterkam. Sie war ratlos und verzweifelt. Und stürzte sich auf die Dinge, die erledigt werden mussten: die Arbeit, den Haushalt. Ihr Mann zog sich währenddessen ganz aus dem Alltag zurück – seine Depression war die alles erklärende Begründung, die ideale Ausrede. Schlimmer noch: Wenn er, was selten genug vorkam, mit ihr sprach, dann machte er ihr Vorwürfe. Sie habe alles falsch gemacht, sie könne ihn nicht verstehen, sie habe ihn nie verstanden, sie habe ihn überhaupt erst in die Depression geführt ...

Gabi ertrug das alles. Da er krank war, akzeptierte sie sein Verhalten und machte ihm keine Vorhaltungen. Doch gleichzeitig fühlte sie sich ausgesaugt und alleingelassen, wurde Monat für Monat macht- und hilfloser. Sie verzweifelte an einer Ehe, in der beide in ihren Prädispositionen gefangen blieben.

Twittern statt kuscheln

Nicht allein psychische Dispositionen führen zum Undercover-Single. Dass immer mehr Menschen in Partnerschaften leben und zugleich allein sind, liegt auch an gesellschaftlichen und in jüngster Zeit an technischen Entwicklungen. Die Angebote des Internets sind für viele verlockend – und führen sie heimlich weg vom Partner, hin zum Single-Dasein. Scheinbare Befriedigungen sind heute schneller verfügbar denn je – und ermöglichen erst ein langfristiges Überleben der Frustrierten in den Partnerschaften.

Soziale Internetmedien wie Twitter holen die ganze Welt in jedes Zuhause. Wer immer online ist und mit Dritten kommuniziert, hat ein jederzeit aktivierbares Ventil, das ihm ermöglicht, lange über die Sprachlosigkeit in der eigenen Beziehung hinwegzusehen. »Jeden Tag verbringen wir durchschnittlich drei Stunden mit Apps und Inhalten auf unserem Telefon – das sind mehr als 37 Prozent unserer Freizeit (wenn 8 Stunden Schlaf und 8 Stunden Arbeit zugrunde gelegt werden); bei den 17–25-Jährigen sind es sogar fast vier Stunden« – heißt es in einer Studie aus dem Jahr 2015.[32] 37 Prozent der freien Zeit sind so also schon weitgehend dem Zusammensein entzogen – hinzu kommen natürlich alle weiteren, meist allein ausgeübten Beschäftigungen des Tages wie Körperpflege, Haushalt und Garten.

Aber 37 Prozent Smartphone-Nutzung bieten vermeintlich andere Chancen: Im Internet treffen die Undercover-Singles auf Menschen, von denen sie scheinbar ernst genommen werden, die sie verstehen. Mit den Fremden können sie über Themen reden, die sie zu Hause am Frühstückstisch niemals anschneiden würden. Schnell wird die virtuelle Welt hinter dem Touchscreen die vertrautere, die wärmere, die vielversprechendere, die erfüllendere. Doch die virtuelle Beziehung in eine reale zu überführen, sie zu einer wirklichen Alternative zur aktuellen, verkorksten Beziehung zu machen, scheint vielen zu riskant. Zu groß ist die durchaus begründete Angst, dass der Weg hinaus in die Realität nicht funktioniert. Also bleiben die meisten Online-Beziehungen auf der digitalen Ebene, auf der sie gefahrlos gepflegt werden können. Auch wenn das Internet die echte Wärme, die echte Zweisamkeit und den echten Sex nicht bieten kann: Die Virtualität wird schnell auch als eine Abwesenheit von unkalkulierbaren Gefahren erkannt. Im Internet kann man jeden Kontakt sofort und ohne Begründung abbrechen. Man kann private Dinge erzählen – und dem Gegenüber trotzdem den Zutritt zur Privatsphäre verweigern. Ein realer Kontakt zu fremden Menschen würde womöglich zur Scheidung, zum endgültigen Alleinsein führen. Da scheint es vielen Undercover-Singles einfacher und sicherer, in der nicht funktionierenden Partnerschaft zu verharren und das tägliche Online-Ventil zu nutzen. Wenn zu Hause die Mahlzeiten noch gemeinsam eingenommen werden, dann liegen die Smartphones der Partner meist auf dem Tisch. Und ein mühsames Gespräch erstirbt sofort, wenn eine Push-Mitteilung aufleuchtet, begleitet von einem drängenden Ton. Der, der aus der Ferne in die Welt am Esstisch eindringt, erscheint dann wichtiger, bedeutender, hörenswerter als der eigene Partner, die Kommunikation läuft müheloser. Manchmal pflegen beide Partner parallel ihre Internet-Freundschaften. Häufig chatten Männer in Single-Börsen mit anderen Frauen und holen sich so das Gefühl, dass es noch die Chance gibt, mit einer womöglich attraktiveren oder sinnlicheren Frau zusammenzukommen. Doch nach dem ersten Schritt verzichten sie auf den zweiten – zu groß erscheint ihnen das Risiko, ihr bequemes Leben aufs Spiel zu setzen.

Wenn in der realen Beziehung ein Ungleichgewicht herrscht, wenn der eine Partner begehrt und der andere resigniert, dann werden die vom Partner entdeckten Internetkontakte oder auf dem Handy ausgespähten SMS zum Anlass für heftige Auseinandersetzungen. Doch statt dem Problem der Sprachlosigkeit und ihren Ursachen nachzugehen, wird dann meist nur das Thema »Fremdgehen« und »Eifersucht« diskutiert – ohne dass anschließend etwas besser wird. Dem einen wird das Ventil genommen, beim anderen wächst das Misstrauen.

Sex als Pflichterfüllung

In vielen Funktionsbeziehungen verlassen Frauen wie Männer morgens das Haus und hetzen zur täglichen Arbeit. Am Abend kommen sie müde nach Hause und landen gleich vor dem Bildschirm. Gegessen wird dann zur täglichen Serie oder zum Spielfilm. Kommunikation findet nicht statt.

Viele der »Funktionspartner« schlafen in getrennten Zimmern – eventuell gab es vorher noch pflichtgemäß absolvierten Geschlechtsverkehr.

Ja, Sex gibt es noch in unserer modernen Zeit, Sex ist immer noch ein Bedürfnis, wahrscheinlich das drängendste, das wir kennen. Auch wenn wir aus jeder Beziehung eine geschäftliche, sachliche Ich-&-Ich-AG machen, wird der Wunsch nach Wärme, Zärtlichkeit und vor allem Sex nicht verschwinden. Doch viele Paare finden inzwischen Wege, den Sex mit dem Partner zu umgehen, das körperliche Verlangen anders zu befriedigen.

Verheiratete Männer gehen millionenfach zu Prostituierten oder konsumieren online Pornografie, Frauen greifen unterdessen ebenso millionenfach zum batteriebetriebenen Dildo. Deutschland, so heißt es, hat den größten Markt für Sexspielzeug weltweit. Eine Industrie erblüht auf der Grundlage unbefriedigter oder ersatzbefriedigter Lust.

Wenn die coolen Funktionspartner mit den unterdrückten Gefühlen dann doch miteinander Sex haben, gerät daraus oft kein Akt der Nähe, kein Höhepunkt eines emotionalen Miteinanders – sondern eine Pflichterfüllung, die die Verzweiflung in der Beziehung nur noch steigert. Unzählige Frauen erleben beim Sex keinen Orgasmus. Nicht wenige Männer denken beim Akt an die Bilder, die sie zuvor im Internet gesehen haben. In vielen Beziehungen ist der ungeliebte, aber gleichzeitig kaum verzichtbare Sex reglementiert. Sex an festen Tagen, zu festen Zeiten. Sex steht dann auf der To-do-Liste und wird abgehakt. Am Samstag mäht der Mann den Rasen, die Frau kocht, dann folgt der Sex, dann die *Sportschau* oder eine andere Fernsehsendung – jede Woche wieder.

Manchmal wird in solchen Ehen Sex auch als Handelsgut eingesetzt: Du darfst die *Sportschau* erst sehen, wenn wir Sex hatten … oder umgekehrt. In unglücklichen Beziehungen wird eine Erfüllung beiderseitiger Bedürfnisse nur durch geschickte Manipulationen erreicht.

Machtspiele

In jeder Beziehung – egal ob privat oder geschäftlich – geht es auch um Macht und gegenseitige Beeinflussung. Das Wort »Macht« ist im Deutschen eher negativ besetzt. Dabei benötigt man Macht oder Durchsetzungskraft immer, um Dinge zu erreichen. Ohne eine Macht auszuüben, kann man seine eigenen Interessen nicht durchsetzen, kann man sich letztlich nicht selbst verwirklichen. In vielen Bereichen des Lebens benötigen wir die anderen, um unsere Ziele zu erreichen. Wir müssen andere Menschen bewegen, etwas mit uns zusammen zu tun oder uns zu unterstützen. Das geht nicht ohne eine eigene Macht.

Auch die Liebe erzeugt eine Art von Macht. Wer liebt und geliebt wird, der ist automatisch auch mächtig, bekommt Kraft, seine Ziele zu erreichen. Durch die Liebe können wir den Geliebten beeinflussen. Doch diese positive und selbstverständliche Macht gerät in einer unglücklichen Beziehung oft ins Hintertreffen. Statt die Macht der Liebe zu nutzen, greifen Partner zur Gewalt (auch eine Form der Macht), um ihr Gegenüber in eine bestimmte Richtung zu drängen, es zu manipulieren. Dieser fundamentale Unterschied zwischen der positiven Macht der Liebe und psychischer Gewalt lässt sich an folgenden Kriterien festmachen:

a) Innere Freiheit: »Meine Person und alles, was ich tue, ist gut für mich selbst und den anderen.« Wer das aus Überzeugung behaupten kann, der kann auch ohne Einschränkung lieben und aus der Liebe Macht schöpfen. Der benötigt keine Gewalt. Je unfreier hingegen jemand ist, umso eher greift er zu manipulativen und intransparenten Strategien, um den Partner zu beeinflussen.

b) Transparenz: Je offener und paritätischer eine Beziehung ist, umso leichter können die Partner ihre Macht in der Liebe manifestieren. Wer hingegen verheimlicht, wer Ziele hinter dem Rücken des anderen anstrebt, der greift bereits zu den negativen Mitteln der Macht.

c) Freiwilligkeit: Je bewusster man sich seiner Macht (und seiner Liebe) ist, und je bewusster man die Macht (und die Liebe) des Partners erkennt, umso besser kann man sie gewinnbringend füreinander nutzen. Alles Handeln der Partner sollte vom Bewusstsein der Freiwilligkeit durchzogen sein.

Wenn alle drei Kriterien erfüllt sind, herrschen gute Voraussetzungen für eine dauerhaft glückliche Beziehung.

Der amerikanische Psychologe Eric Berne hat festgestellt, dass Menschen sich in Beziehungen (nicht nur Paarbeziehungen) häufig nach immer gleichen Mustern verhalten, was er als »Spiele« bezeichnet. Spontan und authentisch ist eine Beziehung, wenn sie sich von solchen Verhaltensmustern, von Spielen befreit. Doch leider haben sich in vielen Familien Machtspiele etabliert. Hier wird nicht die Macht der Liebe genutzt, sondern hier wird psychische Gewalt eingesetzt.

Viele Kinder wachsen heute in Familien auf, in denen vor allem Machtfragen ausgehandelt werden. Eltern versuchen, ihre jeweilige Machtposition abzusichern, und ziehen auch die Kinder in diese Spiele mit hinein. Die Beteiligten arbeiten mit Lügen und Verheimlichungen, um ihre jeweiligen Ziele zu erreichen. Machtspiele benötigen jedoch immer auch einen Partner, der sich machtlos fühlt. Er gibt dem anderen die Gelegenheit, das Machtspiel zu etablieren. Wer sich selbst abwertet, wer die Selbstabwertung seit seiner Kindheit verinnerlicht hat, der bekommt in einer Beziehung schnell die schwächere Position – ohne tatsächlich schwach zu sein. Wer den Partner seinerseits drückt und kleinredet, hat dieses Verhalten vielleicht schon als Kind gelernt und möchte auch in der Partnerschaft die stärkere Position einnehmen.

Das oft zu beobachtende Retter-Spiel ist ebenfalls eine Machtbeziehung. Manche Partner wollen den vermeintlich schwächeren Part »retten« – und erwarten dafür Gegenleistungen. Der »Gerettete« beginnt sich meist irgendwann gegen diese Hierarchie zu wehren: Er rächt sich oft subtil, stellt den Stärkeren bloß oder gibt ihm die Schuld an seiner »Opferrolle«. Es sind die Regeln eines Machtspiels.

Machtspiele, in denen Macht eine Form der Gewalt ist, verdrängen die Liebe. In einer transparenten, freien Beziehung ist die Machtfrage ausbalanciert – keiner dominiert den anderen. Hier kann sich die Macht der Liebe entfalten!

Oft verschiebt sich eine harmonisch begonnene Liebesbeziehung allmählich zu einer kontraproduktiven Machtbeziehung, wenn die Liebe erstirbt. Dann kommt das Gleichgewicht aus dem Lot – und die Paare beginnen, um ihre Macht zu streiten. Eine Beziehung, die von Macht(=Gewalt-)spielen durchsetzt ist, wird nicht zu Zufriedenheit und Glück der Partner führen. Auf der schwächeren Seite wächst die Unzufriedenheit. Auf der stärkeren Seite wächst bald die latente Angst, dass die Beziehung endlich ist. Der Stärkere ahnt meist unbewusst, dass er irgendwann die Quittung für die Manipulationen bekommen wird: die Trennung.

Andrea liebt die Kultur. Am liebsten fährt sie ins Theater nach Meiningen oder besucht die Konzerte vom *Kissinger Sommer*. Doch ihr Mann Hermann begleitet sie mehr und mehr lustlos zu den Veranstaltungen. Es kommt vor, dass er sich weigert, sich aus seinem Sessel zu erheben. Ihn langweilen die Aufführungen. Inzwischen hat Andrea aber entdeckt, dass Sex ein gutes Machtmittel sein kann. Sie ist nur noch dann bereit zum Sex, wenn ihr Mann ohne Murren nach Meiningen und in den Regentenbau in Bad Kissingen mitkommt. Praktischerweise erfolgt der Sex nun meist im Anschluss an die Ausflüge – wie eine Belohnung für das brave Unterordnen unter die Interessen der Frau.

Spaß macht ihr der Sex schon lange nicht mehr. Andrea hat nur erkannt, wie gut sie ihn instrumentalisieren kann, um ein für sie wichtiges Ziel zu erreichen. Das Machtspiel mag eine Zeit lang funktionieren. Aber tatsächlich werden weder Andrea noch Hermann froh mit diesem Ritual. Sie ärgert sich jedes Mal, wenn sie ihren Mann erpresst, erwartet sie doch eigentlich, dass er freiwillig mit ins Theater kommt, sie auf Händen trägt, alles für sie tut. Hermann ärgert sich ebenfalls über die Erpressung. Ihm bleibt nicht verborgen, dass sie beim Sex keine Lust empfindet. Auch er würde lieber der unendlich begehrte Liebhaber sein …

Udo bezeichnet seine Frau als Messie. Wenn er von der Arbeit nach Hause kommt, sieht er überall das Chaos. Unausgepackte Einkaufstüten stehen mitten im Raum, die Wäsche liegt im Schlafzimmer verteilt, in der Küche hat sich niemand die Mühe gemacht, das Geschirr in die Spülmaschine zu räumen. Ich frage Udo, ob er seine Frau schon darauf angesprochen, ob er sie mal gebeten hat, für ihn aufzuräumen.

»Das würde sie nicht tun.«

»Weshalb sind Sie sich so sicher?«

»Ich weiß es einfach. Und überhaupt, dann stehe ich wie ein Spießer da, der seiner Frau die Befehle erteilt. Da mach ich es lieber selbst.«

Udo und ich finden heraus, dass seine Frau es genießt, wenn er nach Hause kommt und selbst aufräumt, weil sie weiß, dass ihn die Unordnung stört. Sie mag seine Abhängigkeit, sie triumphiert jeden Nachmittag ein wenig über seine von ihm selbst so gesehene Schwäche. Udos Frau kompensiert mit der inszenierten Unordnung das eigene Gefühl der Machtlosigkeit. Sein Ärger gehört zu ihrem Machtspiel. Wäre er gelassen, würde er das Problem nicht sehen, würde sie keine Befriedigung aus der Situation ziehen.

Auf Sex verzichten Udo und seine Frau schon lange. Das Machtspiel raubt ihnen ihre ganze Energie und Freude und lässt sie abends erschöpft und lustlos ins Bett fallen – als Singles undercover.

Tote Beziehungen

Einsamkeit in einer Beziehung macht leider nicht nur unglücklich, sondern häufig auch krank, wie der Fall von Ilse zeigt. Die 52-Jährige kam mit Rückenproblemen in die Reha-Klinik, in der ich als Psychologin tätig bin. Sie war seit mehr als acht Monaten krankgeschrieben und wusste nicht mehr weiter. Vor ein paar Wochen saß sie dann in meiner Praxis.

Grauer Hosenanzug, kurze Haare, dezentes, teures Parfüm: Nach außen erschien Ilse wie eine selbstbewusste, ganz im Leben stehende Frau. Vor ihrer Krankschreibung arbeitete sie in einem kommunalen Wohnungsbauunternehmen in Mitteldeutschland. Als Bereichsleiterin schulterte sie große Verantwortung und hatte, wie sie selbst sagte, Freude an ihrer Tätigkeit. Sie bedauerte sehr, nicht mehr arbeiten zu können. Ihre Rückenbeschwerden waren nach ihrer eigenen Einschätzung kein zufälliges Schicksal, das sie getroffen hatte, sie entwickelten sich vor einem konkreten Hintergrund. Seit 14 Jahren lebte Ilse in einer unglücklichen Ehe. Das Leiden in der Beziehung lastete so sehr auf ihr, so erklärte sie mir, dass ihr Rücken zu schmerzen begonnen habe.

Als sie ihren Mann kennenlernte, schien das Zusammensein noch unbeschwert und schön. Doch in der Ehe lebte sich das Paar rasch auseinander. Irgendwann hörten sie auf, sich zu umarmen, sich zu küssen. Auch der Sex zwischen ihnen wurde seltener. Ilse erzählte, dass sie seit drei Jahren und ein paar Monaten keinen Geschlechtsverkehr mehr gehabt hatten. Sie lebten nur noch zusammen, weil es praktisch ist, weil nur so die Hausfinanzierung funktioniert, weil nur dann die Nachbarn freundlich grüßen und die Eltern stolz auf das Erreichte sind. Die Liebe war gegangen, die täglichen Aufgaben waren geblieben.

Ilses Mann, ein Jahr älter als sie, arbeitete als Angestellter in einer Hamburger Investmentbank. Vor vier Jahren hatte er zusätzlich zum gemeinsamen Haus in der Kleinstadt in Hamburg eine Einzimmerwohnung gemietet.

Schon das war eine Flucht aus der unbefriedigenden Beziehung. Von Montag bis Freitag arbeitete und lebte er nun an der Elbe, nur am Wochenende kam er zurück zu Ilse. Doch keiner von beiden freute sich auf das Zusammensein an den Wochenenden. Ilses Stimmung verschlechterte sich immer schon am Donnerstag – wenn sie daran dachte, dass sie das Wochenende mit ihrem Mann verbringen müsse. Aber auch ihr Mann zeigte keine Freude mehr, wenn er freitags am späten Abend die Haustür aufschloss. Er stellte dann zuerst fest, was Ilse, die seit der Krankschreibung den ganzen Tag in ihren vier Wänden verbrachte, alles nicht gemacht und nicht erledigt hatte. Er dachte im Stillen, sie sei nachlässig und faul, sie lasse sich ohne Grund gehen. Ilse gab zu, dass sie keine Kraft mehr aufbrachte, das Haus aufzuräumen, zu kochen und zu putzen. Wenn sie sich aufraffen wollte, dann dachte sie sofort, dass er sowieso nur seine Unzufriedenheit zeigen werde – und schon erstarb die Motivation. Sie fühlte sich machtlos und tief frustriert.

In ihrer Funktionsbeziehung hatten sich Ilse und ihr Mann derart auseinanderentwickelt, dass nach dem Absterben der Emotionen auch der Alltag nicht mehr funktionierte. Die Rückenschmerzen lieferten ihr nun die Ausrede dafür, sich ganz aus der Beziehung ausklinken zu können, sich auf das Sofa oder ins Bett zurückzuziehen. Sie konnte sich dank der Schmerzen mit scheinbar geringerem Aufwand in ihrer Situation einrichten.

Von einem Arzt wurde sie zur medizinischen Rehabilitation geschickt. Während der Anwendungen – fernab von ihrem Zuhause – dachte sie zuerst mit Genugtuung daran, dass sie nun ihrem Mann bewiesen habe, gesundheitlich gar nicht in der Lage zu sein, die »gute Hausfrau« zu spielen. Zugleich wurde ihr klar, dass sie in ihrem Leben mit den Rückenschmerzen bestraft wurde – für die schlechte Beziehung zu ihrem Mann, für sein Versagen und für ihr Versagen. Ich ermunterte sie, sich diese Emotionen einzugestehen. Gemeinsam konnten Ilse und ich nun erarbeiten, dass sie die Stimme ihrer Gefühle lange unterdrückt hatte. Sie hatte immer nur an die Arbeit gedacht, aber nie an das eigene Wohlergehen. Auch gegenüber ihrem Mann hatte sie immer über ihre Wünsche geschwiegen – und war irgendwann krank geworden.

Ich weiß nicht, was aus Ilse geworden ist. Blockiert durch die Rückenschmerzen war sie gezwungen, über ihr Leben nachzudenken und die Weichen so zu stellen, dass ihre Zukunft mit oder ohne Mann besser wird. Vielleicht hat sie es geschafft, die Beziehung auf eine neue, offenere Ebene zu heben. Vielleicht hat sie auch an ihrem Wohnort einen Psychologen aufgesucht, um die bei mir begonnene Erarbeitung der Ursachen ihres Leidens fortzusetzen. Womöglich aber hat sie an ihrem Leben auch nichts geändert, vielleicht ist sie zu Hause in das alte Muster zurückgefallen. Dann werden sich die beiden Partner auf ihre lange eingeübten Positionen zurückziehen und misstrauisch belauern – bis sich womöglich irgendwann die Katastrophe ankündigt, bis sich die Gefühle in gegenseitigen Vorwürfen, Beleidigungen, Anfeindungen und – auch das kommt manchmal vor – in Schlägen Gehör verschaffen. Oder die Partner entwickeln zusätzlich zu den körperlichen Beschwerden eine Depression. Tatsächlich ist eine Depression oftmals die Folge einer nicht funktionierenden Beziehung, einer Vereinsamung in der Ehe.

Pflichten und Depressionen

»Wir leben nicht auf Wolke sieben, es ist eben so, damit muss man sich abfinden«, mögen die Funktionspartner in ihrer aktuellen Frustration und mit ihrer beginnenden Depression noch zur Rechtfertigung vorbringen. »Menschen müssen sich doch um die Arbeit, die Kinder, das Haus, das Auto, den Urlaub, die Eltern und die Schwiegereltern kümmern. Da bleibt einfach keine Zeit mehr, um romantische Abende zu verbringen.«

Die meisten berufstätigen Frauen sprechen heute davon, dass der Alltag sie stresst. In meiner Praxis sitzen jeden Tag Frauen, meist etwas über 40, die nicht mehr können. Wenn ich sie frage, welche Lösung sie sich vorstellen, dann beklagen sie meist die eigene Unzulänglichkeit und überlegen, wie sie es schaffen könnten, noch mehr (!) zu arbeiten. Sie sehen nicht, dass die womöglich vom Vorgesetzten verursachte Überfüllung des Terminkalenders Ursache des Stresses ist. Sie beklagen stattdessen die eigene Unfähigkeit, den vorgegebenen Plan zu erfüllen. Frauen, die der Perfektion und der Planerfüllung hinterherlaufen, landen oft früher oder später mit einem »Burn-out-Syndrom« – nichts anderes als eine Depression – in der Klinik. Aber selbst nach dem Zusammenbruch fühlen sie sich schuldig: Sie haben ihre Kolleginnen alleingelassen … sie haben versagt …

Moderne Frauen wurden häufig so erzogen, dass sie das Organisieren des Alltags, das Erfüllen der täglichen »Pflichten« nicht als notwendiges Übel, sondern als Sinn und Inhalt ihres Lebens ansehen. Das Perfektionsstreben drückt die Erfüllung emotionaler Wünsche an den Rand; Dinge, die Freude machen, kommen regelmäßig zu kurz. Der Partner gerät so oftmals zu einer Aufgabe neben anderen. Man muss sich irgendwie um ihn kümmern, so wie man einen VHS-Kurs absolviert oder das Auto zur Inspektion bringt, Termine wahrnimmt und Gebühren bezahlt – aber die Emotionen verkümmern, das Bedürfnis nach Liebe bleibt unerfüllt.

Alleinsein wird vererbt

Die Verhaltensmuster in Beziehungen, in denen die Erfüllung emotionaler Bedürfnis auf der Strecke bleibt, können sich langfristig etablieren. Dann wird das eingeübte Verhalten – die mangelnde Kommunikation über Wünsche und Bedürfnisse, die einseitige Ausrichtung auf Funktionen und Pflichten – an die nächste Generation weitergegeben. Denn die

Eltern zeigen auch gegenüber den Kindern oft dieselben Kommunikationsdefizite wie gegenüber dem Partner. In der Erziehung bekommt dann das Aufräumen des Kinderzimmers einen höheren Wert als das gemeinsame Kuscheln. In Gesprächen geht es nicht um Liebe und Zuneigung, sondern um Leistungen in der Schule und andere drängende Pflichten. Viele Eltern fühlen sich derart in Pflichten und Aufgaben eingespannt, dass sie keine Zeit mehr finden, ihre Kinder in den Arm zu nehmen oder ihnen zum Einschlafen eine Geschichte vorzulesen. In manchen Familien ist es nicht einmal mehr üblich, die Mahlzeiten gemeinsam einzunehmen – dann entfällt auch die Gelegenheit, miteinander über die Ereignisse des Tages zu sprechen und den anderen Bedürfnisse und Wünsche mitzuteilen.

Manche Familien funktionieren heute bestens – als Imbiss, Taxibetrieb, Wäscherei, Hotel … aber nicht als Garanten der Liebe und des Glücks. Kinder verinnerlichen dieses Denken, es wird ihr Maßstab für die Normalität. Sie vermitteln dann irgendwann auch ihren Kindern, dass es in einer Beziehung nur auf Pflichten, nicht aber auf Emotionen ankommt. Auch die folgende Generation verlernt auf diese Weise, dass in einer gelungenen Beziehung (zwischen Partner, aber auch zwischen Eltern und Kindern) emotionale Bedürfnisse *erfüllt* werden. Stattdessen heißt es heute oft, wenn von Liebe die Rede ist: Man kann eben nicht alles haben …

KAPITEL 4

»SELBSTBEWUSSTE« SINGLES

»めんどくさい

Mendokusai«

(JAPANISCH: »LASS MICH IN RUHE!«)[33]

Meine Freundin Karola arbeitet jetzt als freie Journalistin. Sie erklärte mir neulich, dass sie entschieden habe, für immer allein zu bleiben. Sie rechnete mir vor, wie viel unnütze Zeit sie bislang damit verbracht hat, Männer zu suchen, Männer kennenzulernen und sich dann mühsam wieder von ihnen zu trennen. Es habe ihr nichts gebracht. Wenn sie Sex braucht, so argumentierte sie, dann lieber einen One-Night-Stand als das ganze Drumherum. Jetzt habe sie die Abende für sich, könne Bücher lesen, die sie schon immer einmal lesen wollte, und müsse sich keine dämlichen Kommentare ihres Partners anhören. Keine Kompromisse mehr! Ihre Freundinnen bestätigen sie in ihrer Entscheidung – so sollten wir alle leben, pflichteten sie ihr bei: unabhängig, selbstbestimmt und viel, viel freier.

Filme im Kino und Fernsehen werden bevölkert von fröhlichen und erfolgreichen Singles. Die Alleinstehenden können ein unbeschwertes, freies Leben führen – so wie wir es vielleicht insgeheim wollen. Verheiratete erscheinen in Filmen gestresst, genervt und oft irgendwie albern. Ihr Leben wird erst interessant und erzählenswert, wenn es aus den Fugen gerät: wenn der Mann seine Frau betrügt, wenn die Frau die Fesseln, die sie einengen, sprengt – wenn die Partner wieder Singles werden.

Das Adolf-Grimme-Institut hat 2005 die Studie »Familienbilder im Fernsehen« veröffentlicht, nach der die Singles im TV weit überproportional vertreten sind:

»So ist das vorherrschende Lebensmodell der Serien, Krimis und Fernsehfilme das großstädtische Singledasein; Familien mit Kindern, insbesondere mit kleinen Kindern, kommen kaum vor. Die klassische Kleinfamilie mit zwei leiblichen Kindern, wie sie in der bundesdeutschen Realität vorherrschend ist, erscheint in der TV-Fiktion praktisch gar nicht. Das Familienbild im Fernsehen wird stattdessen geprägt von … Alleinerziehenden und multi-tasking-begabten Power-Frauen im Fernsehfilm und von melancholischen einsamen Wölfen und Wölfinnen im Krimi.«[34]

In der erfolgreichen dänischen Krimiserie *The Killing* ist die Kommissarin Sarah Lund (Sofie Gråbøl) eine sozial unverträgliche Einzelkämpferin. Fast undenkbar, dass sie einmal in den Hafen der Ehe einläuft. Dasselbe Muster finden wir mehr und mehr auch in der Literatur. Die Helden sind (vor allem in den Detektivgeschichten) meist allein. Schon Sherlock Holmes war ein Einzelgänger, begleitet nur von Dr. Watson. In der legendären Krimiserie der schwedischen Autoren Mai Sjöwall und Per Wahlöö, von 1965 bis 1975 erschienen, lebt Kommissar Martin Beck in einer unglücklichen Beziehung und trennt sich bald von seiner Frau. Auch Kurt Wallander, die Romanfigur von Henning Mankell, ist geschieden. Es ist heute normal, dass die Detektive in den Kriminalromanen nie in »geordneten« familiären Verhältnissen leben – das würde als »langweilig« oder gar »rückständig« verstanden werden. Sie sind geschieden, notorische Einzelgänger, haben Affären: Das sind die Zutaten einer spannenden Story. Wie anders dachten anscheinend die Leser, als Jane Austen ihre Romane veröffentlichte. Damals noch erwarteten die Menschen, dass nach einigen Schwierigkeiten und Prüfungen vollkommene Beziehungen am Ende des Buches standen. Wenn Unglück und Alleinsein in klassischer Literatur thematisiert werden, dann geschieht das meist vor dem Hintergrund eines erstrebenswerten glücklichen Zustands, einer erstrebenswerten Zweisamkeit. Heute wird Glück gerade in anspruchsvollen Büchern und Filmen als unglaubwürdig wahrgenommen. Glück bekommt den Ruch des Unechten, des Künstlichen, des Gestrigen, es existiert auch als normierender Hintergrund, als letztes zu erreichendes Ziel immer weniger. Wir empfinden die Schilderungen von Harmonie meist grundsätzlich als Kitsch. Entsprechend ist das Glück, ja, ist schon das Glücksversprechen in Frauenromane abgeschoben, es wird uns nur noch in trivialen Hollywoodfilmen und billigen Serienformaten wie *Der Bachelor* (die immerhin einen beachtlichen kompensatorischen Markt bedienen) gegeben.

Nein, die Erwartung, rundum glücklich zu sein, können wir nicht mehr ernst nehmen, zu oft haben wir offenbar erfahren, dass Glück in der Ehe und in der Familie Trugbilder sind. Gebrochene Biografien hingegen erscheinen uns interessant und »vielversprechend«. Vielleicht, weil sie unsere eigene Lebenserfahrung spiegeln. Viele haben gescheiterte Beziehungen hinter sich, sind womöglich schon ein- oder zweimal geschieden. Die Protagonisten, die solch gebrochene Biografien auch in der Fiktion leben, sind uns näher, vertrauter, erscheinen glaubwürdiger, dienen als Bestätigung. Wenn es auch den Helden so geht, denken wir, dann sind wir für unser Scheitern vielleicht doch nicht persönlich verantwortlich, dann war es irgendwie menschlich.

Doch damit hat natürlich eine verhängnisvolle Entwicklung begonnen. Unsere Vorbilder sind nicht mehr die glücklichen Lichtgestalten, die Prinzen und Prinzessinnen, sondern die alleinlebenden Underdogs, die womöglich noch alkohol- oder drogenabhängig sind. Unsere Vorbilder beginnen, sollten wir es zulassen, schleichend unser Leben zu ruinieren. Denn wenn die Helden aus Fernsehen, Film und Buch keine glückliche Zweisamkeit leben, wieso sollte uns dieses Recht dann zustehen? Unsere Erwartungshaltung wird zumindest unbewusst beschnitten – mehr und mehr akzeptieren wir die Normalität von Alleinsein und unglücklicher Singleexistenz.

Man kann diesen Gedanken noch weiter treiben. Kinder, die regelmäßig Serien und Krimis im Fernsehen sehen, verinnerlichen den kettenrauchenden Mann, der in Scheidung lebt, als gesellschaftlichen Standard. Sie verinnerlichen genauso die »starke«, einsame Frau, die sich nicht an einen Mann binden kann. Wenn die jungen Zuschauer die Fernsehbilder, mit denen sie aufgewachsen sind, nicht infrage stellen, dann suchen sie als Erwachsene nicht die harmonische Partnerschaft – die erschiene ihnen fremd, nicht angemessen. Unbewusst geraten sie wie die Vorbilder aus dem Fernsehen in schiefe, vielleicht von Beginn an zum Scheitern verurteilte Beziehungen.

Konstruierte Identität

Unsere moderne Sicht auf Zweierbeziehungen ist von einem eigenartigen Paradox gekennzeichnet: Einerseits erscheint Alleinsein inzwischen als normal, der Single gilt als cool und familiäres Glück als kitschig oder spießig – andererseits ist und bleibt der Alleinlebende aus der Sicht der anderen doch auch ein Versager. Ein Mann, der keine Frau findet, wird schon irgendwelche unangenehmen Eigenschaften wie Mundgeruch oder jähzorniges Verhalten aufweisen. Eine Frau, der die Männer nicht hinterherlaufen, ist entweder hässlich oder zickig oder beides zusammen. Die meisten Singles gehören aus dem Blickwinkel der Nicht-Singles noch immer zur Kategorie der traurigen Existenzen und bedauernswerten Sonderlinge. Da fällt einem die Witwe ein, die mit einer kleinen Rente auskommen muss und Plastikverpackungen auswäscht und aufbewahrt, die wunderlichen Junggesellen, die nur noch mit ihren Hunden reden …

Um in unserer Gesellschaft als guter und schicker Single angesehen zu werden, bedarf es gezielter Strategien. Der meist erste Schritt, mit dem Alleinlebende ihr Alleinsein formen und aufwerten, ist das Anlegen eines Facebook-Profils. Facebook ist in den vergangenen Jahren gerade für Alleinstehende die wichtigste Verbindung zur Außenwelt geworden. Auf Facebook wird mithilfe von Bildern und Einträgen eine kalkulierte Identität geschaffen. Alles, was unpassend oder uncool erscheint, wird weggelassen, alles hingegen, was die eigene Existenz heraushebt, wird betont. Bildbearbeitungsprogramme ermöglichen eine »Optimierung« der Fotos: Hautunreinheiten lassen sich mit einem Mausklick entfernen. Etwas breit geratene Gesichter werden gestreckt, Schatten unter den Augen retuschiert und gebogene Nasen begradigt. Die Software ist so selbsterklärend, dass jeder Laie nach kurzer Einarbeitung das eigene Durchschnittsgesicht in das Antlitz einer Hollywoodschönheit verwandeln kann. Selbst für Smartphones gibt es entsprechende Apps. Der moderne Single weiß natürlich: Die Natur hat den Menschen, zumal den Single, so geschaffen, dass er in unserer Welt nicht wettbewerbsfähig ist, sondern erst dazu gemacht werden muss. Dazu tragen auch die Filme und Bücher bei, die man auf seinem Facebook-Profil nennt. Man listet Hobbys und die wichtigsten Reiseziele auf. Das eigene Leben wird in der »Timeline« von Facebook zu einer Inszenierung, in der nichts dem Zufall überlassen bleibt. Jeder kann ein Star sein, jeder ein ganz außergewöhnlicher, unendlich begehrter Mensch.

Vielleicht wichtigster Effekt von Facebook ist, dass die Zahl der Freunde von vornherein groß ist und ohne große Mühe ausgebaut werden kann. Mit ein paar Aktionen (zum Beispiel breit gestreuten Freundschaftsanfragen) kann man schnell die Zahl der Freunde und Follower erhöhen. Auch wenn jeder weiß, dass Facebook-Bekanntschaften meist recht flüchtig sind – der kleine Betrug wirkt. Wer regelmäßig »likes« und »Posts« in seiner

Timeline bekommt, der fühlt sich wichtig und bestätigt – und denkt bald, dass er tatsächlich Freunde hat. Gegen besseres Wissen beginnen die Menschen an ihr Facebook-Universum zu glauben, sie verbringen immer mehr Zeit am Rechner oder am Smartphone, freuen sich auf neue Nachrichten, auch wenn es wieder einmal nur Katzenbilder sind. Die Internet-Aktivitäten werden ein Ersatz für echte Freundschaften. Die neuen Bekannten erweisen sich überhaupt als sehr praktisch und pflegeleicht – viel pflegeleichter als die Menschen in der Realität. Wenn sie zu nerven beginnen, dann kann man sie »entliken« oder »dissen«.

Je souveräner sich der Single im Internet bewegt, umso weiter entfernt er sich aus der Wirklichkeit, umso unsicherer bewegt er sich auf echtem Boden. Die Bereitschaft, wirkliche Kontakte einzugehen, nimmt schleichend ab, erstirbt vielleicht sogar. Das Internet beginnt die Realität zu ersetzen, wird »Second Life«.[35]

Die souveränen Internet-Singles vermitteln nach außen den Eindruck, dass sie alles andere als einsam sind. Schließlich können sie auf einen großen virtuellen Freundeskreis verweisen. An die digitale Wirklichkeit auf dem Laptop- oder dem Smartphone-Bildschirm beginnen die Singles bald uneingeschränkt zu glauben, ja, sie sind dank digitaler Streicheleinheiten fast überzeugt, dass sie begehrt und glücklich sind.

Single-Propaganda

Gab es in den 1980er-Jahren noch Ratgeber, in denen erklärt wurde, wie man schnell einen Partner findet, wird heute das Singleleben geradezu idealisiert. *Glücklich Single* oder *Die Kunst des Alleinseins* heißen Bücher, die vor allem den Leserinnen einreden, dass ihnen nichts Besseres passieren konnte, als ohne Partner zu sein. Die Ratgeber vermitteln den Singles das Gefühl, zu einer auserwählten Gruppe der besonders Kreativen und Intelligenten zu gehören. Auch in den Zeitschriften nimmt die Idealisierung der Singles inzwischen breiten Raum ein. In Frauenzeitschriften wie *Freundin* oder *myself* entdeckt man beim Blättern fast nur Frauen, die allein sind. Auf Anzeigenseiten werben hübsche Frauen allein und in sich ruhend für ein neues Parfüm. In Reportagen werden kreative Frauen und deren Unternehmensideen vorgestellt. Als Leserin bekommt man den Eindruck, dass es einen eigenen Frauenkosmos gibt – eine Welt ohne Männer. Es ist ein schicker, wohlriechender Kosmos, in dem es viel um Schönheit, um Mode, aber auch um Erfolg geht. Die Leserinnen können sich in den Magazinen selbst erkennen und bestätigen. Sie finden Anregungen für ihr Leben – ohne Mann. Denn die Idee, dass eine moderne Frau heiratet und eine Familie gründet, wird von Frauenzeitschriften nicht propagiert, ja, fast verschwiegen. Heute werden in *Elle* und *Brigitte* jahrelang alleinstehende Singles nicht vor dem drohenden Suizid gewarnt, sondern eher vor dem Unfall der Ehe – dem Rückfall ins Spießertum. Trotzdem werben auch die Singlebörsen in den Frauenmagazinen – mit ganzseitigen Anzeigen. Könnte es sein, dass auch die moderne Frau, die sich mit Karriere und Erfolg beschäftigt, insgeheim doch noch immer eines sucht: den Mann?

Punkte sammeln

»An sich arbeiten, das ist auch so ein Single-Ding. Manche lernen Sprachen, andere gehen zum Therapeuten, wieder andere stürmen im Neonlicht Gipfel«, schreibt Michael Allmaier in der *Zeit*.[36] Die Volkshochschulen und viele Bildungseinrichtungen stellen ihr Kursangebot gerade auch auf die Singles ab, die sonst ihre Freizeit allein in ihren vier Wänden verbringen würden.

Die modernen Singles wollen sich entwickeln, wollen fit für die Herausforderungen der Welt sein. Eltern gelten in den Augen der Singles als etwas zurückgeblieben. Wenn Singles miteinander reden, amüsieren sie sich gelegentlich über die alberne Kindersprache und das Verhalten der Mütter und Väter in ihrem Bekanntenkreis. Die sind abhängig von den Schulferien ihrer Kinder, können nur in der Hauptsaison verreisen, wenn alle Hotelanlagen und Ferienresorts restlos überfüllt sind – mit anderen Familien und deren lärmenden Kindern. Leben in der Familie, da sind sich die überzeugten Singles sicher, ist ein Leben in selbst gewählter Unfreiheit. So wollen sie auf keinen Fall existieren! Natürlich sind Singles durch regelmäßige Besuche in Fitnessstudios gut trainiert, während Väter einen Bierbauch mit sich herumschleppen und Mütter von ihren Kindern ausgelaugt werden.

Singles können im Leben »Punkte sammeln«, wie Allmaier schreibt. Mit jedem Punkt, den ein Single seinem Profil hinzufügt, »steigen seine Chancen im Leben ganz allgemein«. Dass man körperlich in Topform und umfassend gebildet ist, dass man Spanisch und Chinesisch lernt, soll auch potenzielle Partner aufmerksam machen. Die Single-Existenz wird wie eine Ausbildungsphase verstanden, in der man genügend Qualifikation erwirbt, um für das nächste Lebensniveau – die angestrebte erfüllende Partnerschaft – gerüstet zu sein. Dass es keine Garantie dafür gibt, dass sich die Punkte irgendwann in einen idealen Partner eintauschen lassen – das scheint ihnen nicht bewusst. Viele glauben lieber an ein Märchen, als die Realität zu akzeptieren.

Und wenn doch der Realitätssinn siegt, dann ist die Vorstellung, irgendwann für einen Partner das Ausbildungsprogramm zu beenden, die Zeit nur noch mit einem anderen Menschen zu verbringen, dann womöglich zu einer Couch-Potato zu degenerieren, sowieso derart erschreckend, dass die dynamischen Singles lieber Singles bleiben, womöglich für immer.

Schicke Singlewelt

In vielen Großstädten bilden die Alleinlebenden inzwischen eine Mehrheit, vor allem in Berlin. Während die verarmten, uncoolen Singles in kleinen Mietwohnungen unterkommen und von der Gesellschaft nahezu vergessen werden, leisten sich die gut verdienenden, an sich arbeitenden Singles schicke Apartments und Lofts (und treiben Quadratmeterpreise und Mieten in für Familien schwindelerregende Höhen). Allmaier zitiert in der *Zeit* einen Immobilienmakler, der behauptet, dass Singles den klassischen Berliner Altbau bevorzugen, »gerne in einem der belebtesten Viertel. Geräuschemission von Restaurationsbetrieben wird als wohnwertsteigernd empfunden. Abgezogene Dielen, Doppelkastenfenster, hell gefliestes Bad mit Wanne, Spülmaschinenanschluss in der Küche. Mindestens zwei Zimmer, manchmal drei, von denen eins nur zum Bügeln genutzt wird. Balkon ist auch wichtig – zum Kühlen der Getränke.«[37]

Rund um die schicken Einpersonen-Apartments entsteht in den Städten eine Single-Infrastruktur: Fitnessstudios, gehobene Supermärkte (die Discounter sind den verarmten Singles und den Familien vorbehalten, die auf die teuren Hauptsaisonreisen sparen müssen), Feinkostgeschäfte, Reinigungen und feine Bistros oder Cafés, in denen man nicht einsam wirkt, wenn man allein sitzt. Gerade die Innen- und Altstädte werden zu beliebten Single-Quartieren ausgebaut. Hier stehen Singles nicht unter der Beobachtung der Familien, hier müssen sie nicht neidisch mit ansehen, wie Familien den Grill anfeuern, und müssen sich nicht über den Kinderlärm ärgern. Nur das Hintergrundrauschen der City – den Autolärm, die Polizeisirenen oder die ratternden Straßenbahnen – nehmen sie gerne in Kauf – denn wenn es zu leise wird, dann kommt das Gefühl der Einsamkeit zurück.

Hart arbeitende Singles

Moderne Singles sind kreativ, wenn es darum geht, ihre Einsamkeit zu überspielen. Sie zeigen besonderen Eifer, um an ihrem Arbeitsplatz unentbehrlich zu werden; sie schaffen mehr als ihre Kollegen, die nachmittags schon an die Familie denken, die Einkäufe planen und am Firmenrechner den Urlaub mit Partner buchen. Bei Singles hat die Arbeit oft die höchste Priorität – denn vor allem am Arbeitsplatz erfahren sie die Anerkennung und die Bestätigung, die sie wie alle Menschen benötigen. Singles sind ideale Arbeitnehmer, denn sie verlieren sich nicht in andere Themen außerhalb ihres Jobs.

Mit der Aufopferung für ihre Firma entfernen sich die ehrgeizigen Alleinlebenden von ihren Kollegen, für die die Arbeit oftmals nur eine lästige Pflicht ist. Die Kollegen können kaum verstehen, dass der Single freiwillig länger bleibt oder Aufgaben übernimmt, die er auch hätte delegieren können. Zunehmend rutscht der Single so in eine selbst gewählte Isolation, die ihm durchaus Stolz und Bestätigung vermittelt (er ist der Einzige, der so schwer arbeitet, von ihm hängt der Erfolg des Unternehmens ab), die aber gleichzeitig den Weg in eine Beziehung immer schwerer werden lässt. Die Kollegen, die sich vielleicht mal für ihn als potenziellen Partner interessiert haben, wenden sich ab, wenn er nicht zu den internen Feiern erscheint, immer mit dringender Arbeit als Ausrede. Das Singleleben wird ein sich selbst bestätigender Kreislauf: Irgendwann verzichten die Kollegen darauf, ihn einzuladen, irgendwann wird er nicht einmal mehr einbezogen, wenn Geld für ein Geburtstagsgeschenk gesammelt wird. Die Alleinlebenden fühlen sich durch diese Entwicklung bestätigt. Sie sind die letzten Aufrechten in einer Welt der Arbeitsverweigerer und oberflächlichen Partygänger. Und auch die Ansprüche des Singles wachsen mit den eigenen beruflichen Leistungen. Ein passender Partner sollte ebenfalls in die Arbeit verliebt, ebenfalls erfolgreich sein und sich von der Masse der Kollegen abheben.

Mich suchte wiederholt Clarissa auf, eine Architektin aus Frankfurt, die den erfolgreichen und arbeitsverliebten Singletyp idealtypisch verkörpert. Sie gewann Architekturwettbewerbe und wurde von ihren Auftraggebern geschätzt. Nur mit der Partnerschaft klappte es nicht. Aber darüber machte sich Clarissa zuerst keine Gedanken. Um einen Partner zu vermissen, fehlte ihr einfach die Zeit. Abends, wenn sie müde ins Bett fiel, dachte sie bestenfalls noch kurz an die Aufgaben des nächsten Tages. Dennoch blieb da ein Gefühl der Unerfülltheit. Die berufliche Bestätigung reichte nicht aus, um sie glücklich zu machen.

Clarissas Single-Karriere begann bereits in der Schulzeit. Von den Eltern hatte sie den Anspruch übernommen, alles zu vollster Zufriedenheit der Lehrer zu erledigen. Dementsprechend war sie eine ausgezeichnete Schülerin. Schon in ihrer Schulzeit saß sie lieber über den Büchern und machte ihre Hausaufgaben, statt mit ihren Mitschülern zu spielen. Früh verinnerlichte sie die Priorität des Lernens und der Arbeit. Als junger Mensch läuft man Gefahr, Verhaltensmuster einzuüben, die sich später als kontraproduktiv erweisen. Clarissa wurde natürlich wegen der guten Noten gelobt, die Eltern waren stolz auf ihre Tochter, doch als ihre Freundinnen bereits den zweiten oder dritten Freund präsentierten, war sie immer noch allein.

Clarissas Karriere entwickelte sich wie erwartet. Auch das Studium absolvierte sie schnell und mit guten Noten. Der Einstieg in den Beruf bereitete ihr keine Probleme. Als junge Frau traf sie sich auch mit Männern, ging zwei, drei Beziehungen ein, die jedoch nicht lange hielten. Clarissa störte es, wenn Männer ihre Wohnung »eroberten«, wenn sie ihre Arbeit in den Hintergrund drängten. Den Sex konnte sie genießen, aber alles andere war ihr eher eine Last, störte sie in ihrem Tagesplan. Clarissa begann, sich in ihrem Leben dauerhaft allein einzurichten. Erfolgreich hatte sie die latente Unzufriedenheit verdrängt. Nur manchmal, wenn sie auf einer Geschäftsreise in einem Hotelzimmer den Abend verbrachte oder wenn sie als fünftes Rad am Wagen einer Einladung zum Abendessen folgte, fühlte sie die Einsamkeit.

Clarissa bemühte sich, ihr Singleleben möglichst angenehm einzurichten. Die »kleine« Leerstelle Mann sollte durch viele Extrafreuden, die sie sich gönnte, ausgeglichen werden. Wenn sie abends vom Büro nach Hause ging, suchte sie meist noch das Feinkostgeschäft auf, das auf dem Weg lag. Der Laden hatte sich auf Singles, die keine Lust zum Kochen haben, spezialisiert. Clarissa achtete hier nicht auf den Preis. »Ich habe das Recht, mich zu verwöhnen«, war ihre Devise. Verwöhnen bedeutete für sie, vor dem Fernseher die sündhaft teuren Salate zu essen oder einen guten französischen Rotwein zu trinken. Nach dem Abendessen saß sie meistens noch für eine halbe Stunden an ihren Computer. Natürlich war sie bei einer Singlebörse eingeschrieben – aber vor allem, um sich selbst zu bestätigen, dass die Männer, die eine Frau suchen, Idioten sind.

Nur einmal hatte sie sich erweichen lassen, war dem Charme eines Zahnarztes verfallen. Doch als sie sich zum Abendessen bei ihr trafen, kippte schnell die Stimmung. Der Zahnarzt trank den 34 Euro teuren Rotwein weg wie Mineralwasser, und dieses eine Detail störte Clarissa so sehr, dass sie den Kontakt daraufhin abbrach. Seitdem war Clarissa felsenfest überzeugt, dass das Singleleben die ihr angemessene Daseinsform sei. Auch an den Prinzen, der eines Tages vom Himmel fällt oder aus dem Internet steigt, glaubte sie nun nicht mehr.

Nur an Weihnachten bei ihren Eltern überkam sie noch ein schlechtes Gefühl, das Gefühl, versagt zu haben, das sie im Alltag nicht empfand. An den Festtagen sah sie ihre Schwester mit Mann und drei Kindern; sie erlebte, wie sehr sich ihre Mutter dann um die Enkelkinder kümmerte – und sie, die Tochter, dabei meist übersah. Als alleinstehende Frau Mitte 40 und ohne Kinder war man nach familiären Kriterien fast ein Niemand, nur gut, um auf die Kinder aufzupassen, wenn deren Eltern mal zu zweit sein wollten. Clarissa verabschiedete sich am Heiligabend schnell. Länger konnte sie die Idylle, die (nur) sie als falsch und aufgesetzt empfand, nicht ertragen. Zu Hause setzte sie sich an den Laptop und guckte, was die Männer ihr schrieben. Sie tat es nur, um die Einsamkeit zu bekämpfen, um das Gefühl zu haben, begehrt zu sein. Antworten wollte sie niemandem. Beim Klicken durch die Profile entdeckte sie den Weihnachtsratgeber ihres Singleportals. Neugierig las sie die Vorschläge: »Fünf Tipps, Weihnachten allein, aber nicht einsam zu sein«, versprach der Partnervermittler (edarling.de).[38] Zuerst sollte sich Clarissa, so der Ratschlag im Internet, einen »Weihnachtsplan« zulegen. »Vermeiden Sie unbedingt die Situation, die Weihnachtsfeiertage ungeplant auf sich zukommen zu lassen. Denn dann könnten Sie an Heiligabend von Einsamkeit überwältigt werden. ... Erstellen Sie also einen Plan und schreiben Sie auf, was Ihnen dieses Weihnachten wichtig ist. Suchen Sie den wichtigsten Punkt heraus und setzen Sie diesen auf jeden Fall um. Wie wäre es, wenn Sie sich wieder einmal Zeit nehmen, Ihre Lieblingsmahlzeit zu kochen?« Clarissa hatte keine Lust, allein zu kochen, während alle anderen gemütlich im Kreis der Familie aßen. Sie hatte sich stattdessen Arbeit mit nach Hause genommen – das war zumindest eine sinnvolle Beschäftigung, auch am hohen Feiertag.

Im zweiten Tipp wurde sie zu einer Party angeregt. »Wenn Sie Single-Freunde haben, nehmen Sie doch Kontakt zu ihnen auf und organisieren Sie zusammen eine Party oder gehen gemeinsam weg.« Aber ihre Freunde saßen nun alle im Kreis der Familie und hatten andere Interessen, als mit ihr gerade an diesem Tag in die Disco zu gehen.

Der dritte Tipp bestand darin, sich selbst zu beschenken. »Bestellen Sie doch Überraschungsboxen im Internet. Dann sind Sie selbst gespannt auf den Inhalt.« Aber Clarissa wollte nicht durch irgendwelchen Unsinn überrascht werden, auch die Dinge, die sie sich selbst leistete, mussten genau überlegt sein.

Dem vierten Tipp, die Zeit zu genießen, konnte sie nur zustimmen, denn »niemand hat das Christfest mit Ihnen zusammen verplant«. Aber beim letzten Tipp kamen ihr dann doch die Tränen:»›Last Christmas, I gave you my heart, but the very next day you gave it away …‹ – sollten Sie diese Zeilen hören, schalten Sie unbedingt das Radio ab! Als fröhlichere Alternative bietet sich ›Jingle Bells‹ an.« Clarissa klappte ihr Notebook zu und musste weinen. Sie war allein, schrecklich allein. Und niemals würde sich das ändern …

Seit diesem Weihnachtsfest sind nun neun Monate vergangen. Clarissa hat sich wieder in die Arbeit gestürzt und zu ihrer eigenen Überraschung vor allem Misserfolge erlebt. Ein Projekt platzte, bei einem anderen fertiggestellten Bau traten Mängel auf, und sie musste sich gegen den Vorwurf falscher Planung verteidigen. Im August erlitt sie einen leichten Herzinfarkt – und saß schließlich bei mir. Clarissa denkt nun über ihr Leben nach. Der Herzinfarkt hat ihr den Tod vor Augen geführt und sie mit drängenden Fragen konfrontiert, die sie bislang erfolgreich beiseiteschieben konnte. Was wird im Alter aus mir – ohne Partner und ohne Familie? Was mache ich, wenn meine Firma mich nicht mehr braucht? Kann ich ohne Arbeit existieren? Was bleibt in meinem Leben?

Das diesem Kapitel vorangestellte Wort »Mendokusai« kommt aus dem Japanischen. Junge japanische Frauen benutzen das Wort, wenn sie den Beziehungswunsch eines Mannes abwehren wollen: Mendokusai! – »Lass mich damit in Ruhe!« Die »Mendokusai-Haltung« scheint mir Sinnbild einer falsch verstandenen Souveränität zu sein. Die Abwehr und das Abschotten führen die Menschen und insbesondere die Frauen nicht zum Glück. Viel zielführender wäre ein Wort, das den anderen Menschen einlädt, in das eigene Leben zu treten, ein Wort, das zur Zweisamkeit, zu gemeinsamem Glück auffordert. Aber so ein Wort ist nicht modern, weder in Japan noch in Europa.

KAPITEL 5

SUCHENDE SINGLES

»Als Single kannst du niemanden bitten,
für Dich zur Apotheke zu gehen, und man findet
Deine Leiche erst nach sehr langer Zeit.«

Tweet [39]

Nachts

Nachts sind alle Katzen grau – und streunen durch die dunklen Gassen. Während glückliche Paare zufrieden in ihren Betten liegen, suchen die Einsamen gerade in der Nacht die Ablenkung. Einsame Männer chatten mit Frauen am Bildschirm und müssen für jede Minute bezahlen; sie haben das ersehnte Gefühl der Nähe, wenn sich eine Frau nach ihren Anweisungen auf einer Matratze räkelt und womöglich auszieht. Einsame Männer telefonieren mit kostenpflichtigen Hotlines in der Hoffnung, Dates zu arrangieren – und ärgern sich jedes Mal nach dem Auflegen, dass sie von professionellen Sprecherinnen über den Tisch gezogen wurden. Oder sie ziehen durch die Kneipen der Stadt, auf der Suche nach echten Frauen, die sich womöglich verführen lassen. Während sich die Frauen rar machen, stehen an allen Ecken Männer mit demselben Verlangen, wissen nicht, was sie sagen, wie sie sich verhalten sollen. Zeit, sich zu betrinken.

Einsame Frauen kaufen sich DVD-Pakete mit ihren Lieblingsserien, in deren Welten sie ganz eintauchen, *Verbotene Liebe, Sex in the City, Desperate*

Housewives. Oder sie gehen mit Freundinnen in Diskotheken oder Bars. Die Kneipen- und Vergnügungsquartiere der großen Städte werden von unzähligen Menschen bevölkert, die auf der Suche sind, sich verstohlen umschauen, sich nach innigem Zusammensein sehnen. Aber irgendwie funktioniert das Kennenlernen nicht mehr, gerät der Ausflug auf die Piste zu einer Bestätigung der Einsamkeit.

Diejenigen, denen die Einsamkeit über den Kopf wächst, die vielleicht die Hoffnung schon fast aufgegeben haben, rufen bei *Domian* an. Die Sendung *Domian* von und mit Jürgen Domian, die vom Westdeutschen Rundfunk täglich nachts um eins ausgestrahlt wird, ist ein letzter Strohhalm für Verzweifelte. Hier finden sie einen Zuhörer, der sie nicht abbügelt, der nicht leichtfertig behauptet, es sei doch nicht so schlimm. Domian können sie von ihrer Einsamkeit erzählen, von ihren missglückten Versuchen, Sex zu bekommen, oder von den verrückten Gewohnheiten der Partner, mit denen ein Zusammenleben nicht möglich war. Wenn alle Stricke reißen und alle sozialen Kontakte scheitern – Domian ist der Letzte, der die Verzweifelten noch versteht. Mehr als 20 000 nächtliche Gespräche mit einsamen, verzweifelten Menschen hat Domian bereits geführt. Anfang 2015 kündigte er an, die Talksendung im Jahr 2016 beenden zu wollen.[40]

Zum Glück folgt auf die Nacht ein neuer Morgen. Vielleicht wartet an diesem Tag der Richtige auf mich, mögen die Einsamen denken, vielleicht werden heute meine Wünsche endlich erhört. Die Suche nach einem Partner ist heute zu einem Spiel, fast zu einer Lotterie geworden; ein Glücksspiel, das für manche niemals zu enden scheint.

Prinzip Hoffnung

Claudia versuchte es zwölf Jahre lang. Davon war sie vier Jahren bei einer Singlebörse eingeschrieben – und kommunizierte mit vielen, mit sehr vielen Männern. Aber der Richtige schien nie dabei zu sein. Manchmal traf sich Claudia immerhin mit einem halbwegs passablen Mann, manchmal begann sie mit großer Hoffnung und ein wenig Angst eine Beziehung. Doch das wirkliche Glück fand sie nie. Es schien ihr, als habe sie keine Partnerschaft verdient, als gäbe es keinen mit ihr kompatiblen Mann.

Doch dann fand sie einen Mann, bei dem die Chemie zu stimmen schien. Sie konnten zusammen lachen, zusammen reden, und auch der Sex bereitete ungewohnte Freude. Aus den ersten, noch unverbindlichen Treffen entwickelte sich bald eine Beziehung. Sie war so verliebt, dass sie nicht bemerkte, dass ihr Freund kein so großes Interesse an ihr hatte, dass er nie von Beziehung sprach und das Zusammensein stets sehr lässig sah.

Allerdings störte sich Claudia an einer Anrede, die sie als unangemessen empfand. Ihr neuer Freund nannte sie bei jeder Gelegenheit »Süße«. Sie empfand diese Zuschreibung als unpersönlich und auch als abwertend. Aber obwohl sie unter diesem einen Wort litt, brachte sie es nicht über sich, ihm zu sagen, dass er sie mit ihrem Vornamen anreden solle. Zu groß war ihre Angst, als unzufriedene Zicke dazustehen, als streitsüchtige Frau – und dann womöglich vom Mann, in den sie verliebt war, verlassen zu werden.

Als Claudia wegen einer Magenoperation ins Krankenhaus kam, als sie Hilfe und Trost dringend benötigte, kam ihr Freund sie nicht besuchen. Ihre Krankheit ließ sein Interesse verlöschen. Obwohl Claudia immer den Verdacht gehabt hatte, dass er oberflächlich war, akzeptierte sie ausgerechnet diesen klaren Beweis seines Desinteresses nicht. Sie suchte nun den Grund seiner Abwendung bei sich selbst, befürchtete, vor der Einlieferung ins Krankenhaus womöglich etwas Falsches gesagt zu haben. Ja, sie werde das schon alles wieder geradebiegen – damit er sie wie früher lieben könne.

Claudia nährte eine kaum begründete Hoffnung, wo alle Zweifel berechtigt gewesen wären. Statt das von Anfang an offenkundige Beziehungsproblem mit ihrem Freund zu besprechen, statt ihn zu mehr Gemeinsamkeit und Kommunikation zu bewegen, klammerte sie die Probleme konsequent aus. Zu groß war die Angst, verlassen zu werden. Aber gerade mit diesem Verhalten erschien sie dem Partner als anspruchslos. Sie gab ihm das Signal, sich derart sorglos und verletzend verhalten zu dürfen.

Claudia gehört zu den vielen suchenden Singles, die sich nichts mehr als einen Partner wünschen, die aber scheitern, da sie die Realität nicht ausreichend zur Kenntnis nehmen, da sie sich in manchen Dingen (wie der Liebe des anderen) aus Angst, enttäuscht zu werden, der Realität geradezu verweigern. Jeder neuer Versuch, mit einer falschen Sicht der Dinge begonnen, endet dann wie der alte – in Trennung und Enttäuschung. Millionen Singles leben in einem Hamsterrad kontraproduktiver Handlungen und Entscheidungen – und wissen nicht, was sie besser machen sollen.

Thorsten ist Beamter, besitzt eine geräumige Wohnung und einen schnellen BMW. Darüber hinaus lebt er solide, raucht und trinkt nicht – ist also das, was man gemeinhin als eine gute Partie bezeichnet. Doch tatsächlich lebt Thorsten allein. Um Thorstens Schicksal zu erklären, muss ich etwas ausholen. Im Alter von 24 Jahren lernte er Sabine kennen. Mit Sabine bekam er einen Sohn. Das junge Paar schien glücklich – und der weitere Weg vorgezeichnet: Hochzeit, Bau eines Hauses … Doch als der Sohn zwei Jahre alt war, kam es zu einem großen Streit. Thorsten hat mir nie den Grund erzählt – aber nach diesem Streit war nichts mehr wie zuvor. Seine Freundin nahm den Sohn und verließ ihn. Sabine fand schnell einen anderen Mann, den sie bald heiratete.

Nur Thorsten blieb allein. Dabei wünschte er sich nichts mehr als eine Frau an seiner Seite. Doch immer, wenn eine Frau bei ihm zu Hause war, wenn sie für ein Wochenende oder gar eine Woche bei ihm blieb, verlor er die Nerven. Er sah in der Freundin die Ex, er erkannte plötzlich nur Nachteile und Schwierigkeiten, er befürchtete den zwangsläufig bald kommenden Streit – und schmiss regelmäßig hin. Thorsten antizipierte in jeder sich anbahnenden Beziehung die Katastrophe. Er suchte die kleinen Dinge, die schon am ersten Tag auf das Ende hinwiesen. »Frauen nerven«, behauptete er dann immer; es klang wie eine lange gereifte Lebensweisheit.

Bald entwickelte er eine regelrechte Angst vor Beziehungen. Selbst eine schöne Nacht mit einer Kneipenbekanntschaft schien eine latente Drohung: Die Frau könnte sich in ihn verlieben, würde mit ihm zusammenwohnen wollen und so weiter. Schließlich kapitulierte er vor der Herausforderung. Obwohl er das Grundbedürfnis nach Nähe, Wärme und Zärtlichkeit verspürte, verzichtete er nun auf jeden Kontakt zu Frauen. Die befürchteten Nachteile wogen für ihn schwerer als der erhoffte emotionale Gewinn.

Stattdessen besucht er regelmäßig seine Exfreundin und seinen inzwischen pubertierenden Sohn. Dort schläft er an Wochenenden im Gästezimmer und beobachtet ein anderes Familienleben aus der Distanz. Die Gespräche mit seiner Ex, die Nähe zu seinem Sohn – für ihn eine emotionale Grundversorgung, die ihm ausreicht, die er ohne genervt zu sein ertragen und aufsaugen kann. Ja, er saugt sie auf wie ein durstiges Wüstentier – und kommt einige Wochen damit hin. Nach zwei oder drei Monaten muss er wieder zu seiner Ex fahren, wieder ein paar Emotionen tanken und so weiter ...

Thorsten hat nicht gelernt, mit Frauen so umzugehen, dass er selbst von einer Zweisamkeit profitiert. Er weiß nicht, was er von den Frauen will, und auch nicht, was sie von ihm wollen. Die Aussage, dass sie »nerven«, ist eine diffuse Reaktion auf das Gefühl, die Situation nicht unter Kontrolle zu haben. Thorsten hat es bisher vermieden, die Ursachen seiner Bindungsangst zu ergründen. Statt eine Lösung zu suchen, hat er begonnen, sich von den Verursacherinnen schlechter Gefühle ganz abzuwenden – nun meidet er die Frauen in jeder Hinsicht.

Ein Psychologe würde sagen, dass Thorsten nicht genügend »emotionale Kompetenz«[41] entwickelt hat, um mit den eigenen Gefühlen und denen der anderen produktiv umgehen zu können. Hunderttausende, vielleicht Millionen Singles leiden unter einem Mangel an emotionaler Kompetenz. Sie haben in ihrem Elternhaus nicht gelernt, mit emotionalen Fragen umzugehen, haben vielleicht nur beigebracht bekommen, alles ordentlich und richtig zu machen. Aber die Kompetenz, mit den eigenen Gefühlen und denen der anderen klug und produktiv umzugehen, kann man lernen. Die Sackgasse, in der sich viele Menschen wähnen, ist selbst geschaffen – und es gibt immer einen Ausweg.

Angebote

Es war noch nie so einfach, den Wunsch nach einer Partnerschaft in die Tat umzusetzen. Vorbei die Zeiten, als man Tanzbälle oder Diskotheken besuchen musste, um einen Mann oder eine Frau kennenzulernen. Millionen von Deutschen sind in Singlebörsen eingeschrieben. Wenn man sich die Plattformen anschaut, bekommt man den Eindruck, dass kein Einsamer unversorgt bleiben wird. Selbst für spezielle Interessen gibt es Angebote. Polnische Frauen, muslimische Partner, lateinamerikanische Dates, Bauer sucht Frau, Alt und Jung ... Auch die Schüchternen haben nun die Möglichkeit, die Angebetete oder den Angebeteten mit einer schlichten E-Mail anzusprechen.

Viele Suchende sind gleich bei mehreren Anbietern eingeschrieben und sitzen jeden Abend am PC, um zu chatten oder ein Treffen anzubahnen. Unter diesen Voraussetzungen sollte es ein Leichtes sein, einen Partner zu finden. Wenn nicht im Heimatort, dann in der Nachbarstadt oder irgendwo auf der Welt. Die Einsamkeit von Frauen und Männern sollte, nachdem Interessen und womöglich auch Bildungsgrad abgefragt wurden, wunderbar zu Zweisamkeit zu kombinieren sein. Ja, zweifellos gelingt die

Zusammenführung der Suchenden in vielen Fällen jeden Tag. Tatsächlich haben sich unzählige harmonisch zusammenlebende Paare im Internet kennengelernt. Aber im Vergleich zur Zahl der Suchenden bleiben die Erfolge bescheiden. Singlebörsen schaffen es nicht, die Einsamkeit aus unserer Gesellschaft zu vertreiben.

Das Gegenteil ist der Fall. Ein immer größerer Teil der Deutschen bleibt trotz Singlebörsen und trotz der riesigen Zahl suchender Singles allein. Nicht alle haben so bewusst und endgültig kapituliert wie Thorsten. Die meisten suchen aktiv, wollen unbedingt einen Partner finden, tun scheinbar alles, um dieses Ziel zu erreichen. Trotz der Onlineangebote gelingt es ihnen aber nicht, zum Topf den passenden Deckel zu finden. Tatsächlich nimmt die Lonelification zu, seitdem es Singlebörsen gibt. Besteht also ein unerwarteter Zusammenhang zwischen dem riesigen Angebot an Singles, das heute jeder vom Schreibtisch oder Sofa aus erschließen kann, und den verbreiteten Misserfolgen bei der Suche?

»Was anderes vorgestellt«

Meine Freundin Nadja, eine seit vielen Jahren glücklich verheiratete Rheinländerin, hat Freude daran, Menschen zusammenzubringen. Zu ihrem Bekanntenkreis gehört der Handwerker Stefan, Mitte 30. Nadja wusste, dass Stefan unglücklich allein war und sich nichts mehr wünschte als eine liebe Partnerin. Also beschloss sie, Stefan mit Olga zusammenzubringen. Olga war zehn Jahre jünger als Stefan. Sie hatte vor ihrer Auswanderung in Russland studiert und war dann vor acht Jahren mit ihren Eltern nach Deutschland gekommen. Hier wurde ihre Ausbildung nicht anerkannt; sie konnte deshalb nicht in ihrem Beruf arbeiten, sondern schlug sich als Reinigungskraft in einem großen Unternehmen durch. Nadja organisierte ein Treffen der beiden – denn sie war davon überzeugt, dass Olga und Stefan ideal zusammenpassten. Die Dinge, so sagte sie mir, würden schon ihren Lauf nehmen. Doch als ich mich nach ein paar Tagen mit Nadja und Olga traf, hatten die Dinge einen überraschenden Ausgang genommen.

»Olga, wie war der Abend?«, fragte ich neugierig.

»War wieder so eine Nadja-Kuppel-Aktion.« Sie zwinkerte ihrer Freundin zu. »Eigentlich ganz okay. Netter Mann.«

»Ist er dein Typ?«

»Ja, auf jeden Fall. Groß, kräftig, riesige Hände, charmant. So was mag ich.«

»Dann seht ihr euch wieder?«

»Nein, das nun doch nicht.«

»Wieso?« Ich war überrascht, denn Nadja hatte vorher so überzeugt geklungen.

»Er ist Handwerker. Er arbeitet auf Baustellen.«

»Ja und?«

»Das will ich nicht. So will ich nicht leben. Ich habe mir was anderes vorgestellt.«

Damit war das Thema erledigt.

Nadja gab aber nicht auf. Sie kannte noch eine andere Freundin, ebenfalls Single. Und sie wusste, dass Amanda Männer mit praktischer Begabung schätzte. Wer kann ein Zuhause schön machen, wenn nicht ein begabter und fleißiger Handwerker? Auch Amanda und Stefan trafen sich – wiederum ein paar Tage später saß ich neugierig bei Nadja.

»Was ist aus den beiden geworden«, fragte ich.

»Mein Instinkt hat mich schon wieder im Stich gelassen, kannst du dir das vorstellen? Bisher hatte ich ein gutes Gespür dafür, wer zusammenpasst und wer nicht.«

»Wollte Amanda wieder einen erfolgreichen Unternehmer?«, fragte ich und wunderte mich im Stillen über die Frauen, die wie vor hundert oder zweihundert Jahren vom reichen Prinzen träumen.

»Nein, Amanda hat sich auf den ersten Blick verliebt. Aber Stefan …«

»Der Single-Mann, der seit sechs Jahren allein lebt und keine Frau findet … wollte nicht?«

»Nein, er wollte nicht. Amanda sei nicht hübsch und nicht jung genug.«

»Und? Ist Amanda bucklig? Oder trägt sie einen Bart?«

»Nein, nein, ganz wunderbar, ich würde sie nehmen! Man muss die Schönheit in ihr entdecken und sie herauslocken. Dann wird sie aufblühen. Sie ist übrigens vier Jahre jünger als Stefan.«

»Hast du ihn gefragt, was er für Vorstellungen hat?«

»Musste ich gar nicht, er hat mir gleich gesagt, dass eine Frau eben eine Frau sein muss – 90-60-90!«

»Nein!«

»Doch. Hat er. Und hochhackige Schuhe soll sie tragen, das sei ihm ganz wichtig.«

»Und da passte Amanda nicht in sein Schema …«

»Er sagte mir, er habe sich was anderes vorgestellt!«

Das ist der Schlüsselsatz, den ich immer wieder höre: *Ich habe mir etwas anderes vorgestellt*. Heute haben viele, vielleicht die meisten Menschen eine *andere* Vorstellung vom Leben. Das wirkliche Leben, die wirklichen Begegnungen – darin befürchten die Menschen zu viele Kompromisse. Die »anderen Vorstellungen« stehen meist im eklatanten Widerspruch zur Realität – und werden dennoch hartnäckig gepflegt. Es könnte ja … vielleicht finde ich den einen … man muss nur lange genug suchen …

Unangemessene Vorstellungen machen heute vielen Männern wie Frauen die Partnersuche schwer. Wir sehen fern, surfen durchs Internet und blättern durch Zeitschriften. Der Medienkonsum prägt unsere Vorstellungen mehr als das Zusammensein mit anderen Menschen. Wenn wir einen Partner suchen, vergleichen wir ihn nicht mit unseren Nachbarn oder Freunden, sondern mit Bildern aus der Werbung, also mit Photoshop-Fakes.

Wenn Männer bei den Singlebörsen ihre Anforderungen auflisten, dann sollen die gesuchten Frauen zehn oder zwanzig Jahre jünger sein, große Brüste und lange Haare haben. Selbst die Männer, die einer Frau wenig zu bieten haben, richten ihre Ansprüche an den Vorbildern aus den Medien, womöglich sogar an den heimlichen Stars der Pornofilme aus. Der Widerspruch zwischen Wunsch und Wirklichkeit ist gewaltig, ja grotesk, aber fast kein Mann gleicht die eigenen Vorstellungen mit der Realität ab (die Singlebörsen versprechen ja, dass alles möglich sei).

Frauen und Männer lernen heute schon in der *Bravo*, wie ein angeblich attraktiver Mensch beschaffen sein muss. Unter der Rubrik »Bodycheck« bekommen Jungen und Mädchen ihre Vorbilder präsentiert. Natürlich wirken die nackt gezeigten jungen Leute meist etwas schöner und perfekter als die pubertierenden Betrachter … Und wenn man weiterblättert, findet man vor allem die Bilder der Stars und Sternchen, intensiv mit Photoshop bearbeitet. Internet und Fernsehen zeigen ähnlich geschönte Leitbilder – die wahrlich keine Spiegelbilder sind.

Wenn wir darüber nachdenken, ist uns klar, dass wir von den Medien sanft betrogen und verwirrt werden. Natürlich sehen normale Menschen nicht so aus wie die Models in den Illustrierten. Aber unser Unterbewusstsein hat längst einen Standard definiert, von dem wir nur schwer wieder runterkommen. Der Medienkonsum hat dazu beigetragen, Wahrnehmungsfilter auszubilden, die unseren Blick fokussieren. Wir sehen bei anderen Menschen meist überdeutlich das, was unseren Erwartungen nicht entspricht, oftmals nur Kleinigkeiten, die uns abstoßen. Oder wir entdecken am anderen etwas Unbedeutendes, das uns aber fasziniert. Stefan blickt womöglich als Erstes auf die Schuhe der Frau; wenn sie High Heels trägt, dann steht sein positiver Eindruck schon fast fest. Wenn dann noch der Körper wohlgeformt ist … Unsere Filter verhindern, dass wir unser Gegenüber vorurteilsfrei annehmen, dessen Persönlichkeit in allen Facetten erleben. Ein Mann umgibt sich sicher gerne mit einer Frau, die wie ein

Fotomodell aussieht. Eine Frau schätzt ihrerseits den gut gebauten Kerl. Aber für eine Beziehung ist es mittelfristig nicht ganz so relevant, welche Schuhe sie trägt oder wie sein Körper geformt ist.

Früher, zu Jane Austens Zeiten, war es viel schwerer, sich blenden zu lassen, und einfacher, den passenden Partner zu finden: Denn der infrage kommende Pool der Menschen war kleiner. Die Suchenden mussten sich mit wenigen Menschen auseinandersetzen, die sie aus nachbarschaftlichem Umgang schon seit Monaten oder Jahren kannten. Unter denen gab es meist keine auf den ersten Blick ideale Frau und keinen nach erstem Kennenlernen idealen Mann; die Suchenden mussten zweimal hinschauen und auch die Werte hinter der Fassade entdecken, wollten sie einen Partner finden. Auch unseren Eltern erging es kaum anders. Sie hatten einen festen Freundeskreis, der jeden Freitag- oder Samstagabend dieselben Diskotheken ansteuerte. Man kannte sich und man beobachtete sich. Schnell war so ein erster flüchtiger Eindruck zu relativieren.

Auf Stefan übertragen heißt das, dass ihn die Frau, die ihm beim ersten Date womöglich in »unpassend« flachen Schuhen gegenübersitzt, ihn später mit Charme durchaus in ihren Bann hätte ziehen können. Dass er bei weiteren Treffen vielleicht nach ihren Schuhen auch ihren Geruch wahrgenommen und ihre Worte gehört hätte – und dann erkannt, dass Schuhe und Oberweite dritt- oder viertrangig sind, wenn sie überhaupt noch eine Bedeutung haben.

Erst mit dem Internet wurde den Partnersuchenden die Notwendigkeit genommen, in einer begrenzten Gruppe von Menschen *intensiv* nach dem Passenden zu suchen. Nun können die Suchenden in Singlebörsen aus einer nahezu unendlichen Menge den scheinbar Passenden *flüchtig* wählen. Die Singlebörsen werben mit Millionen Mitgliedern – je mehr, umso besser. »Friendscout 24« verspricht »über 17 000 Flirtchancen pro Minute«.[42] Selbst dieses alle menschlichen Wahrnehmungsfähigkeiten übersteigende Angebot ist vielen Einsamen noch nicht ausreichend. Manche Suchende werden von fernen Verlockungen geleitet, denken, dass es in Deutschland nicht den richtigen Mann oder die richtige Frau geben kann; manche Männer erwarten, dass ausländische Frauen weniger »anstrengend« oder gar weniger »anspruchsvoll« seien. Sie können dann unter Hunderttausenden osteuropäischen Singlefrauen suchen oder noch weiter gehen bis nach Asien. Der ideale Partner unter Milliarden, heute lässt er sich finden – in der Theorie.

Um in dem Single-Angebot, das jeden Suchenden überfordert, trotzdem den womöglich richtigen Partner zu finden, aktivieren viele Mitglieder zuerst den Filter der Suchmaschine: Sie begrenzen den Umkreis der Suche beispielsweise auf 100 Kilometer, sie wollen nur Singles in einem bestimmten Alter und mit Bild angezeigt bekommen, bestehen auf Nichtraucher … Aber die Suchmaschine wirft dann immer noch Hunderte oder Tausende »Matches« aus. Nun kommt der eigene, unbewusste Filter zum Einsatz. Die Profilbilder werden mit den eigenen, in der Regel rein optischen Kriterien abgeglichen. Lange Haare? Nettes Gesicht? Frecher Blick? In kürzester Zeit wird favorisiert oder verworfen. Suchende werden so zu Fließbandarbeitern der Liebe. Kein Gegenüber bekommt zuerst mehr Aufmerksamkeit als eine halbe Sekunde. Erst wenn beim schnellen Scannen das Bild überzeugt, wenn es einem verinnerlichten Muster entspricht, wird der Profiltext angelesen. Passen die Eigenschaften zu den Erwartungen, wird ein Herz geschickt oder eine Mail geschrieben. Manche Suchende haben sich schon Standardtexte zurechtgelegt, die sie wie Spam-Mails durchs Internet schicken. Irgendeiner oder irgendeine wird dann schon antworten – und dann kann man weitersehen, dann kann man sich das Profil noch einmal genauer anschauen (und zur Not immer noch den sich anbahnenden Kontakt abbrechen).

Warum Singlebörsen oft nicht funktionieren

Das »Alles ist möglich« – weltweit und ohne soziale Grenzen – paart sich mit den »anderen Vorstellungen«. Plötzlich glauben die Menschen, die im richtigen Leben einen Misserfolg nach dem anderen erleiden, dass sie ihren fantasierten Prinzen oder ihre aus Zeitschriftenbildern zusammengesetzte Idealfrau tatsächlich finden werden. Das, was früher nur geträumt wurde, scheint heute in greifbarer Nähe zu liegen. Wenn der Prinz nicht in meinem Dorf oder meiner Stadt auf mich wartet, dann doch in der nächsten oder übernächsten Stadt oder vielleicht in Paris oder Stockholm oder ... Hohe (und schon unrealistische) Erwartungen steigen in noch phantastischere Höhen.

Aber immer, wenn die moderne Frau oder der moderne Mann einen über die Singlebörse kennengelernten potenziellen Partner treffen, stellt sich zuerst – Enttäuschung ein. Die Realität reicht meist nicht an die geschönten Profilbilder heran: Bei Alter und Gewicht hatte das Gegenüber vielleicht etwas untertrieben, bei der beruflichen Stellung übertrieben, und der auf dem Foto männlich wirkende Dreitagebart entpuppt sich als Zeichen mangelnder Körperpflege. Unwillkürlich vergleichen die Menschen ihr plötzlich ganz profanes Fundstück, das die eigenen Schwächen nicht so gekonnt wie auf der Profilseite verbergen kann, mit den Idealvorstellungen.

Die Fähigkeit, einen Menschen als Individuum anzunehmen, in seinen Unzulänglichkeiten seine Einzigartigkeit zu erkennen, geht uns mehr und mehr verloren. In unserer Photoshop-geprägten Gesellschaft suchen wir bei realen Menschen wie früher in den Bildern der Illustrierten nach den zehn Fehlern – und entdecken sie regelmäßig. Die Partner, die mit ihrem vielversprechenden Profilbild im Internet noch den Erwartungen genügen, enttäuschen in der Realität. Aber sie enttäuschen nicht, weil sie so ungenügend sind, sondern weil sie keine Chance bekommen, weil die Erwartungshaltung des Suchenden zementiert ist: Wieso soll man sich auf

eine komplexe und womöglich auch widersprüchliche Persönlichkeit einlassen, wieso soll man sich eine Lebensgeschichte voller Brüche anhören,
wenn doch vielleicht ein Traumpartner ohne jeden Makel nur einen weiteren Mausklick entfernt ist?

Die Internetgeneration hat hochgezüchtete Erwartungen und Anforderungen etabliert und reduziert gleichzeitig das jeweiligen Gegenüber
auf ein paar Eigenschaften, die in kürzester Zeit geprüft werden können.
Dieses Denken spiegeln in Idealform die populären Smartphone-Apps
»Tinder« oder »Lovoo«. Die kleinen Programme zeigen dem Nutzer die
möglichen Kontakte in der Umgebung, und er kann sie allein nach Beur-
teilung eines Bildes per Fingergeste als interessant markieren oder als uninteressant wegwischen. Wenn zwei Personen sich unabhängig voneinander markieren, lässt sich der Kontakt herstellen. Was wie eine weitere
Vereinfachung der Kontaktaufnahme erscheint, ist in Wirklichkeit die Er-
schwerung. »Lovoo« wirbt damit, dass es von 22 Millionen Leuten genutzt
wird. »Bilder sagen mehr als tausend Worte.«[43] Der Mensch wird noch
mehr auf ein Foto reduziert, ist noch schneller zu scannen, kann noch
schneller verworfen werden. Auf dem ersten »Single-Symposium« in Berlin beschrieb die Online-Dating-Expertin Pamela Moucha den Umgang
auf Singlebörsen als direkter, »aber auch schonungsloser«. »Wer nicht ins
Erwartungsschema passt, wird einfach ›weggeklickt‹.«[44]

Das ist die Tragik der Singlebörsen und der Single-Apps: Die interes-
santen potenziellen Partner, die man früher noch an sich herangelassen
hätte, werden heute schnell, zu schnell weggeklickt. Das Internet hinterlässt einen Friedhof der enttäuschten Erwartungen. Viele weggeklickte
Menschen versuchen es dennoch immer wieder – irgendwann, so glauben
sie, kommt ihre große Chance.

Eine andere »zeitgemäße« Form des Kennenlernens ist das sogenannte
Speeddating. Auch hier soll keine Zeit verschwendet werden, in kurzer
Zeit soll man möglichst viele Singles treffen. Doch in den kurzen Gesprä-

chen kommt ebenfalls sofort der unbewusste Filter zum Einsatz, der die Menschen nach ein paar ungenügenden Kriterien bewertet.

Tatsächlich warten meist in der näheren und nächsten Umgebung der Suchenden die Chancen – wo so viele Menschen allein leben, sollte sich ein Partner finden lassen! Doch die Suchenden, die ihre Wahrnehmung filtern, sind nicht mehr in der Lage, die sich bietenden Chancen zu erkennen und zu ergreifen. Andere Suchende geben irgendwann auf – geprägt von der endlosen Folge der Enttäuschungen. Aber die Werbung »arbeitet weiter an der Entwicklung von Kommunikationsmitteln für Menschen, die sich nichts mehr zu sagen haben. Sie arbeitet weiter an der Erleichterung von Interaktionen zwischen Menschen, die keine Lust mehr haben, mit wem auch immer in Verbindung zu treten«, schreibt Michel Houellebecq in *Die Welt als Supermarkt*.[45]

Sex statt Liebe

In der heutigen Welt scheinen die über Jahrhunderte eingeübten Strategien der Partnerfindung nicht mehr zu funktionieren – also werden neue Strategien erprobt und etabliert. Aber die neuen Methoden bedienen mehr die unrealistischen Hoffnungen denn die tatsächlichen Bedürfnisse der Suchenden. Es sind Geschäftsmodelle, die den Betreibern der Internetplattformen Gewinne sichern, den Nutzern aber meist nur Enttäuschungen bescheren.

In jüngster Zeit erweisen sich sogenannte Seitensprungbörsen wie »c-date« oder »viktoriamilan« als erfolgreich. Hier schreiben sich Suchende ein, die negative Singlebörsen-Erfahrungen hinter sich haben. Die ganzen Beziehungsanbahnungen mit den hohen Erwartungen und regelmäßig folgenden Enttäuschungen sind für sie Geschichte. Bei den Seitensprüngen geht es vor allem um schnellen Sex – ohne Komplikationen und Verpflichtungen. Auch Thorsten, der Mann, den die Frauen nerven, könnte

hier aktiv werden – muss er doch nicht befürchten, dass die Seitensprung-
frauen bei ihm einziehen wollen.

Wenn man sich die Profile in den besonders sexorientierten Portalen
wie »adultfriendfinder« oder »joyclub« anschaut, dann staunt man, auf
welche Weise sich Frauen und Männer anpreisen. Hier kommt es nicht auf
Illustrierten-Schönheit an, nicht auf Photoshop-Perfektion, sondern auf
nackte Tatsachen. Der Wunsch nach Liebe und Nähe wird hier auf Sexualität reduziert. Bei den meisten Seitensprungportalen kann man neben
Alter, Größe und Geschlecht auch sehr detailliert die eigenen sexuellen
Vorlieben eintragen – und entsprechende Vorlieben beim gewünschten
Partner abfragen.

Wer sich hier einschreibt, versucht, alle Gefühlsuntiefen zu umgehen.
Liebe, Zuneigung, Partnerschaft, Verstehen, eine gemeinsame Zukunft –
all das wird von vornherein ausgeschlossen. Allein die Befriedigung der
drängenden sexuellen Bedürfnisse wird in den Vordergrund gestellt und
geplant. Dabei lässt sich vermuten, dass viele der Mitglieder, die vergeblich den richtigen Partner suchen oder seit Jahren in nicht erfüllenden
Funktionsbeziehungen verharren, allein wegen des theoretischen Verspre-
chens bei den Seitensprungbörsen eingeschrieben sind: Wenn sie wollten,
dann könnten sie schon morgen wieder tollen Sex haben …

Das selbstzerstörerische Ich

Die systembedingte Schwierigkeit, online eine Beziehung anzubahnen,
geht bei vielen Singles mit einem Zweifel am eigenen Ich einher. Sie sind
sich unsicher, was ihre Fähigkeiten, ihr Aussehen oder ihr Auftreten betrifft. Wer unsicher ist, der kann jedoch auch mit dem Gegenüber nicht
sicher umgehen. Unsichere Menschen flüchten gerne in die Ordnung, sie
suchen geradezu die Anpassung an gesellschaftliche Muster, da sie das der

Aufgabe enthebt, über sich selbst nachzudenken oder sich mit sich selbst zu konfrontieren. Diejenigen, die nicht stolz auf sich selbst sind, die sich selbst nicht lieben, zeigen sich anfällig für die Ansprüche von anderen, reagieren empfindlicher auf den Druck der Gesellschaft, sind bereit, die eigene kostbare Individualität hintanzustellen. Muster des guten und richtigen Lebens werden von den Medien und der Werbung reichlich angeboten. Fernsehen, Illustrierte und das Internet vermitteln jeden Tag die Leitlinien, an die wir uns zu halten haben, damit wir uns zugehörig fühlen: Der Bauch darf nicht zu dick sein, die Zähne müssen weiß sein, die Haare müssen glänzen, der Körper soll 48 Stunden lang gut riechen …

Beate, Anfang 30, eine kleine Frau mit lustigen Augen, blickte auf einige Beziehungen zurück, die jedoch meist schnell scheiterten – und daran gab sich Beate selbst die Schuld. Sie sei so unattraktiv, da müsse jedes Interesse eines Mannes verlöschen, behauptete sie. Ihre Beine empfand sie als zu kurz, ihre Oberschenkel als zu dick, die Nase sei zu groß, und die Haare seien zu struppig. Meiner Meinung nach war sie eine attraktive Frau, für die sich Männer interessieren, aber wenn einer sie neugierig musterte, dann ging sie vielmehr davon aus, dass er einen abschätzigen Spruch machen oder über sie lachen würde.

In ihren Beziehungen hatte sie nie wirklich glauben können, dass der jeweilige Partner sie mochte. Jede Kritik und jeden Streit hatte sie mit ihrem Aussehen in Verbindung gebracht. Gleichzeitig war es ihr nicht gelungen, sich durchzusetzen. Sie glaubte, auf ein besseres Leben keinen Anspruch zu haben. Dieses negative Selbstbild führte dann meist dazu, dass sie selbst die Beziehung beendete. Ihr Partner könne sie ja sowieso nicht lieben …

Im Gespräch konnten wir herausfinden, dass Beates Selbstbewusstsein schon in der Kindheit beschädigt wurde. Die Mutter hatte stets an ihr herumgemäkelt und ihr prophezeit, dass sie als hässliches Entlein sowieso keinen Mann finden werde. Es fällt Beate schwer zu begreifen, dass sie in ihrem Leben einem verhängnisvollen *Drehbuch* folgt, in dem geschrieben steht, dass sie nicht wertvoll genug ist, um geliebt zu werden, dass sie an die Zuneigung von Männern nicht glauben darf. In Wahrheit kann auch Beate einen Partner treffen, der sie ohne Vorbehalte liebt. Äußere Attraktivität ist nie das entscheidende Kriterium in einer Partnerschaft.

Diese während der Kindheit scheinbar in Stein gemeißelten Drehbücher einer Biografie lassen sich umschreiben, müssen manchmal umgeschrieben werden – auch wenn es schwer ist, wenn die Betroffenen dazu vielleicht Hilfe benötigen. Nur dann klappt es auch mit der Partnerschaft, nur dann klappt's vielleicht sogar mit dem Nachbarn.

WAS MAN WISSEN MUSS, UM DEM ALLEINSEIN ZU ENTGEHEN

! Innere Integrität erreichen

Die innere Integrität und die innere Freiheit sind Voraussetzungen für das individuelle Wohlbefinden – mit oder ohne Partner. Man erreicht diese Integrität, wenn man ohne versteckte oder verdrängte innere Konflikte lebt, wenn man die eigenen Wünsche und Bedürfnisse umfassend erfüllen kann und wenn man vermeidet, von anderen oder von der Gesellschaft gesteuert zu werden. Man kann die innere Integrität auch als »Ganzheit« bezeichnen.

Die Verantwortung für innere Integrität kann nicht auf den Partner abgewälzt werden. Eine Partnerschaft ist kein Allheilmittel für eigene Schwierigkeiten. Im Gegenteil: Erst wenn man zur Ganzheit gefunden hat, wenn man genau weiß, was man im Leben will, dann schafft man eine Basis der eigenen Attraktivität, dann gelingen auch Partnerwahl und Partnerschaft.

Wer hingegen Probleme mit sich trägt, wer sich abhängig und gesteuert fühlt, der muss zuerst zu sich finden.

! Sie sind einzigartig!

Jeder Mensch ist ein kleines Wunder, jeder Mensch hat Eigenschaften und Fähigkeiten, die ihn einmalig und unvergleichlich machen. Stehen Sie zu sich selbst! Seien Sie authentisch! Überschätzen Sie nicht die Ratschläge, die Sie im Internet finden oder die Sie aus Illustrierten holen: Es bedarf keiner Verkleidung, um einen Menschen für sich zu gewinnen. Sie müssen sich weder einen Bart wachsen lassen noch die Haare färben. Nichts macht einen Menschen so anziehend, wie die Fähigkeit, er selbst zu sein.

! Seien Sie anspruchsvoll

Sie müssen wissen, mit wem Sie leben wollen. Erkunden Sie die Pläne und Wünsche des anderen. Was sind die Herausforderungen im Leben, die Sie und der andere/die andere meistern wollen? Welche Ziele wollen Sie erreichen? Wollen Sie eine Familie gründen? Wo wollen Sie leben?

Es liegt in Ihrer Verantwortung, eine zukünftige Beziehung interessant und spannend zu gestalten. Denken Sie bitte nicht, dass Sie bescheiden sein müssen, dass Sie nicht egoistisch wirken dürfen – Sie haben das Recht, Ihre Wünsche und Ansprüche offen und ohne Einschränkungen zu formulieren. Wenn der mögliche Partner dann nicht mitmacht, wenn Sie keinen gemeinsamen Nenner finden, dann ist es eben der Falsche.

! Hören Sie auf Ihre Intuition

Die Intuition ist die Stimme Ihres Ichs; einen besseren Ratgeber finden Sie nicht. Allerdings hat unsere Intuition es manchmal schwer, sich Gehör zu verschaffen, weil wir uns zu sehr von anderen Meinungen beeinflussen lassen und dann nicht mehr unterscheiden können, wer uns was sagt. Ihre Intuition erkennen Sie, wenn sich ein »gutes Bauchgefühl« einstellt. Werten Sie es nicht ab; es ist kein esoterischer Quatsch, sondern eine ganz wichtige Instanz. Im Alltag wissen Freunde und Freundinnen manchmal alles besser, die Eltern sowieso. Aber nur Ihre Intuition sagt Ihnen, was tatsächlich richtig oder falsch ist. Hören Sie also nicht auf die vielen Besserwisser um Sie herum. Folgen Sie Ihrem Gefühl – nur Sie selbst wissen, was Ihnen guttut und was Ihnen schadet.

! Ein möglicher Partner ist so, wie er ist

Jeder Mensch hat Eigenarten und Macken – das heißt nicht, dass er nicht liebenswert wäre. Hüten Sie sich allerdings vor der Illusion, einen potenziellen Partner ändern oder erziehen zu können. Ein »Erziehungsprojekt« wird scheitern, zumal, wenn der Betroffene nicht ahnt, was Sie planen. Solche Beziehungen gibt es häufig, und noch häufiger entwickeln sie sich zu einem Drama und enden mit gegenseitigen Vorwürfen. Verlieren Sie also bei der Partnersuche keine Zeit mit Menschen, mit denen Sie nur zusammen sein könnten, wenn Sie sie »zurechtbiegen«. Sie werden nur Enttäuschungen ernten – und auch der Erwartungshaltung des möglichen Partners nicht gerecht werden.

! Das erste Treffen

Rechnen Sie immer damit, dass der Partner, den Sie online kennengelernt haben, mit dem Sie bislang nur gechattet oder stundenlang telefoniert haben, sich »live« womöglich als ganz andere Persönlichkeit entpuppt. Gehen Sie nicht mit der Erwartung in ein Date, die Liebe Ihres Lebens kennenzulernen. Auch wenn die Telefonate vielversprechend waren, benötigen Sie mehrere Treffen, um Ihr Gegenüber richtig zu erleben und sich ein Urteil zu bilden. Seien Sie gelassen und entspannt. Überstürzen Sie keine Beziehung, erklären Sie Ihre Liebe nicht schon am Telefon. Wenn beim ersten Treffen die Chemie stimmt, dann wird das mit der Liebe schon gelingen – in aller Ruhe.

❗ Sie müssen wissen, mit wem Sie es zu tun haben

Reden Sie mit Ihrem Wunschpartner nicht nur über das Fernsehprogramm oder über das Wetter. Sie sollten wissen, wie der mögliche Partner zu Ihren Werten steht. Ist er oder sie religiös eingestellt? Welche politische Einstellung hat er/sie, wie beurteilt er/sie moralische Fragen? Bestehen kulturelle Unterschiede, die für Sie womöglich nur schwer zu akzeptieren sind? Will er/sie Kinder? Welche Einstellungen hat er/sie zur Kindererziehung? Und so weiter. Nichts trennt Menschen so sehr, wie unterschiedliche Wertvorstellungen, die sich nicht auf einen gemeinsamen Nenner bringen lassen. Wenn Sie das Bedürfnis verspüren, offene Fragen zu klären, reden Sie mit dem Kandidaten oder Wunschpartner! Lassen Sie keine Grauzonen zu, die Sie beunruhigen.

❗ Glauben Sie an das Ziel

Viele Suchende haben bereits aufgegeben, bevor sie sich in die Singlebörsen einloggen oder bevor sie einen Kandidaten im Café oder wo auch immer zum Date treffen. Aussagen wie »Es gibt keine gescheiten Männer mehr« werden schnell zu einer selbsterfüllenden Prophezeiung. Manchmal sind solche Aussagen Ausdruck der unterbewussten Angst, eine Niederlage zu erleben. Es ist eine Angst, die sich vielleicht stets meldet, wenn man mit einer Suche beginnt. Unterschätzen Sie nicht den Einfluss dieser trügerischen und blockierenden Stimme, die nichts mit der Intuition gemein hat, die vielmehr ein Ergebnis von Erziehung und womöglich negativen Erfahrungen ist. Die trügerische Stimme hat, wenn Sie auf sie hören, die Kraft, jede sich anbahnende Beziehung zu zerstören. Seien Sie stattdessen selbstbewusst und mutig – ohne Angst vor dem, was die Zukunft bringt.

! Befreien Sie sich von den Stereotypen

Männer behaupten oft, dass etwas »typisch weiblich« sei – wenn eine Frau unsicher Auto fährt, wenn sie in ihren Augen zickig ist oder zu lange vor dem Spiegel steht. Manche Frauen verhalten sich in dieser Hinsicht ähnlich. Für sie sind Männer unordentlich, oft schmutzig und immer nachlässig. Man kann sich auf Männer nicht verlassen, ja, man kann ihnen grundsätzlich nicht vertrauen.

Womöglich ziehen Frauen und Männer ihre Urteile aus eigenen Erfahrungen. Vielleicht (und das ist schon wahrscheinlicher) haben sie ihre Lebensweisheiten von Freundinnen oder Freunden übernommen. Auf jeden Fall sind diese Zuschreibungen von Eigenschaften in ihrer Pauschalität stets falsch. Es gibt immer auch die andere Frau und den anderen Mann. Wer bei der Partnersuche die Vorurteile und Stereotypen nicht aus dem Kopf bekommt, sucht ständig nach Bestätigungen dafür – und verwirft mögliche Kandidaten zu leichtfertig. Jeder Mensch ist einmalig, jeder Mensch hat seine eigenen Vorzüge (und seine eigenen Schwächen). Es lohnt sich, offen und vorurteilsfrei auf den anderen zuzugehen und dessen Individualität zu entdecken.

Überhaupt hat jeder Mensch den Anspruch und auch das Recht, in seiner Einzigartigkeit wahrgenommen zu werden.

KAPITEL 6

SINGLES ALS GELDMASCHINE

»Mit zusätzlichen Handschellen, Liebeskugeln und Peitschen hat sich
der führende deutsche Erotikhändler Beate Uhse auf den Filmstart von
›Fifty Shades of Grey‹ vorbereitet. Der Konzern erwartet von
der Sado-Maso-Romanze eine deutliche Belebung seiner Geschäfte.«

FINANZEN.NET[47]

Wer im Leben einsam ist, kann sich mit einem Liebesroman in eine fiktive
Welt der Romantik flüchten, in eine Welt, in der sich alles um intensive
Zweisamkeit dreht. Johann Wolfgang von Goethes Roman *Die Leiden des
jungen Werther* wurde bereits im ausgehenden 18. Jahrhundert ein Welt-
erfolg, löste geradezu eine »Lesesucht« aus – auch wenn die Liebe des Protagonisten letztlich unerfüllt blieb. Auch die Romane von Jane Austen – *Verstand und Gefühl, Stolz und Vorurteil* oder *Emma* – spiegelten das
Bedürfnis der alleinlebenden Autorin und vor allem der unendlich vielen
Leser und Leserinnen nach einer erfüllenden Zweisamkeit. Inzwischen haben die großen Publikumsverlage eigene Frauenreihen etabliert, in denen
es um alle Spielformen der Liebe geht. Manche Leserinnen verschlingen
einen Liebesroman nach dem anderen – um ihr Alleinsein zu kompensieren. Liebesromane sprechen nicht nur, aber vor allem Singles an – sie sind
das erste erfolgreiche Singleprodukt.

Natürlich bedient auch das Fernsehen die Sehnsüchte der Alleinlebenden. In der Hauptsendezeit werden gerne triviale Filme gezeigt, in denen aus unglücklicher Liebe eine glückliche wird. Besonders erfolgreich sind die in endloser Folge produzierten *Inga-Lindström*-Liebesfilme im ZDF, die ein fiktives Leben voller Leidenschaft in einer fiktiven Traumlandschaft in Schweden zeigen, in der die Zuschauerinnen schwelgen können. Kaum eine andere Filmreihe erreicht im deutschen Fernsehen derart hohe Einschaltquoten, mit Ausnahme der Krimiserie *Tatort*.

Auch die trivialen Daily-Soaps, die im Fernsehen rund um die Uhr laufen, thematisieren fast immer nur – die Liebe. Partner trennen sich und suchen neues Glück. Wenn sie es gefunden haben, muss es zerbrechen, aber nur, damit das endlose Spiel wieder von vorne beginnen kann. Auf diesem Prinzip beruht auch die seit vielen Jahren in der ARD laufende Serie *Verbotene Liebe*, die schon im Titel mit den Hürden spielt, die überwunden werden müssen, um endlich echte Liebe zu erfahren. Ja, die Hürden kennen die Zuschauer auch aus dem eigenen Leben – und erleben dann umso faszinierter deren Überwindung.

Andere TV-Shows wie das legendäre *Herzblatt* der ARD, eine Adaption des amerikanischen *Dating Game* (1965–2000), verwandeln das Speeddating in ein amüsantes Spiel – so einfach kann es sein zusammenzukommen. Bei RTLs *Bauer sucht Frau* ist der Aufwand schon größer, muss sich die Frau doch mit den Marotten der Landbevölkerung anfreunden. Wenn alles gut geht, wartet irgendwann die *RTL-Traumhochzeit* (1992–2000) …

Alle Fernsehformate, in denen es um Liebe geht, sind der ideale Werberahmen, um die Zielgruppe der Singles zu erreichen. Mit *Verbotene Liebe* und den vielen anderen Serien lassen sich Fertiggerichte, Katzenfutter, Damenrasierer und viele andere Produkte bestens verkaufen. Ein Millionenmarkt sind inzwischen auch die unzähligen Singlebörsen. Sie werben aggressiv um jeden Alleinlebenden, versprechen die schönsten und klügsten Partner. Die Singles zahlen gerne für das Versprechen – auf dass der eigene Lindström-Film irgendwann wahr werde (aber meist wird dann nur eine Partnerschaft wie aus einer der Serien wahr, in denen ein ganz modernes Liebesdurcheinander herrscht; so wie im echten Leben).

Konsum als Psychopharmakon

Singles lassen sich besser als jede andere Personengruppe kommerziell ausbeuten. Sie leben mit unbefriedigten Wünschen und Hoffnungen, sie haben ein emotionales Defizit. Jeder Anbieter, der verspricht, dieses Defizit auszugleichen, hat gute Chancen, ihnen seine Produkte oder Dienstleistungen zu verkaufen. Oder andersherum: Wer ausgeglichen ist und harmonisch lebt, wer einen Partner hat und jeden Tag die gewünschten Streicheleinheiten bekommt, geht mit den Verlockungen der Konsumwelt etwas gelassener um. Der Single springt leichter auf Ersatzbefriedigungen und Scheinlösungen an und kann sie sich vor allem auch leisten. Er kauft die teuren Fertiggerichte im Feinkostgeschäft – um sich zu belohnen. Er kauft sich den hochauflösenden Fernseher, weil er das verdient hat. Er bucht eine Luxus-Single-Kreuzfahrt, damit er sich besser fühlen kann als all die Paare und Eltern in ihren Pauschalunterkünften.

Jeder Konsum soll dazu beitragen, die Seele zu streicheln, die emotionalen Bedürfnisse zu erfüllen. Doch die eigentlichen Bedürfnisse werden nicht befriedigt; sie treten nur kurzzeitig in den Hintergrund und melden sich nach Stunden oder Tagen wieder – um erneutes Verlangen nach einem Kauf auszulösen. Viele Männer leisten sich im Alter zwischen 40 und 50 ein teures Auto – einen Sportwagen, ein Cabrio oder einen Geländewagen. Das muss nicht Ausdruck einer männlichen Midlife-Crisis sein, häufig ist es der scheinbare Ausweg aus einer nicht funktionierenden Beziehung oder die Kompensation des Alleinseins. Wer mit seinem 100 000-Euro-Sportwagen durch die Stadt fährt, bekommt wenigstens ein wenig Aufmerksamkeit der Passanten, kann mit dem Fahrzeug womöglich sogar die Frauen beeindrucken. Tatsächlich bleibt der Erfolg solch teurer Käufe zeitlich beschränkt. Das Glücksgefühl, das ein neuer Wagen auslöst, hält höchsten ein paar Wochen an. Danach drängt sich die Einsamkeit wieder in den Vordergrund. Konsum wirkt wie ein Psychopharmakon. Er benebelt ein wenig, verursacht womöglich kurze Beruhigung, ändert aber nichts an den Ursachen, befriedigt nicht die echten Bedürfnisse. Aber das kurzzeitige Vergessen der Einsamkeit, die Minuten der Euphorie reichen, um den Glauben zu nähren, dass ein immer weiter gesteigerter Konsum irgendwann doch zum Glück führen wird. Je mehr Produkte aus der Werbung jemand anhäuft, je perfekter sein Zuhause auf den Außenstehenden wirkt, je teurer der Wagen in der Garage ist – umso wahrscheinlicher ist es, dass derjenige sich tief im Inneren einsam fühlt.

Single-Portionen für Mensch und Tier

Die Industrie versucht den Single-Konsum gezielt zu fördern. In den Supermärkten explodiert das Angebot an Single-Packungen. Fertiggerichtehersteller haben sich ganz auf den einsamen Einkäufer eingestellt. Angenehmer Nebeneffekt für die Industrie ist, dass Singles für ihre Minipackungen fast genauso viel ausgeben wie eine Familie für die Großpackung. Zudem verspüren viele Singles eine Abneigung gegen das Kochen. Allein in der Küche zu stehen und ein Gericht nur für sich selbst zuzubereiten, das erscheint vielen Alleinlebenden fast als Demütigung. Singles bedienen wenn überhaupt die Mikrowelle. Die Gesellschaft für Konsumforschung will bereits einen »Snacking-Trend« ausgemacht haben, der dem Singleverhalten entgegenkommt. »Auch auf diese Bewegung reagiert die Industrie«, schreibt die *Wirtschaftswoche*. »Der Anteil an Convenience-

Food und Ready-to-eat-Produkten wächst ständig. Zur klassischen Tiefkühl-Pizza haben sich längst Mikrowellen-Burger und -Currywurst gesellt. Seit das Gesundheitsbewusstsein in der Bevölkerung wächst, nimmt auch die Anzahl der verzehrfertigen Salate und mikrowellentauglichen Biospeisen zu.«[48] Tierfutter gehört ebenfalls zu den besonders erfolgreichen Produkten auf dem Single-Markt. Alleinlebende geben für ihre Hunde, Katzen oder Vögel gerne mehr aus – ist doch das Tier manchmal ihr wichtigster sozialer Kontakt. So werden Fleischspezialitäten in Katzen-Single-Portionen zu Preisen erworben, zu denen auch ein Mensch eine sättigende Menge bekommen würde. Längst gibt es Spezialnahrung für Haustiere, die an bestimmten Krankheiten oder Allergien leiden. Für dicke Tiere wird Diätfutter angeboten. Büffel- und Straußenfleisch wird zu sündhaft teurem Dosenfutter verarbeitet – für den besonderen Genuss. Katzen, Hunde und andere Haustiere spiegeln auch in der Ernährung den Menschen – sie werden zum umsorgten Partner in einem Single-Haushalt.

Young Urban Singles

Wenn die Lebensmittel und das Tierfutter eingekauft, wenn die physiologischen Grundbedürfnisse erfüllt sind, kann sich der Alleinlebende mit seinem Erscheinungsbild beschäftigen. Singles gehen häufiger zum Friseur als Eheleute, besuchen häufiger die Kosmetikerin und erwägen häufiger korrigierende Operationen. Singles müssen intensiver über ihr Aussehen nachdenken als die zufriedenen Paare, weil ja jederzeit der Traummann oder die Traumfrau vor dem Alleinlebenden stehen könnte, da wäre es doch leichtsinnig, sich gehen zu lassen. Also müssen Parfüms und Duschgels und Seifen her, ist es doch allgemein bekannt, dass Zuneigung vor allem über den Geruch erzeugt wird.

Singles müssen auch bei elektronischen Geräten ständig up to date sein – laufen doch heute ihre sozialen Kontakte vor allem über den Computer oder das Smartphone. Ohne zeitgemäßes Telefon mit neuestem Betriebssystem scheint man als Single abgeschnitten vom Liebesmarkt, droht man abzudriften in die Gruppe der Chancenlosen und Abgehängten.

Schließlich ist der Single auch ein idealer Luxuskonsument. Da er keine Familie unterhalten muss, hat er meist mehr Geld zur Verfügung und will es auch einsetzen. Bausparverträge, in die das Geld umgeleitet werden könnte, sind mehr was für Familien.

Für die schicken Konsumbürger, die überwiegend Singles sind, existieren bereits viele schöne Worte: Eine Zeit lang hießen die Menschen der Großstadt »Yuppies« (»Young Urban Professionals«), dann kamen die »Metrosexuellen« (Männer, die Stunden vor dem Spiegel stehen), schließlich die »Yummies« (Young Urban Males).

Natürlich sind die Metrosexuellen, oder wie auch immer die modernen Städter nun genannt werden, nicht alle Singles, manche leben mit Frau und Kind ganz hip auf dem Prenzlauer Berg, aber die Lebensweise des Single ist im Grunde ihre natürliche Daseinsform, ein klassisches Familienleben im vorstädtischen Einfamilienhaus mit Grillabend im Kreis der Familie ist ihnen zuwider.

In der Werbung werden die modernen Singles als heroische Typen dargestellt – auf den »Jack-Wolfskin«-Plakaten sind sie »draußen zuhause«, sie leben so autonom wie einst der einsame Wanderer von Caspar David Friedrich. In der Werbung von Jack Wolfskin oder von anderen Outdoor-Ausrüstern sucht man Bilder von Paaren, die sich an den Händen halten, die gemeinsam die Natur bestaunen, vergeblich. Romantik ist heute kein Thema mehr, lässt sich schlecht verkaufen. Stattdessen treffen sich Freunde zum gemeinsamen Skifahren oder Wandern – aber selbst am abendlichen Lagerfeuer sitzen sie distanziert nebeneinander. Gemeinsames Kuscheln, freundschaftliche Umarmungen oder gar Liebkosungen – mit Bildern von emotionaler Nähe können heute keine Produkte mehr verkauft werden. Wenn Alleinlebende die Werbung betrachten, können sie das Gefühl bekommen, an der Spitze der gesellschaftlichen Entwicklung zu stehen, cool und avantgardistisch zu sein. Väter, Mütter, Familien, ob traditionell oder Patchwork, besitzen meist weniger die Aura des Freien und Modernen. Menschen, die in Beziehungen leben, werden häufig als von Sachzwängen gefesselt und abhängig, fast als bemitleidenswerte Geschöpfe dargestellt.

Single-Shopping

Vor Jahren veranstaltete die Supermarktkette Walmart in Deutschland ein sogenanntes Single-Shopping. Die alleinlebenden Einkäufer bekamen eine rote Schleife an den Einkaufswagen und konnten sich so als partnersuchende Singles outen. Allerdings wurde die Aktion bald wieder eingestellt: Durch die Schleife fühlten sich die Singles dann doch zu sehr bloßgestellt – als Randgruppe gekennzeichnet.

Auch die britische Kette Tesco wollte mit vergleichbaren Aktionen die Single-Käufer an sich binden. Im Blog »plentymorefishoutofwater« schrieb Bestseller-Autor Jimmy Rice (*Das Beste, das mir nie passiert ist*) amüsant über seine Misserfolge bei Tesco[49]:

»Ein kleines Mädchen in einer Strickjacke hüpft in meine Richtung.

›Hallo, junge Dame‹, sage ich in der Hoffnung, dass hinter der Ecke eine attraktive alleinerziehende Mutter wartet.

Das Kind erstarrt, mustert mich von oben bis unten, rennt weg und kollidiert fast mit einem Wagen, der nun in mein Blickfeld rollt.

Es ist ihre Mutter – und sie ist vom Feinsten. Groß, dunkel und, wie ich bemerke, eine Liebhaberin von Pflaumen.

Sie trägt ein weißes Hemd über schwarzen Leggings; die Sonnenbrille thront wie eine Tiara auf ihrem halblangen Haar. Stilvoll, aber nicht übertrieben – sie hat definitiv den richtigen Ton für eine Nacht wie diese getroffen. Folge ihr weiter zum gepökelten Fleisch. Ich plane ein Gespräch über etwas, das sie aus den Regalen holt – obwohl sie nicht viel zu kaufen scheint. Natürlich kauft sie nicht viel – sie ist hier, um einen Mann zu finden. Bleibe zehn Schritte hinter ihr bei den Cerealien, wo sie innehält, um ein paar Shreddies zu nehmen. Zeit zu handeln. Ich stehe unmittelbar hinter ihr, als sich die Lippen des Kindes zu bewegen beginnen.

›Mama, der Typ starrt dich an.‹

Werfe dem Kind einen bösen Blick zu, aber es springt bereits davon. Ihre Mutter sieht herüber, die Arme verschränkt. Ein mitleidiges Kopfschütteln begleitet zwei kleine Worte, die immer noch in mir nachwirken.

›Werd erwachsen.‹

Damit verschwindet sie, und ich stehe da, mit rotem Gesicht und einer Tony-the-Tiger-Packung. Großartig.«

Tatsächlich wollen Singles in der Öffentlichkeit nun gerade nicht wie Suchende oder gar Verzweifelte aussehen. Ein Single wirkt nur dann cool, wenn er in sich ruht und an alles denkt – nur nicht an seine Einsamkeit. Entsprechend nutzen die Singles ungern die Angebote, die sie auf ihre Einsamkeit hinweisen, gerne hingegen alle trügerischen Wege, die sie unabhängig und frei erscheinen lassen.

Man kann zwei Arten von Single-Ansprache in der Werbung unterscheiden. Bei teuren und hochwertigen Produkten werden die Singles als erfolgreiche oder heroische Individuen gezeigt. Sie wirken dann wie die Spitze der Gesellschaft. Bei einfachen Produkten hingegen, vor allem bei Lebensmitteln, bleibt das herkömmliche Familienideal aktuell – auch wenn das Produkt vor allem von Singles gekauft wird. So wurde in der

Vergangenheit die Iglo-Pizza »Ristorante« stets mit einer Paarszene beworben: ein romantischer Abend zu zweit. Dabei handelt es sich bei den meisten Pizzakäufern um Singles. Aber ein Single alleine am Küchentisch, der eine Pizza ist – das wäre nicht heroisch, das wäre einsam.

Vermarktung unerfüllter Sexualität

Das Unternehmen Beate Uhse und auch andere Versender von Sexspielzeug leben nicht schlecht von den Bedürfnissen der Singles – die sie mit diversen Artikeln heute scheinbar viel besser befriedigen als Partner aus Fleisch und Blut.

Die moderne (nicht nur Single-) Frau hat heute standardmäßig im Nachttisch eine Auswahl Dildos liegen. Die Industrie bemüht sich fleißig, immer wieder neue Modelle mit erweiterten Funktionen anzubieten, die den natürlichen Penis in vielerlei Hinsicht übertreffen – der echte droht ein Auslaufmodell zu werden. Und auch dem modernen Mann stellt sie eine Menge Instrumente zur Verfügung, die ihn bei der Masturbation unterstützen und im Zweifelsfall eine Frau überflüssig machen. Beim Anbieter »Dildo-King« heißt es auf der Produktseite einer »Lustmuschi«: »Die Freundin hat ständig keine Lust, ist zu moppelig geworden, oder sie ist durchgebrannt??? Wer kennt das nicht … Aber alles halb so schlimm …«[50]

Eine recht junge Geschäftsidee, mit der vor allem den Männern das Geld aus der Tasche gezogen werden soll, sind Erotikmessen, die unterschiedliche Veranstalter quer durch Europa auf Tournee schicken. In Würzburg habe ich Anfang 2015 die Messe »Eros und Amore« besucht.

Vom Bahnhof aus bewegte sich ein breiter Strom unterschiedlichster Menschen – Alt und Jung, Frau und Mann – durch die graue trostlose Nachbarschaft, in der die Planer der 1970er-Jahre einst alles falsch gemacht hatten, zum bescheidenen Eingang der Messe. In der bedrückenden

Betonhalle wartete eine Welt auf mich, in der sich fast alles um schöne nackte Frauen drehte. Auf Architektur achtete hier niemand – zu anziehend und aufregend war das, was auf den Tischen, in den Regalen und natürlich auf den Bühnen geboten wurde. Sex als Ware.

Die Männer sammelten sich schon vor der Bühne. Sie hielten die Kameras schussbereit in ihren Händen, warteten ungeduldig, manchmal miteinander scherzend auf die angekündigte Liveshow. Ich gesellte mich zu ihnen und beobachtete die Szenerie. Hinter der Bühne flackerte ein riesiges Herz aus Metall im Neonlicht. Zu hämmernder Hardrock-Musik begann eine hübsche Frau zu tanzen und sich langsam auszuziehen – bis sie nach einigen Minuten den Betrachtern erst den Blick auf die Brüste und dann, aber nur kurz, auf ihre Vulva ermöglichte – begleitet vom heftigen Klicken der Kameras. Die vielen anwesenden Männer waren so mit dem Fotografieren beschäftigt, dass sie es nicht einmal schafften, dem Striptease-Mädchen während und nach der Vorführung Applaus zu spenden.

Ich stellte mir vor, wie die Männer von Show zu Show reisen und jedes Mal die ihnen dargebotenen Körperteile dokumentieren. Ein einsames, irgendwie trauriges Hobby ... Sie ziehen aus der Nähe zu echten nackten Frauen eine Ersatzbefriedigung. Sie können mithilfe ihrer hoch entwickelten Digitalkameras mit Mehrfachzoom die Geschlechtsteile der Frau bildfüllend aufnehmen. Die Fotos suggerieren ihnen eine scheinbare Nähe, eine Intimität mit der ihnen unbekannten Frau. Die Fotos als Beweis dafür werden gesammelt, womöglich getauscht und dienen als Vorlage zur Befriedigung sexueller Fantasien. Nur die emotionale Nähe zu den Frauen bleibt unerfüllt, muss unerfüllt bleiben.

Auch Paare besuchten die Erotik-Messe. Manche gehörten zu den Fetischliebhabern, andere suchten vielleicht Anregung, wie sie mit unterschiedlichsten Spielzeugen ihr eingeschlafenes Sexleben wieder in Schwung bringen könnten.

Insofern will ich die Vermarktung der Grundbedürfnisse keineswegs verurteilen. Es kann Spaß machen, einen Striptease zu betrachten, es kann auch Freude bereiten, Sexspielzeug zu benutzen. Man muss sich nur darüber im Klaren sein, dass Menschen sich im Grunde alle nach einer vollständigen Beziehung sehnen, in der Nähe nicht nur körperlich, sondern auch emotional gelebt wird. Und emotionale Nähe kann auch das raffinierteste Sextoy nicht ersetzen.

Bezahlte Liebe

Viele Männer haben großen Respekt oder sogar Angst vor den »Grauzonen« der Frauen. Was wollen Frauen, wie denken sie, wie stellt ein Mann sie zufrieden? Tatsächlich gibt es Verständnisprobleme zwischen den Geschlechtern: Während beispielsweise Frauen mehr auf verbale Äußerungen von Zuneigung Wert legen, glauben Männer, mit Geschenken ihre Pflicht zu erfüllen (und wundern sich dann, wenn die Partnerin mit dem teuren Geschenk nicht zufrieden ist …). Und so scheint es Männern manchmal einfacher, eine Prostituierte aufzusuchen, als den Beziehungsproblemen auf den Grund zu gehen und mit ihrer Partnerin darüber zu sprechen.

Die meisten Männer, die zu Prostituierten gehen, blicken auf eine oder mehrere gescheiterte Beziehungen zurück. Viele leben in einer Ehe, in der sie nicht die Bestätigung finden, die sie suchen. Es kommt vor, dass es einem Mann, dessen Ehe zu scheitern droht, gerade mit Prostituierten gelingt, eine Art funktionierende Beziehung aufzubauen. Mit einer Prostituierten tätigt er ein Geschäft: Er weiß, was er verlangen kann, und er weiß, was er zu geben hat. Mit diesem klaren Geben und Nehmen kann er womöglich besser umgehen als mit seiner Partnerin und deren komplexer Gefühlswelt und unausgeloteten Erwartungen. Bei seiner Partnerin ist er vielleicht von einem Fettnäpfchen ins nächste getaumelt, weil bei ihr alles im Ungefähren und Unausgesprochenen blieb. Er hatte vielleicht viel »in sie investiert«, sich aufgeopfert, aber die »Gegenleistung« waren nur Zickigkeit und Vorwürfe. Nun glaubt der Mann nicht mehr an die Möglichkeit einer erfüllenden Liebesbeziehung, die auf Gegenseitigkeit aufbaut. Er glaubt nur noch an die Erfüllung klarer Verträge – und besucht die für ihn »einfacher« zu verstehenden Prostituierten.

Manche Männer beginnen sich beim gekauften Sex einzubilden, dass sie nicht nur die Bedingungen der Kommunikation besser verstehen, sondern dass sie darüber hinaus auch noch echte Liebe und Anerkennung erfahren. Nicht nur ihre sexuellen, sondern auch ihre emotionalen Bedürfnisse werden scheinbar bedient. Diese Männer finden erst bei der Prostituierten die Möglichkeit, frei von der Seele zu reden (das, was ihnen zu Hause bei der Ehefrau nie gelang). Deshalb verlieben sich Männer oftmals in ihre Sexdienstleisterinnen – und lieben diese dann mehr als die zu Hause wartende Ehefrau.

Auch manche Frauen betrügen sich selbst – und fallen auf Männer herein, die sie nur für Gegenleistungen lieben. Gerade in einigen afrikanischen Ländern bieten sich Männer den amerikanischen und europäischen Frauen an, erzählen ihnen von Liebe und Treue. Es geht für die Männer vor allem um Geld, womöglich um die Sicherung der Existenz einer afrikanischen Familie. Doch viele westlichen Frauen, die zuhause nur Enttäuschen erlebt haben, übersehen gerne alle Anzeichen des Betrugs, zahlen Geld und glauben an die Liebe.

Womöglich funktioniert der Selbstbetrug bei Männern und Frauen eine gewisse Zeit. Vielleicht erleben sie schöne Stunden, Wochen, vielleicht sogar Monate. Irgendwann jedoch werden sie ernüchtert erkennen, dass nicht ihre Bedürfnisse und Wünsche im Vordergrund standen, sondern das ganz profane Geld.

Das Rotlichtgewerbe, in dem angeblich bis zu 200 000 Frauen und zahlreiche Männer arbeiten, macht jedes Jahr allein in Deutschland knapp

15 Milliarden Euro Umsatz[51] – mehr als viele anderen Wirtschaftszweige, mehr als zum Beispiel die gesamte Süßwarenindustrie (2012 12,3 Milliarden Euro Gesamtumsatz).

Konsum als Pflicht

In einer westlichen Marktwirtschaft ist der Konsum eine Bürgerpflicht geworden. Ein guter Steuerzahler soll sein Geld unter die Leute bringen. Nur in den Sonntagsreden der Politiker wird noch die Erwartung formuliert, dass die Menschen sich politisch engagieren, dass sie am Prozess der Meinungsbildung teilnehmen und das aktive wie passive Wahlrecht ausüben. Um ein braver Bürger zu sein, reicht es in Wahrheit jedoch, wenn man arbeitet, vielleicht Kredite aufnimmt – und endlos konsumiert. Diese gesellschaftliche Norm bestätigt den Single in seinem Lebensstil. Weil sie besonders viel konsumieren, dürfen sie sich als besonders gute Bürger fühlen.

Gerhard, 62, ist Geschäftsführer eines Bestattungsunternehmens und kam nach einem Herzinfarkt zu mir. Er wusste nicht mehr, wie es in seinem Leben weitergehen sollte. Gerhard lebte mit seiner Frau in einer Villa am Stadtrand. Die Eheleute hatten zwei Töchter, einen Hund und einen Pool. Von außen gesehen war ihr Leben beneidenswert, die meisten Deutschen hätten sicher gerne mit ihnen getauscht. Aber der Blick hinter die Kulissen offenbarte mir, dass nicht alle Bedürfnisse erfüllt wurden. Gerhard und seine Frau hatten sich auseinandergelebt; der letzte Sex lag schon Jahre zurück. Um mit der für ihn wenig befriedigenden Situation umzugehen, hatte Gerhard eine eigene Strategie gefunden: Er kaufte seiner Frau und seinen Töchtern nahezu wöchentlich teure Geschenke. Seine Frau bekam kürzlich einen Sportwagen, den sie nicht haben wollte. Im Wohnzimmer standen zwei Beamer nebeneinander, und in der Küche wurde der Platz für die vielen Küchenmaschinen schon knapp.

Gerhard befriedigte durch die Käufe sein unerfülltes Bedürfnis nach Sex. Jeder Kauf wirkte wie ein kleiner Orgasmus. Aber immer dann, wenn er das erworbene Gerät an die Frau oder die Kinder übergeben hatte, erlosch sein Interesse. Die meisten Anschaffungen wurden ohne Begeisterung ausgepackt und verstaubten dann in einer Ecke. Manche Maschinen warteten noch nach Jahren in ihren Verpackungen auf den Einsatz. Allein der Kauf an sich brachte Gerhard kurzzeitige Befriedigung. Gerhard hat für den fehlenden Sex eine Ersatzbefriedigung gefunden. Und nicht nur das: Gerhard ist tatsächlich ein vorbildlicher Bürger geworden. Er bringt sein hart verdientes Geld in den Wirtschaftskreislauf und stützt damit die Konjunktur. Nur sein eigentliches Bedürfnis nach Nähe und Sex bleibt unerfüllt. Manchmal, an einsamen Abenden im getrennten Schlafzimmer, beschleicht ihn eine große Angst vor der Zukunft.

KAPITEL 7

AM ABGRUND

»Wir werden einsam, krank und verzweifelt alt.«

TWEET [52]

Wer allein lebt, wer sich einsam fühlt, wer keine Streicheleinheiten bekommt, der läuft Gefahr, irgendwann krank zu werden. »Eine Längsschnittuntersuchung britischer Wissenschaftlerinnen zeigte, dass ein bedeutender Risikofaktor vom Zustand des Alleinseins an sich ausgeht. Einsamkeit ist genauso ungesund, wie jeden Tag 15 Zigaretten zu rauchen, und wiegt stärker als Übergewicht. Der Körper schüttet außerdem durch den psychischen Stress mehr Cortisol aus, das wiederum lässt den Blutdruck steigen und steigert das Risiko für Herzerkrankungen. Selbst das Immunsystem bleibt nicht verschont. Die Entzündungsneigung steigt, einsame Menschen werden außerdem öfter krank«, fasst Tanja Walter die Risiken zusammen. »Im Experiment zeigten Forscher der Universitäten Yale und Chicago sogar, dass sich das Krebsrisiko allein gehaltener Ratten verdreifachte. Bei Tieren, die die Krankheit bereits in sich trugen, wuchsen die Tumore wesentlich aggressiver.« [53] Natürlich verhalten sich Menschen anders als Ratten. Aber auch Menschen sind soziale

Wesen, die für ihr Wohlergehen den zwischenmenschlichen Austausch benötigen.

Vor allem sogenannte Typ-A-Menschen laufen Gefahr, einen Infarkt zu bekommen. Diese Menschen sind meist »Alpha-Tiere«, die sich profilieren und voranbringen wollen, die Wärme und Zärtlichkeit als weniger wichtig empfinden. Gegenüber anderen Menschen hegen sie vor allem Misstrauen, in ihren Kollegen sehen sie Konkurrenten. Auch Perfektionismus, Ungeduld und Aggressionsbereitschaft kennzeichnen diesen Typ. Sie sind oft leistungsorientiert und machen Karriere. Aber früher oder später landen viele von ihnen auf der Intensivstation – Herzinfarkt.

Diejenigen, die nach einem Herzinfarkt tief erschrocken bei mir sitzen, erzählen von ihrem angespannten Leben: Es stellte sich für sie oft als Kampf dar, den sie gewinnen mussten. Sie durften sich keine Schwäche erlauben und mussten immer auf der Hut sein. Diese Lebenseinstellung führte im Beruf dazu, dass sie schnell aufstiegen. Selbstreflexion und eine Suche nach anderen Werten schien ihnen bisher nicht angebracht. Erst bei mir beginnen sie, über ihr Leben und ihre Einstellungen nachzudenken. Plötzlich wird ihnen bewusst, dass sie gar nicht in der Lage sind, sich zu entspannen. Auch zu Hause handeln die Karrieremenschen, meist Männer, nach denselben Prinzipien. Gegenüber ihrer Frau und vielleicht auch den Kindern führen die Typ-A-Ehemänner einen täglichen, meist unterschwelligen Kampf. Statt familiärer Harmonie erleben sie Konflikte. Es geht ihnen so fast noch schlechter als den Typ-A-Singles, denen in ihren Wohnungen immerhin der Anlass zu Konflikten fehlt.

Nicht das soziale und familiäre Leben per se ist also der Gesundheit förderlich. Es kommt vor allem auf ein harmonisches, möglichst konkurrenzarmes Zuhause an. Nur in einem solchen Umfeld können eigene Gefühle wahrgenommen und emotionale Bedürfnisse erfüllt werden. Typ-B-Menschen, die weniger karriereorientiert sind, die das Leben nicht als Wettbewerb und als Kampf um die Macht sehen, besitzen für ein harmonisches Leben die besseren Voraussetzungen. Auch ein erfülltes Sexualleben trägt seinen Teil zur Stärkung der Abwehrkräfte und damit zur Gesundheit bei. Zärtlichkeit und nicht zuletzt Sex gehören zu den Grundbedürfnissen der Menschen, deren Erfüllung Grundlage einer inneren Zufriedenheit ist. »An orgasm a day keeps the doctor away«, hieß es kürzlich in Abwandlung eines bekannten Spruches in einer offiziellen Kampagne zur Gesundheitsförderung in England. Die allgemeine Ansicht, dass Menschen, die regelmäßig Sex haben, attraktiver auf Dritte wirken, belegt die positive Kraft eines regen Sexuallebens. Menschen in einer erfüllten Beziehung, zu der auch die erfüllende Sexualität gehört, erscheinen einfach glücklicher und tief von innen auch gesünder!

Krank aus Pflichtgefühl

Funktionsbeziehungen sind ein Phänomen der modernen Zeit: Nach außen sieht alles gut aus, aber im Innern ist nichts so, wie es sein sollte. Wenn die Partner mit den Eltern oder Schwiegereltern sprechen, scheint alles wunderbar. Familiäre Feste werden perfekt organisiert. Aber sobald die Paare allein sind, beginnen sie mit Ersatzhandlungen: Aufräumen, Arbeiten, Putzen oder den Rasen mähen, der erst vor drei Tagen geschnitten wurde. Abends wartet ein Volkshochschulkurs oder einfach nur das tägliche Fernsehprogramm. Zweisamkeit, Gespräche, Sex – diese Situationen werden vermieden, weil sie als bedrohlich empfunden werden. Mögliche Ursachen sind negative Erfahrungen, die die Partner in der Vergangenheit gemacht haben. Sie fühlen sich vielleicht missverstanden oder ausgenutzt.

In so einer erkalteten, aber äußerlich gut organisierten Beziehung verlieren die Partner ganz allmählich und schleichend auch die Lust an den täglichen Aufgaben. Eigentlich macht das ganze Abrackern keinen Sinn. Wozu mähe ich den Rasen? Wozu überhaupt die Schwiegereltern einladen? Wozu das alles? Allein Pflichtgefühl lässt das Paar an der Beziehung festhalten. Immerhin hat man den Partner einmal geliebt, sich eine goldene Zukunft versprochen. In den meisten Fällen gibt es nicht einmal eine offensichtliche Ursache für die Entfremdung, sie hat sich vielmehr schleichend entwickelt. Manche hoffen vielleicht, ein handfester Streit gäbe Anlass für die Lösung der Probleme. Aber diese liegen tief, sind dem Paar oft nicht bewusst und lassen sich daher auch nicht einfach durch eine Aussprache nach einem Krach aus der Welt schaffen.

Wenn Bedürfnisse nicht erfüllt und das Leben als sinnlos empfunden wird, entwickelt sich eine unheilvolle Abwärtsspirale: Mit dem Gefühl »Niemand liebt mich, und alles hat keinen Sinn« beginnt womöglich eine depressive Episode. In dieser Phase kann der Betroffene seine Gefühle immer weniger wahrnehmen. Bald beginnt er, sie ganz auszublenden. Auch die so notwendigen kleinen Streicheleinheiten werden nicht mehr angenommen. Die netten Worte des Partners fallen nicht mehr auf fruchtbaren Boden, sie verhallen einfach. Alle Versuche des Partners, Verständnis zu zeigen oder an die Vernunft zu appellieren, erreichen nicht mehr ihr Ziel – es sind plötzlich nur noch Worte ohne Inhalt. Depressionen sind Ausdruck einer »gefühlten Gefühllosigkeit« – die Betroffenen nehmen dann nur noch wahr, dass sie zu einer emotionalen Wahrnehmung nicht mehr fähig sind. Es bleiben die innere Leere und eine subjektiv wahrgenommene Machtlosigkeit – sowie die Verzweiflung über die vermeintliche Sinnlosigkeit des Lebens.

Als Katrin, 55, aus Österreich mich in meiner Praxis aufsuchte, sah sie keinen Ausweg mehr aus der Sackgasse ihres Lebens. Das Sexleben mit ihrem Mann war Routine geworden. Sowohl Katrin als auch er hatten keinen Spaß mehr daran. Statt über die Probleme zu reden, statt vielleicht einen

Paartherapeuten aufzusuchen, hatte ihr Mann sein sexuelles Bedürfnis bei einer jüngeren Frau gestillt. Bei der Neuen hatte er sich wieder wie ein Mann fühlen können; bald war er bei ihr eingezogen. Katrin war nun allein und wusste nicht, wie es weitergehen sollte. Zudem fühlte sie sich mit ihren 95 Kilo und orthopädischen Problemen wenig attraktiv. Ihr ganzer Stolz war ein Bauernhof, den sie von ihren Eltern geerbt hatte. Allerdings überforderte sie die anfallende Arbeit – zumal sie jeden Tag acht Stunden in einer Fleischerei als Verkäuferin arbeitete. Ihr Übergewicht und die Schmerzen in den Gelenken ließen jeden Tag zur Qual werden. Nach der Arbeit hätte sie nichts lieber getan als sich gleich aufs Sofa zu legen und zu entspannen. Aber das konnte sie sich nicht erlauben – zu viele Aufgaben warteten auch zu Hause auf sie: den Hühnerstall ausmisten, die Schafe füttern, Gras mähen, Unkraut jäten, die Küche renovieren …

Als Ausgleich zur täglichen Überforderung aß sie zu viel. Schokoladenriegel waren ihr Ersatz für die Streicheleinheiten, die sie so dringend benötigte. Ein neuer Partner könnte ihre Rettung sein, sagte sie mir. Nach ihrer Vorstellung könnte er sich als Handwerker betätigen und so dafür sorgen, dass sie ihren aufreibenden Alltag bewältigte. Darüber hinaus sollte er ihr natürlich die Zuneigung schenken, die sie so sehnsüchtig vermisste. Aber Katrin war zur Überzeugung gelangt, dass ihr Wunsch sowieso nicht erfüllt werden könne. »In meinem Alter sucht man als Frau einen Handwerker, als Mann eine Sexpartnerin. Aber da ich keine Lust am Sex habe, wird das mit dem Partner nichts mehr werden, finito.«

Katrin hat – aus ihrer schlechten Erfahrung heraus – inzwischen eine sehr negative Einstellung zu Männern. Tatsächlich sind diese nicht so einseitig, wie sie denkt. Auch Männer wollen meist mehr von einer Beziehung als nur Sex; auch Männer suchen nach einer Partnerin, von der sie sich verstanden und geliebt fühlen. Katrin jedoch hat sich, gegründet auf ihre negative Beziehungserfahrung und unterstützt durch ein schwaches Selbstwertgefühl, in eine Sackgasse manövriert. Sie sucht keinen Partner mehr, da es ihr aussichtslos erscheint, will aber auch den Hof nicht verkaufen, an dem sie so hängt. Die tägliche Überforderung wird sie weiter gesundheitlich ruinieren.

Dabei suchen in den Singlebörsen Millionen alleinstehende Männer die passende Frau; nicht alle sind auf jüngere Frauen fixiert. In meiner Praxis berichten mir Männer, dass sie vor allem deshalb nach jüngeren Frauen suchen, weil sie davon ausgehen, dass diese nicht so verbittert sind wie gleichaltrige.

Leider kann man bei vielen Menschen beobachten, dass sie wenig sinnvolle Entscheidungen treffen, dass sie sich von Aufgaben nicht lösen können und die Chancen, die sich ihnen bieten, nicht wahrnehmen: Dass sie ihr Leben in eine Sackgasse gesteuert haben, bemerken sie oft erst, wenn ein gesundheitliches Problem sie aus der Bahn wirft, wenn sie ihre Sterblichkeit unmittelbar vor Augen geführt bekommen. Geschockt vom Herzinfarkt oder Schlaganfall oder mitgenommen von einer überwundenen depressiven Phase beginnen viele Betroffene, ihre tatsächlichen Ziele im Leben zu entdecken. Erst dann erkennen sie, dass ein anderer Weg als der bisher beschrittene zu ihrer persönlichen Befriedigung und zu ihrem individuellen Glück führt.

Alleinsein und Depression

Als ewig Suchende und niemals Ankommende landen die Einsamen irgendwann auf dem Abstellgleis – mit zunehmendem Alter werden sie immer häufiger weggeklickt und immer weniger beachtet. Tatsächlich sind Singlebörsen und soziale Medien vor allem eins: eine Verschwendung wertvoller Lebenszeit. Die Singles chatten, daten und posten – und verlieren die eigentlichen Ziele aus dem Auge: den Aufbau einer erfüllenden Existenz, in der unsere emotionalen Bedürfnisse bedient werden.

Singles jagen einem Traum hinterher, glauben womöglich, noch mit 50 oder 60 irgendwann den Traumpartner zu finden, mit ihm in die Traumvilla zu ziehen und im zweiten Anlauf auch noch eine Traumkarriere hinzulegen. »Alles ist möglich« gehört zu den Binsenweisheiten, die uns immer wieder erzählt werden. Um diese Ziele zu erreichen, sind besonders wir Frauen hart zu uns selbst. Wenn wir noch ein bisschen mehr arbeiten, denken viele Alleinlebenden, dann stellen sich Luxusanwesen und Karriere ein, wenn wir unseren Körper noch mehr stählen und, wenn es denn sein muss, eine kleine korrigierende Operation vornehmen, dann wird der Traumprinz schon kommen.

Doch die ununterbrochene Jagd nach unerreichbaren Zielen lässt die Menschen nicht nur frustriert zurück, sondern führt zu gesundheitlichen Problemen. Die Härte gegen sich selbst macht krank. Nur diejenigen, die sich einen gewissen Realismus bewahrt haben, werden erkennen, dass die hochgesteckten Ziele nur zum Teil zu erreichen sind und eine Änderung der Ziele sinnvoller ist, als ihnen ewig hinterherzurennen.

Sandra ist 35 und leitet die Filiale einer Modeboutique. Sie ist nicht meine Patientin, sondern ich bin ihre Kundin. Trotzdem sind wir ins Gespräch gekommen, und sie hat aus ihrem Leben erzählt.

Seit sechs Jahren ist sie nun schon solo und findet trotz intensiver Suche nicht den Richtigen. Wenn es doch einmal mit einem Date klappt, dann zögert sie, sagt meist ein zweites Treffen ab. Sie hat das Schicksal einer Freundin vor Augen, die sich zu schnell auf einen Mann eingelassen hat und nun nach langem Streit geschieden ist. Natürlich leidet Sandra unter der Situation. Da sie aber als Filialleiterin meist noch lange nach 20 Uhr im Laden steht, fehlen ihr die Zeit und Energie, über die Ursachen ihrer Probleme zu reflektieren. Irgendwann schlich sich eine Niedergeschlagenheit in ihr Leben, die nicht mehr weichen wollte. Als sie wegen Antriebslosigkeit zum Arzt ging – sie wollte diese Schwäche schnell und schonungslos ausmerzen – diagnostizierte dieser eine leichte Depression und verschrieb ihr das Psychopharmakon *Venlafaxin*. Nach einiger Zeit begann Sandra auch unter Schlaflosigkeit zu leiden. Nachts quälten sie Gedanken über die Zukunft. Sie zweifelte nun am Sinn des Lebens. Der Arzt verschrieb ihr daraufhin das Schlafmittel *Tavor*.

Doch nichts hat sich in Sandras Leben dadurch gebessert. Sie ist immer noch niedergeschlagen und hat immer noch Schlafprobleme. Mich wundert das nicht – hat ihr Arzt doch die Ursachen ihres Leidens ignoriert. Wenn Sandra auf ihre Krankheit angesprochen wird, dann scheint sie sogar ein wenig beruhigt, dass ihr Burn-out-Syndrom auf harte Arbeit zurückzuführen ist, dass die Krankheit geradezu ein Beweis dafür ist, dass sie sich im Leben nichts schenkt, nichts unversucht lässt. Doch der Stress ist in Wahrheit nicht die einzige, nicht die zentrale Ursache für ihr Leiden.

Wenn Sandra nach Hause kommt, hat sie niemanden, mit dem sie über den Tag reden kann, niemanden, der sie lobt oder unterstützt. Mit Verzweiflung in der Stimme sagte sie mir: »Ich wünsche mir doch nur, dass ich begehrt werde!« Begehrt werden heißt: beachtet werden, respektiert werden, einzigartig und unersetzbar für jemanden sein – und natürlich auch: geliebt werden!

Wenn sie sich über ihre Singlebörse mit einem Mann verabredet, kommt es manchmal auch zum Sex. Aber auch den Männern gegenüber bleibt sie die coole Chefin, die starke Frau. Sie trägt eine Maske, die es auch den Männern schwer macht, Lob und Zuneigung zu äußern. So wird es für sie fast unmöglich, das zu bekommen, was sie sich am meisten wünscht. Hinter der coolen Maske ist sie eine zarte Person. Doch seit der Kindheit hat sie gelernt, keine Schwäche zu zeigen, und ist als Filialleiterin damit immer gut gefahren – nur nicht im Privatleben.

Irgendwann haben Körper und Psyche sich jedoch dem Spagat zwischen äußerer Stärke und innerer Schwäche verweigert: Die beginnende Depression und die Schlaflosigkeit waren deutliche Zeichen einer lange ausgebliebenen Bedürfnisbefriedigung. Das sich einstellende Gefühl der Sinnlosigkeit –»Wozu die Mühen, nur damit ich abends allein meinen veganen Salat esse?« – ist ein Alarmsignal. Doch statt das Alarmsignal ernst zu nehmen, hat der Arzt mit den Tabletten nur eine weitere abwehrende Schicht über ihre unterdrückten Gefühle und Bedürfnisse gelegt, die es ihr erschwert, einen Zugang zu ihnen zu finden.

Als ich Sandra nach einigen Monaten wieder in ihrem Laden besuche, setzen wir uns auf ihr kleines Ledersofa. Trotz der Behandlung mit Medikamenten geht es ihr nicht besser – im Gegenteil. Fast flehend sagt sie: »Ich will doch nur einen Mann, der meine Schwächen sieht, der mir auch etwas gibt. Das habe ich doch verdient, oder nicht? Wozu arbeite ich bis in die Nacht?« Sie, die hart zu sich selbst ist, die Härte nach außen ausstrahlt, will sich nur endlich fallen lassen können. Doch die Hoffnung, in der Singlebörse jemanden zu finden, hat sie inzwischen aufgegeben. »Entweder haben die Männer mehr Probleme als ich (und dann soll ich sie womöglich bemuttern), oder es sind solche Angeber, dass sie mich gar nicht wahrnehmen, dass ich im Gespräch Hallo rufen muss, damit sie überhaupt mal zu mir gucken. Vergiss es. Vielleicht kommt mein Traummann morgen durch die Tür, aber nein, das glaube ich selbst nicht.«

Sandras Entwicklung bekommt eine unheilvolle Vorsehbarkeit: Vielleicht wird die Niedergeschlagenheit durch die Medikamente für sie halbwegs erträglich, aber auf Dauer werden sich Körper und Geist wieder melden – mit neuen, überraschenden Krankheiten, mit einem seelischen Zusammenbruch womöglich, mit einer verstärkten Depressionsepisode. Zudem verhindert die Unterdrückung der Symptome durch Medikamente, dass Sandra ihre emotionalen Probleme tatsächlich löst. Sie schleppt sich zur Arbeit, ist noch härter gegen andere und sich selbst. Freizeit hat sie keine mehr, mit ihrer Einsamkeit will und kann sie sich nicht auseinandersetzen – abends fällt sie nur erschöpft ins Bett und kann nicht schlafen.

Depressionen als Begleiterscheinung

Um das Entstehen von Depressionen zu erklären, kursieren heute viele Theorien. Traumatische Erfahrungen wie auch die Geburt eines Kindes (sic!) werden genauso angeführt wie bestimmte psychologische Verhaltensmuster oder genetische Prädispositionen. Gerade wenn für eine Krankheit viele widersprüchliche Ursachen angenommen werden, muss man misstrauisch werden: Ist der Name der Krankheit vielleicht ein sehr allgemeiner Oberbegriff? Oder sind die wahren Ursachen gar nicht bekannt?

Auch die Symptome, die in der Literatur und auf vielen Internetseiten beschrieben werden, sind breit, fast beliebig. Wer über Depressionen zu lesen beginnt, gewinnt schnell die Überzeugung, betroffen zu sein. Selbsttests im Internet führen mit großer Sicherheit zu diesem Ergebnis: Jeder, der nicht vor Glück jauchzend durchs Leben springt, steht schon im Verdacht, an einer Depression zu leiden. Um die Breite der öffentlich gehandelten Depressionssymptome zu illustrieren, hier die lange Liste einer Selbsthilfeseite im Internet:

– abnorme Körperwahrnehmungen (»Ich habe das Gefühl, dass ich innerlich abgestorben bin«)
– allgemeines Angstgefühl (»Ich kann nicht mehr wie früher zum Einkaufen gehen oder auf offene Plätze«)
– Antriebslosigkeit (»Ich komme nicht aus dem Bett«)
– Appetitlosigkeit, Verstimmung, Gefühllosigkeit (»Ich kann nicht traurig sein, und ich kann mich nicht freuen«)
– Grübelneigung (»Wenn ich meine, dass es endlich vorbei ist, geht es wieder von vorne los, das Gedankenkarussell«)
– Herabsetzung der Genussfähigkeit (»das Leben ist freudlos und fad«)

– Herabsetzung des Selbstwertgefühls (»Ich bin wertlos«)
– Konzentrations- und Aufmerksamkeitsstörungen, Schlafstörungen, Früherwachen sowie vegetative Störungen. [54]

In der Regel werden die Symptome mit Psychopharmaka behandelt – mit unterschiedlichen (meist negativen) Folgen. Den Ursachen ist damit nicht beizukommen. Der Zugang zu den eigenen Empfindungen wird mühevoller, wenn der Mensch sediert ist. Einsame Menschen, die in eine Depression schlittern, finden noch schwerer einen Partner, wenn sie auf Medikamente vertrauen. Psychopharmaka verschreibende Ärzte bemühen sich, den Teufel mit dem Beelzebub auszutreiben – und scheitern natürlich. Eine medikamentöse Behandlung macht eine Depression noch aussichtsloser, noch zwangsläufiger.

Alle oben genannten Symptome (und womöglich noch manche mehr) lassen sich darauf zurückführen, dass – oftmals in einer Beziehung – Gefühle systematisch unterdrückt und missachtet wurden, dass mit dem Partner über die eigenen Wünsche nicht gesprochen und die emotionalen Bedürfnisse über Jahre vernachlässigt wurden. In dieser Situation, bei dieser Vorgeschichte wächst schnell die Gewissheit, dass man von den anderen Menschen nichts mehr zu erwarten hat – kein Lob, keine Bestätigung, kein Nichts. Das Leben wird mehr und mehr als sinnlos wahrgenommen. Der oder die Betroffene will nun nichts mehr erreichen, hat zu nichts mehr Lust – und beginnt, sich in einer Gefühllosigkeit einzurichten. Gespräche haben für die betroffene Person nun keinen Sinn mehr, können kein Ziel mehr erreichen. An der Liebe des Partners, ja am Wert der Liebe an sich wird grundsätzlich gezweifelt. In einer Beziehung führt die Entwicklung einer Depression zur Isolierung vom Partner und von der Familie. Hinzu kommt das Infragestellen der eigenen Bedeutung, ja, der eigenen Existenz. Wenn es keinen Sinn und kein Ziel mehr gibt, dann wird das eigene Leben als hohl empfunden und verliert rapide an Wert.

Allerdings fällt nicht jeder, der sich einsam fühlt und mit dem Partner nicht mehr reden kann, in eine Depression. Zur Depression gehört eine persönliche Veranlagung. Doch die zunehmende Zahl der in Deutschland diagnostizierten Depressionen zeigt deutlich, dass der emotionale Haushalt bei vielen Menschen nicht ausgeglichen ist. Anscheinend werden in Partnerschaften immer weniger intensive Gespräche geführt, wird einander immer weniger Verständnis entgegengebracht, werden grundlegende Bedürfnisse immer seltener erfüllt.

Bei der Modekrankheit »Burn-out-Syndrom« handelt es sich ebenfalls um eine Depression. Doch sie wurde in ein hübsches Kleid gesteckt, damit die arbeitende Bevölkerung leichter bereit ist, diese Krankheit als zwangsläufige Episode in ihrem Arbeitsleben zu akzeptieren. Wer ausgebrannt ist und deswegen zum Arzt muss, der hat sich eben überarbeitet – so die populäre Ansicht. Doch tatsächlich führt viel Arbeit nicht automatisch zum Burn-out oder zur Depression. Es ist vielmehr die mangelnde Fähigkeit des Betroffenen, mit seinen Kapazitäten sinnvoll umzugehen, auch das Unvermögen, Anerkennung und Belohnungen anzunehmen. Wer immer nur das Gefühl hat, noch härter, noch intensiver arbeiten zu müssen – das betrifft vor allem die oben geschilderten Typ-A-Menschen –, wer nie mit sich selbst zufrieden ist, der tappt in die Burn-out-Falle. Umso leichter, als vielleicht in der Familie zugleich ein Konflikt schwelt, die Partner sich aus dem Wege gehen oder nur noch Pflichten erfüllen, denn dann finden die Betroffenen, die mit ihrer Arbeit überfordert sind, auch im Privaten nicht den bitter notwendigen Ausgleich.

Susanne aus Pirna arbeitet als Altenpflegerin in Hessen. Mit 59 Jahren pendelt sie jede Woche aus ihrer sächsischen Heimat in eine hessische Kleinstadt, wo sie in einer bescheidenen Einzimmerwohnung lebt. An ihrem Arbeitsplatz fühlt sie sich ausgenutzt. Die Kollegen und die Leitung des Heims wissen, dass Susanne am Arbeitsort keine sozialen Kontakte unterhält, dass in der kleinen Wohnung niemand auf sie wartet. So »darf« sie immer einspringen, wenn Not am Mann ist, wenn eine Kollegin beispielsweise ausfällt. Sogar an den Wochenenden muss sie jetzt immer öfter parat sein. Susanne traut sich nicht, Nein zu sagen. Sie hat Angst, den Arbeitsplatz zu verlieren. Überhaupt hat sie nie gelernt, ihre Interessen durchzusetzen.

Susanne empfindet es als besonders schlimm, dass ihr am Arbeitsplatz keine Zeit gelassen wird, um fürsorglich mit den Menschen umzugehen – zu groß ist der tägliche Druck. Gleichzeitig wird ihr Mann, der in ihrer gemeinsamen Wohnung in Pirna lebt, immer mauliger. Auch wenn sich die Eheleute an den Wochenenden sehen, finden sie kaum noch Gemeinsamkeiten. Beide hatten sich ihr Leben anders vorgestellt, hatten sich gerade für das Alter eine angenehme Tätigkeit und ein harmonisches Zusammenleben ersehnt.

Susanne ist schon lange verzweifelt. Sie weiß nicht, wie sie ihre Lage ändern soll. Wenn sie den Arbeitsplatz aufgibt, wird sie in ihrem Alter keinen neuen finden. Aber wenn alles so weiterläuft wie bisher, dann macht sie sich kaputt und ruiniert nebenbei noch die Ehe. Längst fühlt sie sich antriebslos, schafft die tägliche Arbeit nur mit großer Mühe. Abends hat sie zu nichts mehr Lust, fällt nur noch ins Bett. Selbst das Einkaufen vergisst sie manchmal und schläft dann hungrig ein. Sie weiß, dass sie in eine Depression rutscht.

Um einmal endlich Ruhe zu haben – das hat sie mir im Vertrauen gebeichtet –, hat sie sich am Knie operieren lassen. Der Arzt hat ihr zwar gesagt, dass es mit dem Gelenk nicht dringend sei, dass sie noch ein paar Jahre warten könne. Aber die Aussicht, ein paar Wochen in Krankenhaus und Reha zu verbringen, war für sie derart befreiend, dass sie eine frühe Operation in Kauf nahm. Und wenn es dann wieder schlimm wird, erzählt sie mir, dann kommt eben das zweite Knie an die Reihe.

Viele Menschen werten ihre emotionalen Bedürfnisse mit ein paar Worten ab, sie behaupten, dass der ganze Gefühlskram nicht so wichtig sei. Hauptsache, man bekomme keinen Krebs oder eine andere schwere Krankheit. Doch dabei übersehen sie die dramatischen Folgen, die bei einem unausgeglichenen emotionalen Haushalt auftreten können. Wir haben gesehen, wie Depressionen entstehen – und dann das Leben des Einzelnen massiv beeinträchtigen. Oft wird es noch schlimmer: Etwa jede zehnte Depression führt nach der Statistik in den Selbstmord.

Aber auch körperliche Krankheiten sind zu einem nicht geringen Anteil Ausdruck eines gestörten emotionalen Haushaltes. Rückenleiden und andere orthopädische Probleme lassen sich oft unmittelbar auf ein nicht erfüllendes Leben, eine nicht funktionierende Partnerschaft oder ein übersteigertes Verantwortungsbewusstsein zurückführen. Lebensbedrohliche Krankheiten wie Schlaganfall oder Herzinfarkt können vermieden werden, wenn man mehr auf sich selbst und seine Gefühle hört, wenn man sich nicht fremdbestimmen und ausnutzen lässt.

Berühmt und einsam

Tatsächlich leiden auch viele bekannte und kreative Persönlichkeiten – die ihren Beruf vielleicht gerade deshalb gewählt haben, um Anerkennung zu bekommen – unter Depressionen. Menschen, die auf Tournee sind und jeden Tag in anderen Hotels schlafen, die unregelmäßige Arbeitszeiten haben und zwischen öffentlichem Interesse und Einsamkeit hin und her taumeln, fallen leicht in Depressionen. Kreative Menschen müssen wie alle Menschen mit ihren Vorbelastungen leben; sie können beispielsweise Lob nicht annehmen (und wollen doch nichts sehnsüchtiger als gerade die Anerkennung) oder betrachten sich selbst als nicht wertvoll genug.

Zu den Prominenten, die sich zu ihrer Depression bekannt haben, gehört der Sänger Robbie Williams. Immer wenn Williams auftrat, hatte er nach eigener Aussage Schwierigkeiten, den Beifall und den Jubel der Menschen als Anerkennung seiner Arbeit zu begreifen. Er dachte dann, dass die begeisterten Fans es nicht ernst meinten, dass er sich darauf nichts einbilden dürfe. Wenn ihn aber jemand kritisierte, dann glaubte er jedes Wort – dann war er sofort betroffen. Robbie Williams wurde von dem unerfüllten und gleichzeitig unerfüllbaren Wunsch nach Anerkennung getrieben – auch im Privatleben.»Insgeheim dachte ich, wenn sich eine Frau in einen wie mich verliebt, dann kann sie nichts taugen«, sagte er in einem *Stern*-Interview im Oktober 2005[55] – von außen betrachtet eine groteske Selbsteinschätzung, die aber für den Betroffenen höchst real ist.

Erfolg und öffentliche Beliebtheit sind kein Garant für ein ausgeglichenes Selbstbewusstsein. Für manche Menschen reichen ein paar lobende Worte des Partners, damit sie glücklich sind, andere können ein mit jubelnden Menschen gefülltes Fußballstadion nicht als Selbstbestätigung akzeptieren. Wenn Menschen immer wieder erleben müssen, dass trotz aller Anstrengungen und selbstgewählter Strategien ihre grundlegenden Bedürfnisse nicht befriedigt werden, wenn die negative Erfahrung sich laufend wiederholt, dann ist eine Depression nicht fern. Wer nach jedem Anlauf erneut scheitert, sieht bald keinen Ausweg mehr aus dieser Zwangsläufigkeit im Leben.

In letzter Zeit wurde über Depressionen immer häufiger auch in der Öffentlichkeit gesprochen. Vor allem nach dem Selbstmord des Nationaltorhüters Robert Enke fanden viele den Mut, über ihr Leiden zu sprechen; die Depression wurde enttabuisiert. Gleichzeitig wuchs aber auch das Missverständnis, dass die Depression eine normale Krankheit sei, die sich wie eine Entzündung mit Tabletten behandeln lasse. Man müsse nur ein Psychopharmakon nehmen – und schon sei alles gut.

Fünf Jahre nach Enke nahm sich auch der Profifußballer Andreas Biermann das Leben. Er hatte schon lange unter einer Depression gelitten und diese nach Enkes Tod öffentlich gemacht. Während er in den Medien viel Unterstützung erfuhr, wurde er von Vereinen wie eine heiße Kartoffel fallen gelassen: Die Depression wurde als Risiko wahrgenommen. Biermann erfuhr so noch von potenziellen Arbeitgebern, dass er kein vollwertiger Mensch sei – eine böse Verstärkung seiner Einsamkeit.

Ebenfalls unter Depressionen litt die Schauspielerin Marilyn Monroe. Sie gehörte damals sicher zu den am meisten mit Anerkennung überschütteten Menschen weltweit. Für einen Außenstehenden fällt es schwer zu begreifen, dass gerade so ein Glückskind von Schwermut befallen sein kann. Aber ihre Biografie zeigt, dass ihre mangelnde Selbstakzeptanz eine traurige Vorgeschichte hat. Norma Jeane Baker, wie sie bürgerlich hieß, wurde als Kind hin und her geschoben und missbraucht.

»Warum fühle ich mich als Mensch weniger wert als andere (immer hatte ich irgend das Gefühl, ein Untermensch zu sein, warum mit anderen Worten bin ich das Letzte, warum?«, schrieb sie Mitte der 1950er-Jahre als 29-Jährige in ihr Notizbuch – deutlicher Ausdruck ihrer abwertenden Selbstsicht.[56] Es verwundert also nicht, dass sie unter einer Depression zu leiden begann, die wie üblich schnell mit Psychopharmaka und Schlaftabletten »behandelt« wurde. Auch eine psychoanalytische Behandlung führte nicht zu einer Besserung (ja, Marilyn Monroe wird von manchen heute sogar zu den Opfern einer nicht zielorientierten Psychoanalyse gezählt). 1962 starb Monroe unter bis heute ungeklärten Umständen. Die einen sagen, dass sie sich mit einem Schlafmittel das Leben nahm – was als Folge ihrer Depression durchaus naheliegend gewesen wäre. Andere behaupten, dass sie ermordet wurde.

Eine weitere berühmte Frau, die unter Depressionen litt, war die 1837 geborene österreichische Kaisern Elisabeth. Als Mädchen wuchs Sisi, so ihr Spitzname, frei und ungezwungen auf. Nach der Heirat mit dem österreichischen Kaiser Franz Joseph im Jahr 1854 wurde sie jedoch in eine streng ritualisierte höfische Welt gepresst. Hier konnte sie nicht ihren

Neigungen nachgehen, führte ein entfremdetes Leben. Sie musste nur noch funktionieren. Verstärkt wurde ihr Leiden durch den frühen Tod ihrer Tochter Sophie und ihres Sohnes Rudolf. Nur in ihren Gedichten konnte sie zum Ausdruck bringen, wie einsam sie war, wie wenig sie sich emotional verstanden fühlte (obwohl sie doch rund um die Uhr von vertrauten Menschen umgeben war). Im Jahr 1887 schrieb die Kaiserin:

Ich wandle einsam hin auf dieser Erde,
Der Lust, dem Leben schon längst abgewandt;
Es teilt mein Seelenleben kein Gefährte,
Die Seele gab es nie, die mich verstand.« [57]

Kulturelle Unterschiede

In nordischen Ländern, vor allem in Großbritannien, Deutschland und Skandinavien, werden mehr Depressionen als in südlichen Ländern diagnostiziert. Am wenigsten von Depressionen betroffen ist die italienische Bevölkerung. Das überrascht wenig. Vor allem Deutsche verinnerlichen mehr als andere europäische Völker die von Max Weber als »protestantisch« titulierte Ethik. Sie neigen mehr als Italiener, Franzosen oder Spanier dazu, die gesellschaftlichen Anforderungen und Normen zu befolgen. Viele Deutsche setzen Arbeit und Pflichterfüllung ganz nach oben auf ihre Prioritätenliste; mit dem Ergebnis, dass emotionale Bedürfnisse unbefriedigt bleiben – Depressionen entstehen.

In südlichen Ländern hingegen hat die Kommunikation grundsätzlich einen hohen Stellenwert, auch das Familienleben ist intensiver und kommunikativer als in Nordeuropa. Gleichzeitig werden Pflichten gelassener angegangen. Bedingt durch diese religiös und kulturell beeinflussten Grundeinstellungen leben gerade Italiener offenbar mehr im Einklang mit ihren Bedürfnissen und emotionalen Wünschen. Sie sind eher als Deutsche in der Lage, ihren Bedürfnissen Ausdruck zu verleihen und damit auch eher in der Lage, diese zu befriedigen.

Doch auch in Italien ist nicht mehr alles so, wie es einmal war. Die Zahl der diagnostizierten Depressionen steigt selbst hier.[58] Die Geburtenrate in Italien gehört wie die in Deutschland zu den niedrigsten in Europa. Das heißt in Zeiten verfügbarer Verhütungsmittel zwar nicht unbedingt, dass auch die Zweisamkeit zurückgeht und die Enthaltsamkeit steigt, doch ist es ein nicht wegzudiskutierendes Symptom, dass auch in Italien statistisch gesehen das private Glück bereits Schlagseite bekommt. Die Krankheit der Moderne – die Vereinzelung des Menschen – greift von Norden kommend auf den Süden über – und wird bald auch die traditionell eher familienorientierten Gesellschaften erfassen.

Die Vereinzelung der Menschen in der Masse, die daraus resultierenden typischen Krankheiten – das sind Trends, die sich weiter verstärken. In ganz Europa müssen wir mit zunehmenden Folgeerscheinungen des Alleinseins rechnen – mit orthopädischen Krankheiten, Herzinfarkten und Depressionen bis hin zum Selbstmord.

Einsamkeit und Depressionen im Alter

Wollen Sie im Alter eine grunzende Robbenpuppe in den Arm nehmen, um vielleicht ein wenig Glück zu empfinden? Wollen Sie von tiefgehenden Gesprächen abgeschnitten sein? Wollen Sie Jahre, vielleicht Jahrzehnte Ihres letzten Lebensabschnitts ohne menschliche Wärme und Zärtlichkeit leben? Die Wahrscheinlichkeit, Einsamkeit zu erleben, steigt mit dem Alter. »Zwischen 20 und 40 Prozent der Älteren ab 55 Jahren bezeichnen sich als einsam.«[59]

In den aktiven Jahren eines Menschen scheint es vielleicht noch cool, allein zu leben. Dann kann man die Vorzüge des Alleinseins schätzen und nutzen. Im Alter jedoch überwiegen schnell die Nachteile der Singleexistenz. Menschen, die in ihrem Beruf immer stark sein wollten und die Stärke auch nach außen zeigten, müssen sich im Alter die eigene Schwäche eingestehen. Je höher das Alter, umso unwahrscheinlicher, dass sich noch ein Partner finden lässt, ja, dass sich die Pläne eines glücklichen, erfüllten letzten Lebensabschnitts noch verwirklichen lassen.

Ein soziales, ein familiäres Netz, das sie auffängt und unterstützt, haben die alt gewordenen Singles in der Regel nicht. Sollten alte Leute aus einer früheren, womöglich gescheiterten Ehe Kinder haben, sind die nicht unbedingt bereit, ihre pflegebedürftigen Eltern zu betreuen. Auch die Kinder haben inzwischen vielleicht das Alleinleben, die Selbstisolierung verinnerlicht. Vielen Kindern fällt es, auch wenn sie längst erwachsen sind, schwer, in Mutter oder Vater eine Person zu sehen, die Wärme und Zuneigung benötigt und verdient. Sie haben dieses Empfinden von gefühlsunterdrückten Eltern womöglich nie gelernt. Entsprechend besorgen sie heute eher Pflegedienste oder das passende Heim, als sich selbst um die Eltern zu kümmern. Vielen alleinlebenden Menschen bleibt im Alter nichts als die Verzweiflung; und so fallen sie spätestens in der letzten Phase ihres Lebens in eine Depression. Manche »Experten« vermuten, dass im Alter der Botenstoffhaushalt im Gehirn nicht mehr stimmt – und es damit eine entsprechend chemische Ursache für die Altersdepression gäbe. Viel nachvollziehbarer ist jedoch eine rein psychologische Erklärung der Depression.

Alte Menschen werden heute oft in Heime und Pflegeeinrichtungen geradezu abgeschoben. Pfleger schauen bei ihren Handgriffen auf die Uhr, Ärzte verschreiben Medikamente, statt ihren alten Patienten zuzuhören. Die Senioren haben oft niemanden mehr, der sie in die Arme nimmt, der ihnen Aufmerksamkeit und womöglich Zärtlichkeit gibt. Auch die Kommunikation ist eingeschränkt: Manche geistig Junggebliebene sitzen am Esstisch mit Demenzkranken zusammen. Zurück in ihrem Zimmer schauen sie fern – Unterhaltungssendungen, die sie bestenfalls an schöne vergangene Tage erinnern, die sie schlechtestenfalls nur traurig werden lassen. Alte Menschen in Heimen finden häufig kein Argument mehr, weshalb sich das Leben noch lohnt, welchen Sinn es haben könnte, weiterzuexistieren.

Um das emotionale Defizit bei den alten, depressiven und manchmal schon dementen Menschen auszugleichen, um wieder ein Lächeln in ihre Gesichter zu bringen, benutzen nach Japan auch in Deutschland immer mehr Heime die Robbenpuppe »Paro«, auch »Emma« genannt. Bei Emma handelt es sich um eine mit Sensoren (Licht, Lautstärke, Wärme, Berührung) ausgestattete Plüschpuppe, die auf Streicheln antwortet – mit Augenaufschlag und Geräuschen. In Größe und Gewicht gleicht sie einem Baby. »Paro soll entspannend und anregend zugleich sein, ohne zu urinieren, mit Speichel ins Gesicht zu schlecken oder zu stinken«, heißt es im Pflege-Wiki. Paro/Emma bietet die positiven Eigenschaften eines echten Tieres oder eines kleinen Menschen – ohne die schlechten mitzubringen. Das Stofftier ist mit anderen Worten der ideale Partner für die Partnerlosen. Aber wollen wir das wirklich unseren Eltern zumuten? Sollen sie ihr Leben mit einer Ersatzwärme und einer Ersatzzuneigung beenden? In Japan soll Paro inzwischen auch in Kindergärten zum Einsatz kommen – als Ausgleich für eine offenbar immer öfter fehlende warme Zuwendung der Eltern. Ich will mir nicht vorstellen, was aus den Kindern wird, die ihre frühe Zuwendung von einem Roboter bekommen.[60]

Herausgerissen aus einer vertrauten Umgebung, abgeschoben ins Heim, abgeschnitten von alten Freunden (die das Heim meiden, aus Angst, ebenfalls dort zu landen), weitgehend ohne Ansprache, ohne noch eine Aufgabe im Leben zu haben, ohne Sinn den Tag zu verbringen, bestenfalls eine 2,7 Kilogramm schwere »Emma« auf dem Schoß – wer würde unter diesen Umständen nicht Gefahr laufen, depressiv zu werden? Diejenigen, bei denen der Arzt schließlich eine Depression diagnostiziert, bekommen sedierende Medikamente. Unter Einfluss der Psychopharmaka wirken die Alten noch abwesender – auf die Angehörigen, die vielleicht alle paar Monate kommen, wirken sie nun dement, und deren rudimentäre Zuwendung, die letzte Seelennahrung für den alten Menschen, unterbleibt.

Die Alleinlebenden steuern spätestens dann, wenn sie auf Hilfe angewiesen sind – egal ob sie betreut in ihren eigenen vier Wänden oder im Heim die Tage verbringen –, mit unerbittlicher Logik auf die Einsamkeit zu: Undercover-Singles, die in erkalteten Funktionsbeziehungen lebten, konnten im besten Lebensalter ihre natürlichen Bedürfnisse nicht befriedigen. Mit etwas Glück sind sie nicht depressiv geworden; aber vielleicht sind sie innerlich verbittert und inzwischen körperlich krank. Nun werden die Witwe oder der Witwer von ihren Kindern, die ihrerseits nie gelernt haben, Zärtlichkeit zu geben, sondern nur zu funktionieren, ins Altenheim abgeschoben. Hier werden sie dann oft (nicht immer) auf ihre Körperfunktionen reduziert. Genau wie im früheren Leben fragt niemand nach ihren Gefühlen, ihren Wünschen, ihren Hoffnungen. Niemand nimmt sie in die Arme oder tröstet sie. Als Maschine haben sie ihre besten Jahre überstanden, und als Maschine leben sie bis zum Tod.

»Selbstbewusste« Singles, die einst stolz auf ihr Alleinsein waren, ergeht es ähnlich. Irgendwann im Leben erkennen sie, dass sie zwar beruflich erfolgreich waren, dass sie Geld zurücklegen konnten, dass ihnen womöglich Eigentumswohnungen gehören – dass im Alter aber immer mehr Freunde sterben, dass sie immer weniger Ansprechpartner haben, dass es keine Kinder gibt, die sich um sie kümmern, dass das teure Pflegeheim zwar gutes Essen und manchen Komfort anbietet, dass aber Ansprache und Kommunikation auf ein Mindestmaß reduziert sind, von Wärme und Zärtlichkeit ganz zu schweigen. Alle im hektischen Berufsleben und womöglich auch danach noch unterdrückten Wünsche, die jetzt in einer Phase der Unterforderung plötzlich präsent werden (»das wollte ich immer noch mal erleben«), bleiben weiter unerfüllt. Gerade die selbstbewussten Singles, die sich das Alleinsein immer schöngeredet haben, drohen, in eine Krise zu rutschen. Der Sinn des Lebens, den über Jahrzehnte der Beruf vermittelt hat, ist verschwunden. Die Phase intensiver Rentneraktivitäten (Reisen, Spieleabende mit Freundinnen usw.) endet mit auftretenden gesundheitlichen Beschwerden. Danach kommt – nichts. Die einst selbstbewussten Singles können mit der neuen Lebensphase nicht zufrieden sein – sie empfinden sie wie eine Demütigung.

Den *suchenden Singles*, die partnerlos geblieben sind, ergeht es im Alter vielleicht nicht besser als den anderen Alleinlebenden. Aber sie sind sich immerhin der Tatsache bewusst, dass ihre Bedürfnisse nicht erfüllt werden, und deshalb am ehesten in der Lage, auch im Alter weiter zu versuchen, ihre Bedürfnisse zu befriedigen, im Heim Kontakte zu anderen Insassen aufzunehmen, das Beste aus den Bedingungen zu machen.

Natürlich ließen sich jetzt auch Fälle anführen, in denen Singles im Alter als stolze Diven oder weise Methusalems weiter in ihrem persönlichen Umfeld leben, umgeben von einem großen Freundeskreis, beliebt und geachtet … Aber diese Fälle sind selten. Die traurige Regel ist, dass das Alleinsein, mit dem man in den »besten Jahren« vielleicht noch zurechtkommt, sich im Alter gerade bei Hilfsbedürftigkeit zur persönlichen Tragödie auswächst.

Man kann einwenden, dass auch verwitwete Eheleute im Alter oft allein leben – ohne traurig und verzweifelt zu sein. Doch diese blicken im besten Fall auf ein erfülltes Leben zurück. Sie konnten in ihrer Biografie vielleicht das erreichen, was sie wollten – und haben die Erinnerung an die schönen, erfüllenden Stunden mit ihrem Partner, die ihnen niemand nehmen kann. Es ist interessant, dass auch die Vergangenheit den Sinn des Lebens definieren kann. Man muss nicht an eine noch bevorstehende Aufgabe denken, um Sinnhaftigkeit zu fühlen – im Alter reicht vielen das Wissen, ein gutes Leben gelebt zu haben.

Aber gerade Singles haben im Alter große Schwierigkeiten, ihr Leben als »gut gelebt« zu sehen: Zu viele Wünsche blieben unerfüllt, zu viele Sehnsüchte womöglich unbefriedigt. Erst, wenn es zu spät ist, erkennen viele die Versäumnisse in ihrem Leben – und würden, hätten sie noch einmal die Chance, manches anders machen.

Bronnie Ware, Mitarbeiterin eines australischen Hospizes, berichtete in *The Guardian* von ihren letzten Gesprächen mit Sterbenden.[61] Kurz vor dem Tod baten die Menschen sie um die Gelegenheit, über ihre Wünsche und verpassten Chancen mit ihr zu sprechen. Die Alten konnten bilanzieren – und so nicht zuletzt auch Frieden mit ihrem Leben schließen. Bronnie Ware fasste die fünf häufigsten Antworten zusammen – und ich bin überzeugt, dass man die Aussagen der Australier auch auf Deutschland übertragen kann.

(1) Die Sterbenden bereuten, dass sie nicht den Mut aufgebracht hatten, ein eigenes, selbstbestimmtes Leben zu führen. Sie hätten immer nur das gemacht, was andere wünschten.

(2) Sie sagten, dass sie für die Arbeit einen großen Teil ihrer Lebenszeit verschwendet hätten. Geld verdienen hatte immer die höchste Priorität; aber eine glückliche Beziehung ließ sich für das angehäufte Geld nicht kaufen.

(3) Die Menschen bedauerten, in ihrem Leben ihre Gefühle nicht zum Ausdruck gebracht zu haben. Sie seien immer zu kalt und unnahbar geblieben und hätten so auch wertvolle Beziehungen zerstört.

(4) Ähnlich die vierte Aussage: Menschen bereuten, dass sie sich zu wenig um alte Freunde gekümmert hatten, dass dadurch Freundschaften ohne Not in die Brüche gegangen waren.

(5) Sehr häufig auch eine grundsätzliche Aussage: Die Sterbenden bedauerten, dass sie es sich nicht erlaubt hatten, glücklich und zufrieden zu sein, obwohl es möglich gewesen wäre.

Alle genannten Punkte bestätigen die Idee, dass wir im Leben Gefahr laufen, uns von unserem Selbst zu entfremden. Wir machen womöglich nur das, was andere von uns verlangen. Wir arbeiten an einer Karriere, die vor allem dem Arbeitgeber dient. Wir vernachlässigen unsere Freunde, um zweitrangigen Zielen nachzulaufen. Am Ende des Lebens müssen wir dann feststellen, dass wir unsere ureigenen und dringendsten Wünsche nicht realisiert haben.

Aber es geht auch anders. Manchmal sehen wir beim Bäcker oder in der Straßenbahn Menschen, die von innen heraus strahlen, die zugleich selbstsicher und zufrieden wirken. Diese seltenen Exemplare zeigen uns, dass ein besseres Leben möglich ist. Mit 40, 50 oder auch 60 können wir das Ruder herumreißen – und noch ein harmonisches Leben in einer harmonischen Beziehung gestalten. Wenn aber erst andere über uns entscheiden, wenn wir in Alters- oder Pflegeheimen sitzen und nur noch über die verpassten Chancen nachdenken, dann ist es endgültig zu spät.

KAPITEL 8

GLÜCKLICH ZU ZWEIT

»Vielleicht bist Du alles, was ich will.«

TWEET[62]

Auf den ersten Blick scheint es so einfach: sich verlieben, sich binden, glücklich sein. Liebe ist doch die natürlichste Sache der Welt. Viele Menschen haben auch keine Probleme damit, Beziehungen einzugehen und mit traumwandlerischer Sicherheit dem Glück zuzustreben. Aber diese mehr oder weniger gut aufgestellte Gruppe wird kleiner. Tatsächlich entpuppt sich die Liebe in unserer modernen Zeit für sehr viele als eine ganz schön komplizierte Sache. Im letzten Kapitel möchte ich deshalb ein wenig Licht ins Dunkel bringen und veranschaulichen, unter welchen Voraussetzungen Menschen harmonische, erfüllenden Beziehungen aufbauen und auch erhalten können.

Immer mehr Menschen schleppen heute psychische Lasten mit sich herum: Sie haben womöglich Eltern gehabt, die selbst keine Bindungen eingehen konnten, und haben deren Scheidung erlebt, oder ihnen wurde früh das Selbstvertrauen genommen. Solche Belastungen können jedoch immer auch eine Chance sein – wenn man sie sich bewusst macht, wenn man mit ihnen umzugehen lernt und sie zu nutzen weiß, dann können sie von einer Last geradezu in einen Vorteil gewandelt werden:

– Wer seine Schüchternheit überwindet und mutig Kontakte zu anderen Menschen knüpft, kann daraus ein starkes Selbstbewusstsein schöpfen.

– Wer seine Bindungsangst überwindet und eine erfüllende Beziehung eingeht, der kann daraus Glücksgefühle ziehen.

– Wer seine Eifersucht überwindet und lernt, dem Partner zu vertrauen, wird oft durch eine stabile und erfüllende Beziehung belohnt.

Menschen sind ihrem vermeintlichen Schicksal oder Charakter nicht hilflos ausgeliefert. Jeder Mensch kann seine intellektuellen Möglichkeiten nutzen, um sein Leben zu verändern. Prägungen durch die Eltern, frühe Traumatisierungen, Mobbingerfahrungen – all das wird ein Mensch als Bürde ein Leben lang mit sich schleppen. Trotzdem hat er die Chance und die Möglichkeit, sein eigenes Leben genau so zu gestalten, wie er es wünscht.

Bedürfnisse und Bedürfniserfüllung

Viele Bedürfnisse lassen sich nur in der Beziehung mit anderen befriedigen. Das betrifft die Bedürfnisse nach Anerkennung, Wärme, Nähe und auch nach Zugehörigkeit zu einer Gruppe. Auch das Verlangen nach körperlicher Nähe und nach Sex kann im Grunde nur zusammen mit einem Partner erfüllt werden. Das Versprechen (und das Einlösen) einer umfassenden Bedürfnisbefriedigung ist Voraussetzung für eine harmonische Beziehung.

So die Theorie. In der Praxis beginnt eine Beziehung mit einem umfassenden Versprechen; es wird aber mit den Jahren meist immer weniger eingelöst. Wer in einer Beziehung lebt, die nicht mehr funktioniert, die ihn nicht mehr befriedigt, sollte wissen, welche Bedürfnisse genau unbefriedigt bleiben (zum Beispiel das Bedürfnis nach Zärtlichkeit) und diese benennen können. Und er sollte herausfinden – durch ein Gespräch mit dem Partner –, weshalb sie unbefriedigt bleiben. Das Erkennen der Ursachen ausbleibender Bedürfniserfüllung in der Beziehung oder Ehe ist schon der halbe Weg zu ihrer Rettung.

Häufig können Menschen jedoch die eigenen Bedürfnisse nicht wahrnehmen oder formulieren. Sie sind abgelenkt vom Alltag oder auf unproduktive Streitereien mit dem Partner fokussiert. In diesen Fällen macht es Sinn, innezuhalten und zur Ruhe kommen, um über sich selbst und den Partner nachzudenken. Durch ein »In-sich-selbst-Kehren«, aber auch durch Meditation oder mit der Hilfe eines Psychotherapeuten kommt man den eigenen Bedürfnissen, sollten sie verschüttet sein, wieder auf die Spur.

Wer weiß was vom anderen

Matthias, Mitarbeiter eines ostdeutschen Sozialamtes, wurde vor zweieinhalb Monaten von seiner Freundin verlassen. Er hatte sich so sehr an sie geklammert, dass sie laut seiner Aussage die drückende Nähe nicht länger ertrug – und ging.

Matthias war es nicht gelungen, mit seiner Freundin über seine Probleme zu sprechen. Wenn er von der Arbeit nach Hause kam, schien alles gut. Aber tatsächlich war nichts gut: Am Arbeitsplatz schwelte ein Konflikt mit dem Vorgesetzten, der von ihm mehr Leistung erwartete. Jeden Tag standen zahlreiche Hilfesuchende und Antragsteller vor seiner Tür, von denen er immer wieder welche abweisen musste. Matthias war überfordert. Die Unmutsäußerungen und Beschimpfungen, die er dann von seinen Kunden zu hören bekam, schmerzten ihn. Gleichzeitig gelang es ihm nicht, sich bei seinem Vorgesetzten Gehör zu verschaffen. Er erwartete eigentlich, dass dieser doch sehen müsse, dass die Organisation nicht stimmt, dass im Amt alles schiefläuft.

Zuhause schwieg er über sein Problem, behauptete immer, dass alles in bester Ordnung sei. Er hatte Angst, seine Freundin würde ihn nicht verstehen, ihm Versagen vorwerfen, ihn womöglich verlassen. Die wiederum beurteilte die Situation ganz anders: Sie wunderte sich über seine Verschlossenheit und befürchtete, dass er ihr vielleicht eine Affäre verheimlichte. Sie hätte ihn gerne unterstützt, hätte ihn ermutigt, seine Rechte einzufordern. Nur bekam sie nie ein Zeichen, keinen einzigen Hilferuf – immer nur Schweigen. Nun begann sie, ihm zu misstrauen und sich von ihm zu distanzieren, und auch er vergrub sich immer mehr. Bald gab es keine Umarmungen mehr, keine Streicheleinheiten – worunter er zunehmend litt. Dennoch schwieg Matthias weiter, erzählte nichts von seinen Problemen, nichts von seinen Erwartungen und Wünschen. Er befürchtete, damit würde er alles nur schlimmer machen. Statt miteinander zu reden, begannen die Partner, sich gegenseitig zu kontrollieren. Sie suchte nach Anzeichen, dass er mit einer Kollegin flirtete, dass in der Arbeit, von der er nicht das Geringste erzählte, irgendetwas lief. Er wurde eifersüchtig, wenn sie abends mit einer Freundin unterwegs war, deutete den Entzug der Streicheleinheiten als Liebesentzug – und befürchtete, dass es längst einen anderen gäbe.

Sie zog die Notbremse – und beendete die Partnerschaft. Durch sein Schweigen hatte Matthias das Gegenteil von dem erreicht, was er wollte: Seine Angst, durch Offenheit die Beziehung zu gefährden, hatte die Beziehung zerstört. Jetzt, wo Matthias allein war, konnte er die Einsamkeit nicht ertragen. In Pausen setzte er sich immer in die Kantine des Amtes – nur um Menschen um sich zu spüren, um Stimmen zu hören, um Nähe aus zweiter oder dritter Hand zu erfahren.

Schließlich saß er bei mir, um über seine Angst vor dem Alleinsein zu reden. Als wir über die Ursachen seiner zerbrochenen Beziehung sprachen, wurde ihm langsam klar, dass er seine Wünsche und Ängste auch vor sich selbst verheimlicht hatte. Gleichzeitig konnte er die Erwartungen seiner Partnerin, mit der er jahrelang zusammengelebt hatte, nicht in Worte fassen. Als ich ihn danach fragte, war er sehr überrascht – die Bedürfnisse, Wünsche und Hoffnungen seiner Exfreundin waren für ihn ein neues Thema, über das er noch nie nachgedacht hatte.

Matthias weiß, dass er Nähe und Liebe benötigt, um zufrieden durchs Leben zu gehen. Die Strategie jedoch, mit der er die Liebe halten wollte, war kontraproduktiv. Wenn Matthias nun nicht selbstkritisch das eigene Verhalten reflektiert, läuft er Gefahr, bei der nächsten Beziehung in dieselbe Falle zu laufen.

Menschen neigen dazu, nach festgelegten Drehbüchern zu handeln. Vielen fällt es allerdings schwer, die eigenen Prädispositionen zu erkennen und zu ändern. Das eigene Verhalten und das Selbstbild kann man kaum objektiv beurteilen. Was Fremde an einem Menschen nach ein paar Sätzen sofort erkennen, bleibt diesem selbst oft verschlossen. Ein guter Freund hätte Matthias womöglich sofort geraten, seine Freundin in seine Sorgen einzubeziehen. Aber nicht jeder hat einen guten Freund, der die Probleme wahrnimmt und offen darüber spricht. Fast scheint es, als sei es in der modernen Gesellschaft eher üblich, über derart private Dinge zu schweigen: »Das geht mich ja nichts an«, »Ich will die Grenzen nicht überschreiten« oder »Ich will ihn nicht verletzten«. Uns fehlen offenbar feste Normen, nach denen ein Verhalten zu beurteilen ist. Das ist in mancher Hinsicht gut – führt aber auch dazu, dass andere sich nicht mehr trauen, einzugreifen. Deshalb ist, wenn man mit unproduktiven Verhaltensmustern nicht weiterkommt, wenn man immer wieder in dieselben Beziehungssackgassen läuft, ein Gespräch bei einem guten Psychotherapeuten sinnvoll.

Zum Thema der unausgesprochenen Wünsche und Bedürfnisse habe ich eine kleine Geschichte, die man sich in meiner Heimat erzählt:

Ein altes Ehepaar sitzt am Küchentisch bei der Brotzeit. Seit vier Jahrzehnten sind sie glücklich verheiratet. Um seine Zuneigung und Selbstlosigkeit zu demonstrieren, sagt der Mann: »Ich habe dir immer die Brotkruste überlassen, die ich so liebe!«

Zu seiner Überraschung beginnt seine Frau zu weinen und erklärt: »Und ich habe dir immer das Innere gelassen, das ich so liebe – ich dachte doch, dass du es so gerne magst.«

Wenn man in einer Beziehung nicht offen miteinander redet, kann es zu grotesken Missverständnissen kommen – die manchmal fast ewig andauern.

Offenheit

Matthias steht mit seiner Einstellung zur Beziehung nicht allein. Vor allem sein Schweigen gehört zu einem typischen, oft männlichen Verhaltensmuster. Mit Schweigsamkeit erreicht man in Partnerschaften wenig, weil der andere vom schweigenden Partner nicht erfährt, welche Vorstellungen dieser vom Leben hat oder wo Probleme entstanden sind. Er kann also auch nicht zu deren Lösung beitragen.

Hinter der Neigung, etwas zu verschweigen, steht häufig ein Versuch, sich vor einer drohenden Verletzung zu schützen. Aber stattdessen irritiert oder ärgert es den Partner und provoziert Missverständnisse. Offenheit, Ehrlichkeit, Gelassenheit und die Bereitschaft zur Nähe hingegen machen Menschen sympathisch und attraktiv – und führen automatisch zu einer besseren Kommunikation mit den anderen. Die Sprache ist ein soziales Instrument, mit dem sich viel erreichen lässt. Mit der Sprache können wir uns präzise und umfassend ausdrücken – und unsere Ziele erreichen.

Offenheit kann allerdings auch in Aufdringlichkeit umschlagen. Deshalb ist es wichtig, nicht nur offen zu sein, nicht nur Nähe zu suchen, sondern gleichzeitig auch das Gegenüber wahrzunehmen und zu verstehen, was dieser wünscht. Mit anderen Worten: Offenheit sorgt nur zusammen mit steter Aufmerksamkeit für den anderen, mit Intuition und einem ausgeprägten »Bewusst-Sein« zu einer gut funktionierenden Partnerschaft. Unter Bewusst-Sein wird die Fähigkeit verstanden, das Zusammensein angemessen einschätzen zu können: Was will der andere? Was will ich? Wie gelingt die Bedürfniserfüllung? Wer die eigene Beziehung bewusst wahrnimmt, erkennt auch, wann und worüber miteinander gesprochen werden sollte.

Anna blickte auf eine bittere Trennungserfahrung zurück. Die vergangenen Jahre, so berichtete sie mir, waren von unschönen Streitereien mit ihrem Mann geprägt – bis die Beziehung dann auseinanderfiel. Als ich sie nach ihren Erwartungen an ihren Mann fragte, wusste sie zuerst keine Antwort. Schließlich sagte sie: »Ich wollte nur, dass er nicht so grob und abweisend zu mir ist.«

»Wie hat sich bei ihm die Gefühllosigkeit und Kälte geäußert?«

»Er war oberflächlich. Fragte nie, wie es mir geht. Und er hat immer das gemacht, was ihm in den Sinn kam, mich dabei nie berücksichtigt. Wenn er Sex wollte, dann musste es sofort geschehen – was ich dabei empfand, war ihm egal. Ja, wenn ich mich traurig fühlte, bemerkte er das nicht einmal.« Sie machte eine kleine Pause, dachte nach, um dann weiterzuerzählen. »Er hat mir vorgeworfen, dass ich viel zu kompliziert sei. Aber das stimmt doch gar nicht, ich bin eine ganz einfache Frau. Wenn er gewollt hätte, hätte er mich verstehen können. Aber Männer und Frauen verstehen sich eben nicht. Ist wie diese Geschichte vom Mars und von der Venus, wenn Sie wissen, was ich meine ...«

»Weswegen waren Sie manchmal traurig?«

»Ich bekam von ihm keine Unterstützung. Ich fühlte mich irgendwie alleingelassen. Er war fröhlich, das blühende Leben – und nahm mich nicht wahr.«

»Haben Sie ihm mal gesagt, dass Sie traurig sind, dass Sie sich nicht genügend unterstützt fühlen?«

Sie blickte überrascht auf: »Nein! Er musste doch fühlen, was ich fühle!«

Nach ihrer Erwartung hätte ihr Exmann mehr Empathie zeigen und mehr Interesse an ihrem Gefühlsleben aufbringen sollen. Doch sie wollte und konnte ihn nicht dazu drängen. Das Verständnis und die Teilnahme sollten ganz allein und ganz von Herzen kommen – nur dann wäre seine Unterstützung für sie echt und glaubwürdig. Doch mit dieser Erwartung überforderte sie den Partner – und übersah womöglich zugleich seine Bereitschaft, auf sie einzugehen. Solange sie nicht offen mit ihm sprach, konnte Anna gar nicht wissen, was er dachte und was er fühlte. Vielleicht wollte er sie nur schonen und traute sich nicht nachzufragen, wenn sie traurig war. Vielleicht hatte er seinerseits Angst vor einem Gespräch. Es ist bedauerlich, dass Beziehungen manchmal nur deshalb auseinandergehen, weil die Partner nicht in der Lage sind, sich über grundlegende Dinge auszutauschen. Gerade in unserer modernen Zeit, in der es viele Argumente gibt, nicht miteinander zu sprechen (»Stör mich nicht bei meiner Fernsehserie/beim meinem Internet-Spiel/beim Twittern …«) nimmt das Schweigen zwischen den Partnern zu – und zugleich die Notwendigkeit, bewusst miteinander zu reden.

Gefühle

Gefühle begleiten uns von morgens bis abends. Alles, was wir unternehmen, alles, was wir erleben, jede Bekanntschaft und jedes Date werden von unseren Gefühlen kommentiert. Gefühle sind unsere aufrichtigen Freunde;

sie erzählen uns keine Lügen. Wenn wir auf sie hören, dann können wir erkennen, was uns guttut und was uns schadet. Noch etwas genauer kann man sie als unsere seelischen Reaktionen auf Veränderungen in der Umgebung (auf Ereignisse oder auf Aussagen anderer) definieren. Gefühle ermöglichen dem Menschen erst das Überleben in einem komplexen Umfeld, denn ohne dass wir nachdenken und nachfragen müssen, zeigen sie uns den Weg, sagen uns, was richtig und falsch ist. Zu unseren Gefühlen gehören u. a. Traurigkeit und Wut, Freude und Begeisterung.

Per se sind die Gefühle neutral – es gibt keine schlechten und keine guten. Alle Gefühle tragen dazu bei, dass wir uns in unserem Leben sicher einrichten können. Erst die Menschen unterteilen die Gefühle in gut oder schlecht, gemäß den Wertungen, die sie während ihrer Erziehung erlernt haben. Vor allem Kinder besitzen noch einen unverfälschten Zugang zu ihren Gefühlen. Sie orientieren sich noch ausschließlich mithilfe ihrer Empfindungen – und können entsprechend spontan und gefühlvoll reagieren. Doch im Laufe ihrer Sozialisation verlernen viele Menschen, auf bestimmte Gefühle zu hören, zum Beispiel weil sie von den Eltern als schlecht und unerwünscht bezeichnet und dann von den Heranwachsenden mehr und mehr verdrängt werden (aber ohne dass sie ganz verschwinden). An die Stelle der Gefühle rücken die Vernunft, aber auch die Erwartungen der anderen. Vor allem das abstrakte Denken steht in der gesellschaftlichen Hierarchie über den Emotionen.

Überhaupt haben Gefühle in unserer modernen Leistungs- und Funktionsgesellschaft einen schlechten Ruf. »Gefühlsduselig« gehört zu den bösen Schimpfworten, mit denen man einen Menschen als unvernünftig abkanzeln kann. Und so erscheinen so manchem die eigenen Gefühle inzwischen wie ein unbekannter Dschungel, von dem Gefahr ausgeht und dem sie zu misstrauen beginnen. Die Stimmen aus der Tiefe der Seele, zu denen viele den Zugang verloren haben, machen den Menschen nun Angst, statt ihnen Orientierung zu geben. Auch wenn sich die Gefühle immer wieder nach vorne drängen, werden sie missachtet und unterdrückt. Es scheint der sicherere Weg im Leben. Doch die Gefühlsunterdrückung erkauft man mit Unsicherheit und Abhängigkeit. Denn es gilt die einfache Regel: Wenn du nicht weißt, was du dir wünschst, wirst du es auch nicht bekommen. Wenn du nicht fühlst, wohin dein Leben gehen soll, wirst du die falsche Richtung einschlagen.

Auch für die sozialen Kontakte sind Gefühle von entscheidender Bedeutung: Mit welchen Menschen kommen wir klar, welche bereichern unser Leben, wem können wir vertrauen? Das sind Eigenschaften, die wir erfühlen – und vielleicht mit harten Fakten untermauern können. Aber wenn unser Gefühle uns keine Richtung vorgeben, weil sie unterdrückt sind, dann geraten wir ins Schwimmen, sind unentschlossen und leicht manipulierbar. Die eigenen Gefühle wahrzunehmen, sich seiner Identität und seiner Ziele bewusst zu werden, ist Voraussetzung, um im Leben Erfolg zu haben. Das gilt genauso für Zweierbeziehungen: Nur wenn man fühlt, was man wünscht und braucht, findet man den passenden Partner, der diese Bedürfnisse (wie Anerkennung, Geborgenheit, Zuneigung, Zuwendung, emotionale Unterstützung) erfüllen kann. Jede Bedürfniserfüllung wirkt dann wie eine Belohnung – und macht den Menschen zufrieden und glücklich.

Markus arbeitet als hoch angesehener und geschätzter Ingenieur in einer mittelständischen Firma am Bodensee; er hat Freude an den täglichen Aufgaben. Doch der 49-Jährige wünscht sich sehnlichst, dass er in der Beziehung mit seiner Frau die Zeit zurückdrehen könne. Früher, so seine Aussage, war alles einfacher. Sie konnten reden und lachen und verstanden sich blind. Inzwischen ist die Leichtigkeit verschwunden: Gespräche scheinen mühsam und werden von beiden mehr und mehr vermieden. Sie hat sich von ihm zurückgezogen und kümmert sich fast nur noch um die Kinder. Wenn die mal keine Zuwendung benötigen, dann geht sie mit

Freundinnen aus. Gemeinsame Aktivitäten der Eheleute liegen schon lange zurück.

»Ich fühle mich so alleingelassen. Keine Ahnung, ob sie das überhaupt merkt!«, sagt mir Markus. »Auch den Sex vergisst sie. Wir waren schon ... seit einem Jahr nicht mehr im Bett. Interessiert sie einfach nicht.« Ich bemerke, dass seine Stimme brüchig wird, dass er gegen einen Kloß im Hals ankämpfen muss.

»Haben Sie mit Ihrer Frau über Ihre Gefühle geredet?«

»Es geht nicht, keine Chance.«

»Was ist der Grund?«

»Jedes Mal habe ich eine Blockade. Kann nicht reden. Als ob ich plötzlich versteinere.«

»Beschreiben Sie mir das Gefühl, das Sie dabei empfinden.«

»Ich habe keine Gefühle.«

Er beginnt – fast um das Gegenteil zu beweisen – zu weinen. Nachdem ich ihm ein wenig Zeit gelassen habe, bitte ich ihn, das gerade erlebte Gefühl zu benennen.

»Keine Ahnung. Keins.«

»Sie haben geweint. Man kann nicht ohne Grund weinen.«

Er denkt nach. Dann: »Ich wurde unfair behandelt, einfach unfair.«

Das passiert in meiner Praxis immer wieder. Männer wie Frauen haben keinen Zugang zu ihren Gefühlen und können sie nicht benennen – auch wenn sie gerade von ihren Gefühlen überwältigt wurden. Weil sie ihre Gefühle nicht verstehen, führen die Menschen ein Leben ohne Richtung und können ihre Ziele nicht erreichen. Markus' Interpretation, seine Frau behandle ihn »einfach unfair«, zeigt seine Verwirrtheit, sein Unvermögen, die Ursachen zu erkennen. Er sieht nicht, dass er die Hälfte der Verantwortung für die Beziehung trägt, dass er zumindest die Ursachen der von ihm wahrgenommenen »Unfairness« ergründen muss. Die nicht wahrgenommenen Gefühle verhindern, dass er sich in seiner Beziehung kompetent verhält.

Schließlich finden Markus und ich heraus, dass er seit Jahren eine tiefe Traurigkeit erlebt – als er dieses Gefühl endlich erkennt, ist er sehr erleichtert. Es ist ihm wichtig zu formulieren, dass die Ursache der Traurigkeit sein unerfülltes Verlangen ist, von seiner Frau geliebt und angenommen zu werden. Tatsächlich hatte er den Wunsch auf eine Erfüllung seines Bedürfnisses schon vor längerer Zeit insgeheim begraben – und über diese Aussichtslosigkeit, zur Liebe zurückzufinden, nun tiefe Trauer empfunden.

Ohne Liebe kein Leben

Ohne Liebe können Babys sogar sterben, zumindest führt der Liebesentzug zu schweren psychischen Folgen. Es heißt, dass Stauferkaiser Friedrich II. im 13. Jahrhundert Experimente mit Säuglingen durchführen ließ. Sie wurden von ihrer Mutter isoliert, lediglich gefüttert und blieben ohne Wärme und sozialen Kontakt. So sollte der Legende zufolge die »Ursprache« des Menschen ermittelt werden. Laut Aussage des Franziskanermönchs Salimbene von Parma starben die Säuglinge bereits nach kurzer Zeit.

Liebe gehört zur Natur des Menschen; sie ist so essenziell wie Wasser und Nahrung. Das Erleben der Liebe ist die Basis unseres Lebens. Es tut gut, ohne Vorbedingungen und ohne Gegenleistungen geliebt zu werden – einfach weil man so ist, wie man ist. Die Liebe ist Voraussetzung für eine gesunde Persönlichkeitsentwicklung.

Doch heute lernen zu viele Menschen in ihrer Sozialisation, dass sie nicht »so einfach« lieben dürfen. Sie machen die Liebe zu einem Geschäft, rechnen sich gegenseitig die Beweise ihrer Zuneigung vor (wie das Paar im österreichischen Radio). Sie schieben die Liebe auf ihrer Prioritätenliste so weit nach hinten, dass sie in ihren Beziehungen keine Rolle mehr spielt. Doch die Liebe auszusperren, ist ein sicherer Weg, um eine Partnerschaft zu ruinieren. Im besten Fall endet so eine Beziehung schnell, und die Partner haben die Chance, eine neue, mehr auf die Liebe ausgerichtete Beziehung einzugehen. Im schlechteren Fall arrangieren sich die Partner damit, sich nicht geliebt zu fühlen – und beginnen zu glauben, dass es richtig, vernünftig und akzeptabel ist, ungeliebt zu bleiben.

Emotionale Zuwendung: die sogenannten Strokes

Nach meinem Lehrer, dem amerikanischen Psychologen Claude Steiner, erfolgt zwischenmenschliche Kommunikation in Form von »Strokes« – der Stroke ist in diesem Fall die Maßeinheit für emotionale Zuwendung. Das deutsche Wort »Streicheleinheiten« trifft es als Übersetzung nicht richtig, denn es hat eine rein positive Bedeutung, während ein Stroke bei Steiner sowohl positiv als auch negativ sein kann. Deswegen bleibe ich im Folgenden beim englischen Begriff.

Wir geben und empfangen täglich Strokes: in verbaler Form – durch ein Lob, einen Tadel, eine Schmeichelei – oder auch unausgesprochen durch einen Augenkontakt, ein Lächeln oder eine körperliche Berührung. Der Austausch der Strokes beweist uns erst die eigene Existenz – ohne existieren wir praktisch nicht. Bei dem schrecklichen Experiment, das der Stauferkaiser angeblich durchgeführt hat, mussten die Babys ganz ohne Strokes auskommen – und starben aufgrund der Nicht-Wahrnehmung.

Besonders schätzen wir Strokes, die unsere Leistungen auszeichnen. Aber auch Strokes, die wir »einfach so zwischendurch« bekommen – ein Lob für unser Aussehen oder unsere Präsenz (»Es ist so schön, dass du da bist«) – erfreuen uns. Menschen begeben sich in Partnerschaften, um die gewünschten Strokes voneinander zu erhalten. In einer harmonischen Beziehung bekommen beide ausreichend Strokes: Gegenseitige tägliche Streicheleinheiten, in dem Maße, in dem sie erwünscht werden – das ist ein Rezept für die ewige Liebe (wenn Sie, liebe Leser, also in einer Beziehung leben, dann vergessen Sie nicht, dem Partner regelmäßig die angenehmen Strokes, die er besonders schätzt, zu geben!).

Am Anfang einer Beziehung läuft der Austausch meist ungestört, die Erwartungen werden ganz erfüllt (und der Glaube an die ewige Liebe ist noch ungetrübt). Im Verlauf einer Beziehung vergessen jedoch viele Menschen, sich die benötigten positiven Strokes zu geben. Es kommen dann oft nur die negativen Strokes, die aus Hilflosigkeit, Verbitterung oder Verzweiflung herrühren. Diese Form der emotionalen Zuwendung ist dann nicht mehr angenehm – aber für die Menschen immer noch besser, als gar keine Zuwendungen zu bekommen. Für viele Partner erscheint deshalb eine schlechte Beziehung besser als keine.

Claude Steiner hat fünf Formen des Umgangs mit Strokes beschrieben:

1. Strokes annehmen

Positive Strokes wie zum Beispiel Lob nähren unsere Seele. Doch vielen Menschen fällt es schwer, Lob anzunehmen. Womöglich haben sie in der Kindheit gelernt, nicht »egoistisch«, sondern bescheiden zu sein: Sie haben verinnerlicht, dass sie nicht im Mittelpunkt stehen, sich nicht behaupten dürfen. Wenn diese Menschen im Erwachsenenalter Lob bekommen, können sie es nicht annehmen, ja, es ist ihnen sogar unangenehm – sie glauben dann, dass sie das Lob nicht verdient haben oder dass es nicht echt sei. In diesem Fall ist ein wichtiger Zugang zu positiven Strokes, zu der so wichtigen emotionalen Zuwendung, verschlossen.

2. Strokes geben

Wir verteilen gerne Streicheleinheiten, Zuwendung, Lob – das ist unser ureigenes Bedürfnis. Das Lächeln des Empfängers ist dann wiederum ein Stroke für uns. Vielen Menschen fällt es dennoch schwer, einen anderen

Menschen zu loben. In der Kindheit haben sie vielleicht nie Lob erfahren oder es als unaufrichtig erlebt; oder sie haben Lob schon im Kindesalter als eine Strategie enttarnt, mit der sie zu etwas getrieben werden sollten. Lob war dann für sie keine Steicheleinheit, sondern ein Mittel der Manipulation. Den so geprägten Menschen ist das Geben unangenehm. Um den Wert der Strokes und damit letztlich die eigene Macht zu erhöhen, setzen sie Strokes sparsam und sehr gezielt ein.

3. Strokes ablehnen

Jeder Mensch muss selbst entscheiden, welche Strokes er annimmt und welche nicht. Strokes, die uns unangenehm sind, können wir abweisen. Wenn wir den Zugang zu uns verschließen, verhallen diese wirkungslos. Die Fähigkeit, unangenehme Strokes abzuwehren, ist eine Basis der souveränen Existenz. Natürlich lässt jeder manchmal unerwünschte Strokes unabsichtlich oder leichtsinnig an sich heran – und fühlt sich dann verletzt. Manche Menschen haben jedoch gelernt, dass sie sich grundsätzlich nicht wehren dürfen. Sie empfinden sich als wertlos und unwürdig. Sie halten den Zugang auch für unangenehme Strokes immer offen und beschädigen so das eigene Ich. Diese Menschen ohne Abwehr erlauben es zudem anderen, über ihr Leben zu bestimmen.

4. Um Strokes bitten

Wir benötigen aufmunternde Worte, Unterstützung und Zuwendung – und bekommen nicht immer genug davon. Ein Mensch sollte in der Lage sein, um Strokes zu bitten! Viele Menschen sehnen sich nach Streicheleinheiten – und warten manchmal vergeblich, dass sie welche bekommen. Es ist sinnvoll und produktiv, die benötigten Strokes einzufordern. Andere Menschen, auch der Partner, geben sie meist sehr gerne, wenn sie darum gebeten werden. Es steht zudem in unserer Macht, nur mit den Menschen zusammen zu sein, die uns die gewünschten Strokes geben.

5. Sich selbst Strokes geben

Wer sich nicht selbst akzeptiert, kann nicht erwarten, von Anderen akzeptiert zu werden. Unbewusst senden Menschen die Signale einer mangelnden Selbstakzeptanz an das Gegenüber – und bekommen die mangelnde Akzeptanz zurück. Nur der, der sich selbst akzeptiert, nimmt auch die Liebe anderer an. Das ist nicht so einfach, wie es auf den ersten Blick scheint: Fast jeder Erwachsene hat verinnerlicht, dass Liebe »nicht umsonst« zu erhalten ist – er glaubt, er muss vorher in eine Beziehung »investieren«, muss sich Zuneigung und Liebe über aufopfernde Leistungen verdienen. Das ist jedoch nicht die ganze Wahrheit: Liebe kann man erwarten, auch ohne dass sie kostet. Jeder hat einen grundsätzlichen, natürlichen Anspruch auf Liebe. Jeder kann verlangen, dass dieser Anspruch »einfach so« erfüllt wird. Eine bedingungslos positive Selbstwahrnehmung ist Grundlage für die innere Stabilität und die psychische Gesundheit. Sie gibt uns die Fähigkeit, uns selbst zu loben, uns positiv einzuschätzen und uns selbst zu akzeptieren.

Die bedingungslose Selbstakzeptanz öffnet die vier oben beschriebenen Wege, mit den Strokes umzugehen.

Wir sehen, der richtige Umgang mit Strokes – und dazu gehört das Geben und das Empfangen – ist die Basis des Glücks. Ein sparsamer Umgang mit Strokes wirkt für jede Beziehung wie Gift. Wer nur wenige gewünschte Strokes verteilt, wird vom Gegenüber auch nur wenige ernten. Wenn ein Partner aber großzügig mit emotionalen Zuwendungen umgeht, dann erhält er diese mit großer Wahrscheinlichkeit ebenso großzügig zurück – und seine Seele wird reichlich genährt.

Vermeintliche Selbstverwirklichung

Heute wird der Begriff der Selbstverwirklichung trivialisiert. Menschen, die einen Pauschalurlaub buchen oder eine Wanderung durch die Berge planen, glauben schon, sich umfassend zu verwirklichen. Doch meistens sind Reisen oder Hobbys nur Etappen zum Ziel, manchmal nicht mehr als kleine Fluchten, die darüber hinwegtäuschen, dass man in vielen Bereichen des Lebens tatsächlich keine Selbstverwirklichung erreicht hat. In der Arbeit ist man mit Aufgaben betraut, die einen nicht erfüllen, in der Beziehung lauern unausgesprochene Probleme …

Selbstverwirklichung ist, folgt man der berühmten 1943 erstmals publizierten Maslow'schen Bedürfnispyramide, ein idealer Zustand, der erst eintreten kann, wenn alle in der Pyramide tiefer stehenden Bedürfnisse wie Ernährung, Sicherheit oder soziale Gemeinschaft erfüllt sind. Bei Maslow bilden die Grundbedürfnisse der Existenz die Basis der Pyramide, erst weiter oben folgen individuelle oder ästhetische Bedürfnisse. Wenn aber Grundbedürfnisse unerfüllt bleiben, dann kann die nächste Ebene der Pyramide nicht oder nur mit Schwierigkeiten erreicht werden. Auch wenn das Maslowsche Schema viel zu schematisch und sicher nicht allgemeingültig ist – es kann doch verdeutlichen, dass die unterschiedlichen Bedürfnisse jedes Menschen nicht isoliert zu sehen sind, sondern dass sie aufeinander aufbauen. Und zu den Grundbedürfnissen, die erfüllt sein müssen, bevor man sich verwirklichen kann, gehören natürlich auch Zweisamkeit und Liebe. Und weil in der persönlichen Bedürfnispyramide vieler Menschen der Baustein der Liebe (und des Geliebtwerdens) fehlt, kann auch die an deren Spitze stehende Selbstverwirklichung – oder mit anderen Worten das Glück – nicht erreicht werden.

Dass Glück und vor allem das Glück der Zweisamkeit auch Mut erfordert, möchte ich im Folgenden zeigen.

Mut, sich auf ein Gegenüber einzulassen

Manche Autoren behaupten (auch in den Single-Ratgebern), dass man sich im Alleinsein am allerbesten selbst kennenlernt, dass man zumindest phasenweise allein sein muss, um zu sich zu finden. Natürlich kann man allein einiges über sich selbst erfahren – besser jedoch gelingt die Selbsterfahrung in einer Partnerschaft. In einer Beziehung erklären die Partner sich gegenseitig ihre Bedürfnisse und kommen so zu einem Konsens. In der täglichen Auseinandersetzung mit dem Partner kann man eigene Wünsche und Bedürfnisse erkennen, die ansonsten womöglich verborgen oder gar verschüttet blieben.

Die eigenen Grenzen lernt man beispielsweise besonders gut mit einem Partner kennen – da der Partner sie manchmal austestet oder überschreitet. Wie möchte ich mein Leben verbringen? Wo möchte ich leben? Wie macht mir der Urlaub am meisten Freude? Ohne Partner läuft man Gefahr, immer dasselbe zu tun – nämlich genau das, was man vielleicht vor Jahren als gut und angemessen empfunden hat; unter Ignorierung aller Varianten, die man nie kennenlernen durfte. Das gilt genauso für die eigene Sexualität, die man erst mit einem Partner umfassend erforschen kann. Männern und Frauen, die lange keine sexuelle Beziehung eingehen, bleibt dieser Teil ihrer Identität verschlossen. Entsprechend schwierig können in dieser Hinsicht Ehen zwischen unerfahrenen Partnern sein, die sich selbst, ihr Verlangen und ihre Neigungen noch nicht richtig kennengelernt haben.

Für eine funktionierende Beziehung ist eine ausgereifte Selbsterkenntnis wichtiger als ein vordergründiges Streben nach Harmonie (das vielleicht die Tiefen der Existenz ausblendet). Wer allein die Harmonie als oberste Priorität sieht, erreicht sie meist nie.

Eine Beziehung ist für jeden Menschen ein existenzielles Erlebnis: Eine *glückliche* Partnerschaft ist in jedem Fall ein emotionaler Gewinn. Eine wieder *brechende* Beziehung kann man aber auch als eine sinnvolle Erfahrung, als eine Form des Sich-Kennenlernens begreifen. Die meisten Menschen benötigen mehr als eine Beziehung, um für sich selbst zu klären, in welcher Art von Partnerschaft sie sich am besten fühlen und wie sie auch den Partner zum Glück führen können. Erfahrungen, die aus unterschiedlichen Beziehungen gewonnen und auch reflektiert werden, formen oft eine selbstsichere und souveräne Persönlichkeit.

Mut, eine Herausforderung anzunehmen

Ein Partner stellt immer auch eine Herausforderung dar. Wer in einer Beziehung lebt, wird mit immer neuen Aspekten der eigenen Persönlichkeit konfrontiert. Wer allein lebt, der bewegt sich stets in der vorbestimmten Spur: Alleinlebende essen oft jeden Tag mehr oder wenige das Gleiche, sehen die immer gleichen Fernsehserien und unternehmen am Wochenende ebenfalls immer das Gleiche. In einer Beziehung erweitern die Menschen sofort ihren Radius – und lernen sich so neu kennen. Womöglich finden sie an Unternehmungen Interesse, die sie bislang nicht kannten. Vielleicht entdecken sie neue Hobbys, vielleicht offenbart sich eine neue Aufgabe im Leben, die zusammen mit dem Partner angegangen werden kann. Die Erfahrungen, die ein realer Partner bietet, lassen sich nicht durch die Teilnahme an sozialen Internet-Netzwerken kompensieren. Bei Twitter und Facebook suchen wir immer nach einer Bestätigung unserer Weltanschauung und unserer Identität, nach den Einträgen, die wir lesen wollen, nach den Inhalten, die wir erwarten. Twitter und Facebook besitzen für uns nicht die Autorität eines Partners, der uns mit neuen Themen konfrontiert und zu neuen Erfahrungen führt. In einer guten, gelungenen Beziehung, die uns erfüllt, wird aus eingeschliffener Routine oft ein offeneres, intensiveres, interessanteres und manchmal ganz unvorhersehbares Leben.

Die Partnerschaft macht uns zu Diplomaten und Psychologen, denn in der Auseinandersetzung mit dem Partner lernen wir soziales Verhalten. Deshalb sind Menschen mit Beziehungserfahrung in der Regel im zwischenmenschlichen Umgang viel kompetenter als die, die sich der Zweisamkeit verschließen. Gleichzeitig ist eine Beziehung nichts für Feiglinge – man muss in ihr eine Position einnehmen, Entscheidungen treffen und Verantwortung übernehmen. Viele Menschen fürchten und meiden gerade deshalb Beziehungen, weil sie den damit verbundenen Schwierigkeiten und Pflichten aus dem Weg gehen wollen.

Bei Weitem nicht alle Partnerschaften erweisen sich als erfüllend – wir haben es gesehen. Es sind vor allem die Beziehungen, in denen die Partner wenig miteinander kommunizieren, sich nur negative Strokes geben, in denen sie nur funktionierend nebeneinander her leben. Es sind Beziehungen, die den Erlebnisraum kontinuierlich schmälern. Schlechte Partnerschaften und Single-Existenzen haben miteinander gemein, dass sie die Vielfalt des Lebens reduzieren. Jemand, der seit Jahren als Single lebt, nimmt meist Angewohnheiten an, die für seine Umwelt gewöhnungsbedürftig sind. Er optimiert jeden Tag ein wenig seine Eigenheiten – um irgendwann so speziell oder sonderbar zu werden, dass er mit anderen Menschen kaum noch Gemeinsamkeiten entdecken kann. Seine tägliche Selbstbestätigung verengt seinen Horizont immer mehr.

Mut, zärtlich zu sein

Beziehungen bieten den Partnern nicht nur einen Erkenntnisgewinn. Ganz konkret ermöglichen sie den steten körperlichen Kontakt. Die Wärme des anderen, seine Streicheleinheiten, nähren nicht nur unseren Körper, sondern auch unsere Seele.

In der modernen hektischen Welt und in Funktionsbeziehungen wird dieses Bedürfnis jedoch mehr und mehr vernachlässigt. Gemeinsames Kuscheln folgt auf der Prioritätenliste meist nach Arbeit, Haushalt, Kindererziehung und Hobby. Dabei ist körperliche Nähe eines der Hauptbedürfnisse eines jeden Menschen. In meiner Klinik erlebe ich immer wieder, dass Menschen keine Energie aufbringen, um Arzttermine wahrzunehmen oder eine Abnehmgruppe zu besuchen. Wenn sie aber eine Massage angeboten bekommen, dann stehen sie überpünktlich bereit, weil sie diese Form des Körperkontakts kaum erwarten können. Die Berührung durch Masseur oder Masseurin ist für jeden Menschen eine Form der Anerkennung und Bestätigung. Wer dich streichelt, der schmeichelt deiner Existenz.

Menschen, die aus verschiedenen Gründen auf körperliche Nähe verzichten müssen, versuchen sie oft dadurch zu erreichen, indem sie einen Hund oder eine Katze halten, die sie dann in den Arm nehmen und liebkosen können. Manche entdecken als Hobby gar Puppen, um die sie sich dann zärtlich kümmern – wie um ein eigenes Kind. Alle Formen des Ersatzes geben dem Menschen jedoch nicht die gleiche Erfüllung wie der unmittelbare Kontakt mit einem anderen Menschen. Wenn Streicheleinheiten nur von einem Haustier kommen, dann ist das immer ein Kompromiss. Wobei ich einräumen muss, dass die Ersatzbefriedigungen manchmal durchaus effektiv sein können. Wenn ein Alleinlebender auf einen Hund alle Eigenschaften eines Partners projiziert, kann das Zusammenleben mit dem Vierbeiner erstaunlich viel Erfüllung bieten – und über ein Partnerdefizit recht gut hinweghelfen. Je älter Menschen sind, je vielfältiger das Leben war, auf das sie zurückblicken, umso besser funktioniert eine derartige Ersatzbefriedigung. Sie können dann akzeptieren, dass nicht mehr alle Bedürfnisse, die früher befriedigt wurden, auch aktuell befriedigt werden. So lässt sich im Alter die Sexualität erfolgreicher ausblenden als in der Jugend. 20-Jährige werden jedoch immer das Bedürfnis nach »echten« Partnern verspüren.

Mut, ein Künstler zu sein

Viele Menschen arbeiten die Aufgaben ab, die der Chef ihnen vorgibt, sie konsumieren, was die Werbung empfiehlt, und sie leben so, wie sie es gewohnt sind. Veränderungen könnten ja Arbeit und Routine aufs Spiel setzen. In einer guten, harmonischen Partnerschaft hingegen können beide Partner selbstbewusst ihre Existenz gestalten, denn die Beziehung gibt ihnen die Kraft, ihr Leben nach ihren Vorstellungen zu verändern (zum Beispiel auch den Arbeitsplatz zu wechseln), damit ihre Bedürfnisse auch weiterhin so gut wie möglich erfüllt werden. Das heißt aber auch umgekehrt, dass Menschen sich für die Gestaltung einer langfristig harmonischen Beziehung Kreativität erlauben müssen. In der Liebe dürfen die Menschen Künstler sein.

Mut, sich durchzusetzen

Für manche Menschen, die zu Sanftheit und Freundlichkeit erzogen wurden, ist es schwer, die Durchsetzungskraft als Wert anzuerkennen. Sie haben Angst, sich egoistisch und damit unkorrekt zu verhalten. Von Durchsetzung spricht man im Zusammenhang mit Konflikten, Durchsetzungskraft scheint Politikern und Banditen vorbehalten zu sein – das Wort ist negativ belastet. Doch wer aufgrund dieser einseitigen Sicht vor Durchsetzungskraft zurückschreckt, verzichtet auf eine wichtige Eigenschaft, die die Gestaltung von Beziehungen leichter macht. Nur wenn man sich in einer Beziehung durchsetzen kann, bekommt man, was man wünscht und erwartet. Ein positives Sich-Durchsetzen (es gibt auch eine negative Kraft, dazu gleich) steht dabei nicht im Widerspruch zu den Interessen des Partners, es ist vielmehr als ein »Verwirklichen« zu verstehen.

Wenn sich einer durchsetzt, muss der andere leiden, so scheint es. Aber tatsächlich geht es bei der Durchsetzungskraft in einer Beziehung darum, dass der Partner die Interessen und Wünsche des Anderen erkennt und motiviert wird, das Gewünschte zu geben. Ein konstruktiver Streit ist deswegen manchmal hilfreich und sogar oft die Rettung für eine kriselnde Beziehung, da die Partner endlich ihre Gefühle, Ansichten und Einstellungen offen und klar äußern. Ein Streit kann ein positiver Prozess des »Durchsetzens« sein – nachdem die Partner womöglich zu lange über die Dinge, die ihnen wichtig sind, geschwiegen haben.

Wer auf seine Durchsetzungskraft verzichtet, sie womöglich bewusst unterdrückt, der läuft schnell in eine Falle: Er verzichtet auf die Befriedigung seiner Bedürfnisse und wird mittelfristig unglücklich. Es ist unrealistisch, die eigene Bedürfniserfüllung ganz der Kompetenz des Partners zu überlassen. Viel mehr Erfolg verspricht es, die eigenen Wünsche durchzusetzen, ebenso wie der Partner die seinen durchsetzen sollte.

Harmonie und Durchsetzungskraft schließen sich nicht aus, sondern bedingen sich geradezu. Leider leben heute Millionen Menschen, denen in ihrer Erziehung Angst vor ihrer naturgegebenen Durchsetzungskraft mitgegeben wurde, traurig und unzufrieden in ihren Beziehungen oder auch allein. Sie wälzen die Schuld für ihr Unglück auf ihren Partner ab – da er aus ihrer Sicht ihre Bedürfnisse nicht ausreichend berücksichtigt –, obwohl einzig und allein sie selbst die Verantwortung dafür tragen, ihre Durchsetzungskraft nicht eingesetzt zu haben.

Aber in diesem Zusammenhang ist eine Warnung angebracht: Durchsetzungskraft bedeutet *nicht*, dass man stur auf ein angebliches Recht beharrt, dass man versucht, den Partner in die Enge zu treiben oder gar zu erpressen (wenn du nicht dieses und jenes machst, dann ...). Solch negative Kräfte zwingen den Partner höchstens zu etwas – überzeugen können sie ihn nicht. Derjenige, der halsstarrig auf Dingen besteht, bekommt womöglich, was er will, vermittelt aber dem Partner gleichzeitig ein schlechtes Gefühl. Immer dann, wenn es in einer Beziehung um Siegen und Verlieren geht, ist die falsche, die unproduktive Kraft am Werk.

Mut, bedeutend zu sein

Eine Beziehung ist immer mehr als nur Zweisamkeit oder eine verdoppelte Existenz. Für jeden von uns ist eine Beziehung auch eine tägliche Quelle der Selbstbestätigung. Aus der Beziehung ziehen wir die Erkenntnis, *bedeutend* zu sein. Künstler schaffen vielleicht unsterbliche Werke und können daraus Befriedigung schöpfen. Aber auch als nicht künstlerisch-genial veranlagte Menschen möchten wir Bedeutung erlangen und Spuren hinterlassen; eine Beziehung gibt uns dazu die Möglichkeit. Wenn wir einen anderen Menschen in unser Leben mit einbeziehen und ihn beeinflussen – dann schaffen wir automatisch Bedeutung. Für den Partner sind wir wichtig – genau wie uns der Partner wichtig und bedeutend ist. Streicheleinheiten (positive Strokes) sind die einfachen Mittel, um uns die Bedeutung füreinander zu bestätigen.

Gottfried, ehemaliger Leiter eines Kulturamtes in Norddeutschland, ist 66 Jahre alt und obwohl er allein lebt, eigentlich ganz mit sich und der Welt zufrieden. Seine Frau ist vor drei Jahren verstorben – und er hat, obwohl er sich fit und potent fühlt, kein Interesse mehr, sich anderen Frauen zuzuwenden. Seine Frau hat ihm in der gemeinsamen Beziehung eine so große Bedeutung vermittelt, dass er sicher ist, dieses Gefühl nicht ein zweites Mal erlangen zu können. Er lebt nun mit der beglückenden Erinnerung, für einen anderen Menschen bedeutend gewesen zu sein – dieses Gefühl stärkt ihn noch heute, gibt ihm Kraft und Selbstsicherheit.

Mut zur emotionalen Bindung

Wer lange allein lebt, beginnt sich einzukapseln. Mit dem Verpuppen in einem imaginären Kokon beginnen die Singles, so paradox das klingen mag, auch den Kontakt zu ihren Gefühlen zu verlieren – sie sind sich nah und entfernen sich von sich selbst. Emotionale Erfahrung bietet vor allem das Zusammensein mit anderen Menschen. Nur das Zulassen von Nähe und auch von Körperlichkeit öffnet dem Menschen den Tresor der eigenen Gefühle. Ich vergleiche das gerne mit einem gebrochenen Arm, der ruhiggestellt wurde. Sobald er in Gips liegt und sich nicht mehr bewegen kann, beginnt ein Abbau der Muskulatur. Wenn die Schiene und der Gips irgendwann abgenommen werden, kann sich der Arm trotz der wiedererlangten Freiheit kaum bewegen, dann ist oft erst eine Physiotherapie notwendig, um die gewohnte Beweglichkeit wieder herzustellen. So ist es auch mit dem Zugang zu unseren Gefühlen. Wenn wir in einer Single-Existenz »eingegipst« leben, dann werden wir emotional unbeweglich und unflexibel. In einer Partnerschaft müssen wir dann erst wieder lernen, ungewohnte Gefühle zu erleben und deren Bedeutung zu verstehen.

Alle Menschen sehnen sich nach emotionalen Beziehungen. Aber gerade nach schlechten Erfahrungen entwickeln viele eine Angst vor der Bindung und halten Distanz zu anderen. Sie ärgern sich dann manchmal über sich selbst, weil sie einen anderen Menschen anziehend finden, blockieren eine Annäherung. »Emotional abhängig« nennen sie es, und es bedeutet für sie, nicht mehr Herr ihres Lebens zu sein.

Unterschiede ziehen sich an

In meiner Klinik habe ich bei meinen Patienten eine anonyme Umfrage durchgeführt. Ich fragte nach »Fünf Haupteigenschaften, die meine Wunschpartnerin/mein Wunschpartner nach meiner Erwartung haben soll«, um herauszufinden, welche Erwartungen Frauen und Männer hegen und wie sie sich unterscheiden. Auf den Listen, die in meinem Fach landeten, standen überraschend ähnliche Antworten – wenn auch nach Geschlechtern durchaus unterschiedliche.[63]

Die wichtigsten Bedürfnisse, die ein Partner befriedigen soll, sind grundsätzlicher Natur. Es geht meinen Patienten, wie den meisten, nicht um oberflächlichen Lustgewinn, sondern sie suchen einen guten, gelassenen, liebevollen Menschen. Für mich war es interessant festzustellen, dass Eigenschaften wie »hoher Verdienst« oder »gut im Bett« nicht oder nur ganz am Rande genannt wurden. Wichtig sind den Menschen – meist schon in mittlerem Alter – die Eigenschaften, die auf Dauer eine harmonische Beziehung unterstützen. Treue und Ehrlichkeit standen sowohl bei Männern als auch bei Frauen ganz oben auf der Liste.

Frauen wünschten sich darüber hinaus humorvolle, liebevolle Männer. Auf ihren Antwortzetteln standen häufig Begriffe wie »Vertrauen«, »Spontaneität« und »Zuverlässigkeit«. Manche Frauen wünschten sich auch einen »Helfer im Haushalt« oder einen »kinderlieben« Partner. Sie wollen einen Mann, der mindestens so gebildet und so klug ist wie sie selbst. Nur wenige Frauen haben bei den fünf wichtigsten Eigenschaften eines Partners den Wunsch nach Erotik oder einem guten Sexualleben notiert. Auch stellten sie außer dem Wunsch nach einem »gepflegten« Äußeren keine Anforderungen an das Erscheinungsbild.

Männer hingegen setzten deutlich häufiger auch das Aussehen auf die Prioritätenliste. Ein Patient schrieb »tolle Ausstrahlung«; daneben erwartete er, dass er sich in die Frau verlieben kann, und suchte »vielseitigen, abwechslungsreichen Sex«. Aussagen dieser Art hätte ich bei den Männern häufiger erwartet. Mir scheint fast, dass sie sich nicht immer trauen, offen ihre Ansichten zu schreiben (obwohl die Liste ja anonym abgegeben wurde). Die neue Rollenvorstellung des Mannes, die zwar weiter diffus und unklar ist, verbietet aber, dass er sich als Macho zeigt ...

Mann und Frau hegen zumindest teilweise unterschiedliche Erwartungen, verfolgen unterschiedliche Prioritäten. Das beruhigt mich, *bilden doch die Differenzen die Grundlage gegenseitiger Attraktivität.*

Der gesellschaftliche Trend allerdings führt zur Angleichung. Bei Singlebörsen beantworten die Suchenden Fragen nach den Eigenschaften des gewünschten Partners bis ins Detail. Die Singlebörsen suggerieren, dass Menschen umso besser zusammen passen, umso ähnlicher die Antworten sind; erst wenn viele Übereinstimmungen erreicht sind, ist der »Flirtfaktor« hoch. Die *Neue Zürcher Zeitung* konstatierte bereits eine Entwicklung zur »Homogamie« – dass sich nur noch Gleich und Gleich zusammentun. »Immer mehr Singles suchen einen Partner mithilfe von Algorithmen – und treffen dabei auf das Spiegelbild ihrer selbst.«[64] Die Autorin zitiert eine Amerikanerin, die mit nicht weniger als 72 Anforderungspunkten auf Partnersuche ging – und natürlich keinen Menschen erwarten konnte, der sie noch irgendwie überrascht – wenn sich denn überhaupt einer findet.

Gleich und Gleich gesellt sich gern – das Sprichwort scheint mir eher ein Irrtum. In der Regel ziehen uns gerade die Menschen an, die anders sind als wir selbst. Erst durch ihre Andersartigkeit bieten sie uns Neues, ermöglichen uns neue Erfahrungen und neue Blicke auf die Welt. Nur durch Verschiedenheit können wir uns ergänzen!

Früher war es einfacher: Aufgrund ihrer festgeschriebenen unterschiedlichen Rollen scheinen sich Mann und Frau ganz automatisch zu brauchen und zu ergänzen. Auch wenn die geschlechtsspezifischen Rollen sich heute weitgehend aufgelöst haben – auf der Ebene der Wünsche und Bedürfnisse bleiben Unterschiede bestehen. Über das Lied von »Die Ärzte«, das behauptet »Männer sind Schweine/Traue ihnen nicht, mein Kind/Sie wollen alle nur das Eine/weil Männer nun mal so sind«, kann immer noch gelacht werden, da in ihm ein Körnchen Wahrheit steckt: Männer denken tatsächlich mehr an Sex als Frauen, konzentrieren sich oft auch bei der Partnerwahl auf die Befriedigung der sexuellen Bedürfnisse. Erst in der Kombination von »männlichem Verlangen« und »weiblicher Beständigkeit«, von »männlicher Vernunft« und »weiblicher Emotionalität« (jetzt nenne ich nur Klischees, bei denen sich »männlich« und »weiblich« ohne

Weiteres tauschen ließen; es gäbe zudem unendlich viele Kombinationen von Eigenschaften, die nichts mit typischen Rollenzuschreibungen zu tun haben) erwächst eine interessante, langfristige Partnerschaft. Manche Unterschiede ziehen sich geradezu an. Eine Frau, die viel redet, passt zu einem Mann, der lieber zuhört. Passionierte Entscheider passen gut zu fügsamen Menschen.

Damit unterschiedliche Individuen mit unterschiedlichen Bedürfnissen zusammenkommen, müssen sie kommunizieren. Gerade frisch verliebte Paare haben ein unglaubliches Verlangen nach Kommunikation – sie können stundenlang miteinander telefonieren oder sich in einem Restaurant unterhalten, ohne dass sie die Zeit bemerken oder ermüden. Das viele Reden ist ein Abstimmungsprozess, der uns zeigt, ob die Puzzleteile zusammenpassen. Gleichzeitig werden im Verlauf der Unterhaltung die Ecken und Kanten der Teile so abgeschliffen, dass eine ideale Passform erreicht wird.

Wer heute allein lebt und sich nichts sehnlicher wünscht als einen Partner, muss – wie eben beschrieben – Mut aufbringen: den Mut für emotionale Zuwendung, den Mut, die eigenen Gefühle offen zu zeigen. Wer zum Ausdruck bringt, dass er ein wertvoller, begehrenswerter Mensch ist, wer zeigt, dass er dem Leben mutig begegnet, zieht die Suchenden ganz von selbst an. Innere Freiheit, Gelassenheit, Selbstakzeptanz, Integrität und ein wenig Abenteuerlust – nichts wirkt auf Männer wie auf Frauen attraktiver.

WAS MAN WISSEN MUSS, UM EINE ERFÜLLENDE BEZIEHUNG ZU LEBEN

! Sich selbst akzeptieren

Ihre Neigungen, Wünsche und Vorstellungen, Ihre Schrullen und Verrücktheiten: Akzeptieren Sie alles, was Ihre Identität ausmacht! Viele Beziehungen gehen allein dadurch kaputt, dass ein Partner sich nicht annehmen kann. Wer sich nicht selbst akzeptiert, sucht eine Bestätigung für seine Schwächen – und zweifelt dann am Lob und den Streicheleinheiten des Gegenübers. Wer sich nicht selbst akzeptiert, wird auch kaum in der Lage sein, den Partner zu akzeptieren. Zu sehr besteht die Identität eines Jeden aus »Ich« und den »anderen«. Wer an sich zweifelt, der überträgt das nagende In-Frage-stellen automatisch auch auf den anderen.

Akzeptieren Sie alle Ihre Seiten, lernen Sie aber vor allem Ihre positiven Seiten zu schätzen. Jeder Mensch besteht aus einem Mix unterschiedlicher Eigenschaften – und niemand kann nur objektiv perfekte Merkmale und Wesenszüge vorweisen. Wenn Sie sich selbst realistisch sehen, dann erkennen Sie womöglich, dass Ihre Schwächen nicht so dramatisch sind, dass aber Ihre Stärken von Ihrem Partner als ein einzigartiger Schatz wahrgenommen werden. Letztlich geht es bei einem Paar nur um die Kompatibilität der Partner, nicht um die Idealität des Einzelnen.

! Kompatibilität statt Idealität

Nicht die Kombination von möglichst idealen Partnern führt zu einer harmonischen Partnerschaft, sondern das Zusammensein von Menschen, die zueinanderpassen, die kompatibel sind. Es ist ein Irrtum zu glauben, dass der Wunschpartner ein Fotomodell oder ein Bodybuilder sein muss – gerade diese Traumpartner passen vermutlich gar nicht zur eigenen Person.

Kompatibel sind Menschen, deren Ecken und Kanten wie Puzzleteile zusammenpassen. Voraussetzung für ein erfolgreiches Zusammengehen mit dem kompatiblen Part ist jedoch, dass man seine Eigenheiten akzeptiert, dass man bedingungslos zu sich selbst steht.

❗ Raum und Zeit für sich selbst und für den anderen

In einer gelungenen Beziehung finden beide Partner den Raum und die Zeit, die sie für sich benötigen. Auch in einer Partnerschaft muss es möglich sein, den eigenen Gedanken und Ideen nachzugehen, die eigene Identität zu pflegen.

Manche haben in vergangenen Beziehungen die Erfahrung gemacht, dass ihr Partner ihnen keinen Raum gelassen hat. Sie haben die Beziehung oder Ehe dann als Gefängnis empfunden. Doch ist die Begrenzung der Freiheit nicht, wie viele meinen, das Wesen einer Beziehung. Unfreiheit und Zeitraub sind in einer Partnerschaft pathologische Erscheinungen, die nicht hinzunehmen sind. Wer mit ihnen leben will – egal ob als »Gefängnisaufseher« oder als »Insasse«–, der akzeptiert die schleichende Erosion der Beziehung.

❗ Keine faulen Kompromisse!

Wenn Sie in Ihrer Beziehung faule Kompromisse dem Partner zuliebe eingehen, wenn Sie Opfer bringen (»um des lieben Friedens willen ...«), dann werden die Kompromisse Sie verfolgen. Ein fauler oder falscher Kompromiss bedeutet, dass Sie Ihre Wünsche und Bedürfnisse nicht ganz erfüllen können, dass sie zumindest teilweise unbefriedigt bleiben. Womöglich entsteht so der Kern einer grundsätzlichen Unzufriedenheit, die dann über Monate und Jahre kontinuierlich wächst. Wenn Sie beginnen, sich für den Partner zu verbiegen, führt das zu keiner harmonischen Beziehung – im Gegenteil.

In einer harmonischen Partnerschaft hingegen können beide Beteiligten ihre Bedürfnisse voll und ganz erfüllen. Gerade aus dieser vollständigen Erfüllung entsteht das Glück.

Zur Bedürfniserfüllung müssen die Partner miteinander kommunizieren, sie müssen verhandeln. Ziel ist das Erreichen einer gegenseitigen Erfüllung, ohne dass dann noch von Kompromiss, von Einschränkung, von Nachgeben oder gar von Aufopfern die Rede wäre. Vom Glück des anderen profitieren immer beide.

! Sie sind die Hauptperson

Meine Patienten sagen mir häufig, dass ihnen ihr Partner Egoismus vorwirft, dass sie aber nicht egoistisch wirken wollen. Sie vermeiden dann jede Handlung und jede Aussage, die egoistisch aussehen könnte. Andere erklären, dass sie für ihren Partner alles Erdenkliche machen würden. Aber auf sich selbst achten sie zuletzt.

Befreien Sie sich von in der Kindheit verinnerlichten Vorstellungen, wie »Du darfst nicht im Mittelpunkt stehen«, »Du darfst nicht nur an dich denken«, »Du sollst dich nicht nach vorne drängen ...« Das sind unsinnige Verbote, die den Menschen in seiner Entwicklung blockieren und ihn steuerbar, ja unglücklich machen. Die Angst, womöglich als Egoist zu erscheinen, hält viele Menschen von der Erfüllung ihrer Bedürfnisse ab. Wer aber kann Ihre Wünsche verwirklichen, wenn nicht Sie selbst? Egoismus heißt übersetzt: an sich selbst denken, für sich selbst zuständig sein. Denken Sie an sich selbst – das muss nicht auf die Kosten des anderen sein, im Gegenteil.

❗ Vergessen Sie alte Beziehungen

Konzentrieren Sie sich auf das Hier und Jetzt. Es ist nicht produktiv, frühere, negative oder idealisiert-positive Erfahrungen auf den aktuellen Partner zu übertragen. Eine unbewusste Angst vor der Katastrophe (mit der womöglich eine vorausgegangene Beziehung geendet hat) führt meist sicher zur – Katastrophe.

Manche Partner bekommen ihre vorausgegangenen Erfahrungen nicht aus dem Kopf und übertragen deren scheinbare Zwangsläufigkeit auf die aktuelle Partnerschaft. Schnell rutschen sie durch diese selbsterfüllende Prophezeiung beispielsweise in eine Opferrolle: Mir geschieht ja immer dieses Unglück … Oder sie projizieren ihre alten Vorstellungen und Vorurteile auf den Partner, vergleichen ihn mit einem idealisierten Vorgänger, ohne dass dieser das verdient hätte. Wer so denkt und handelt, der legt über individuelle Menschen und Beziehungen eine Schablone, die keinem von beiden gerecht wird. Ihr Partner ist nicht verantwortlich für die Vergangenheit. Und auch Sie sind nicht mehr das Kind, das einst den Eltern ausgeliefert war: Sie haben jede erdenkliche Freiheit und Macht, die aktuelle Situation nach den aktuellen Erfordernissen neu zu klären.

❗ Schaffen Sie Verständnis

Reden ist Silber, Schweigen ist Gold – dieser Spruch passt nicht immer. Über alle Dinge, mit denen Sie in einer Beziehung nicht zufrieden sind, müssen Sie reden. Die Erwartung, dass Ihr Partner Sie auch ohne Worte versteht, ist falsch. Unsere Bedürfnisse sind so komplex und vielfältig, dass der Mensch Worte benötigt, um seine Wünsche nachvollziehbar zu machen (auch für sich selbst). Viele Menschen haben Angst davor, dem Partner ihre Bedürfnisse oder Schwierigkeiten zu offenbaren. Das erscheint ihnen unangenehm. Viel unangenehmer wird es jedoch, wenn ein kleiner Anlass zu einem großen Streit führt, man mit der aufgestauten Frustration herausplatzt – und der Partner aus allen Wolken fällt. Je früher und klarer Sie Ihre Sorgen und Wünsche ausdrücken, umso leichter werden Sie Gehör finden – und unangenehme Diskussionen oder gar Streit vermeiden.

! Sanfte Bitte, große Wirkung

Je diplomatischer und sanfter Sie um etwas bitten können, desto glücklicher wird Ihre Beziehung sein. Jeder Mensch fühlt sich im Grunde geschmeichelt, wenn er um etwas gebeten wird. Der Gebetene fühlt sich in seiner Wichtigkeit bestärkt und gewinnt an Größe und Stolz. Trotzdem vermeiden es viele Menschen, ihrem Partner gegenüber Bitten zu formulieren – weil sie das als Ausdruck der eigenen Schwäche empfinden. Das Gegenteil ist jedoch der Fall: Wer mit Diplomatie und Freundlichkeit bittet, bekommt sanfte Macht über den anderen. Beide Beteiligten profitieren von der Bittstellung, erleben eine Steigerung ihrer Bedeutung.

! Erforschen Sie die Erwartungen Ihres Partners

Manche Menschen leben in einer Partnerschaft, ohne zu wissen, was der Partner tief in seinem Inneren wünscht. Dabei sind unerfüllte Bedürfnisse häufig die Ursache für Probleme oder Streit in einer Partnerschaft. Um besser zusammenzuleben und zukünftige Konflikte zu vermeiden, sollte man die Bedürfnisse des Partners möglichst genau kennen. Viele Menschen haben jedoch Hemmungen, ihre Erwartungen in klare Worte zu fassen, und flüchten sich in Allgemeinplätze. Manch einer ist sich der eigenen Wünsche vielleicht gar nicht richtig bewusst und kann sie deshalb nur unzureichend formulieren.

Geben Sie sich nicht mit halben und unbefriedigenden Antworten und Erklärungen Ihres Partners zufrieden. Sie müssen wissen, was er wünscht und will. Sie müssen wissen, was ihn glücklich macht und was nicht. Ermuntern sie ihn, seine Erwartungshaltung genau zu formulieren.

! Motivieren statt manipulieren

Manipulieren bedeutet, den anderen bewusst oder unbewusst zu täuschen. Man benutzt eine Strategie, die dem Gegenüber nicht transparent ist, die es überrumpeln soll. Motivieren bedeutet, den anderen unter klaren Bedingungen zu ermutigen, etwas zu tun. Er bekommt die Rolle eines gleichgestellten Partners und macht freiwillig das, was Sie von ihm wünschen.

In der Regel greifen gerade die Menschen, die nicht an sich glauben oder die unzufrieden sind, zum Mittel der Manipulation – bewusst oder unbewusst. Sie arbeiten mit seelischem Druck oder erzeugen künstlich ein Schuldgefühl beim Gegenüber. Die Menschen hingegen, die selbstbewusst sind und genug Selbstakzeptanz und innere Freiheit besitzen, sind in der Lage, den Partner zu motivieren und eine paritätische Partnerschaft aufzubauen, in der beide Seiten zufrieden sind.

Der Unterschied zwischen Manipulation und Motivation ist der Grad der Offenheit. Je mehr Offenheit und Transparenz, je weniger Ängste in einer Beziehung herrschen, umso entspannter, angenehmer und dauerhafter kann sie sich gestalten.

! Emotionale Zuwendung

Finden Sie heraus, welche und wie viele Strokes (= emotionale Zuwendungen oder Streicheleinheiten) Ihr Partner wünscht und benötigt. Mit diesem Wissen können Sie für das eigene Glück viel erreichen!

Eine Beziehung erfüllt immer den Zweck, uns durch den Austausch von Strokes emotional zu nähren und uns in unserer Bedeutung zu bestätigen. Ein Stroke kann verbal oder nonverbal, kann angenehm, manchmal auch unangenehm sein. Jeder Stroke zeigt uns, dass wir wahrgenommen werden. Wir sind für den anderen nicht gleichgültig.

Durch die Beantwortung folgender Fragen können Sie herausfinden, wie gut Sie mit Strokes umgehen:

Wie viele Strokes gebe ich? (je mehr positive und vom anderen gewünschte Strokes, desto besser für die Beziehung!)

Wie viele Strokes nehme ich an? (je mehr positive und von mir gewünschte Strokes ich annehme, umso besser)

Kann ich ungewünschte Strokes erfolgreich abwehren?

Bin ich in der Lage, um Strokes zu bitten? (je offener, umso besser)

Mit wie vielen positiven Strokes beschenke ich mich selbst? (für manche ein neuer Gedanke; selbst erteilte Strokes sind Ausdruck einer guten Selbstakzeptanz).[65]

❗ Gemeinsam leben

Eine Beziehung ist keine Fabrik, in der alles funktionieren muss (vom Hausbau bis hin zur Bedienung der Kredite). Eine Beziehung ist vielmehr eine Gemeinschaft, um Strokes auszutauschen.

Unternehmen Sie zu zweit das, was Ihnen beiden Freude bringt. Verabreden Sie sich regelmäßig zu schönen Stunden, die Sie in Erinnerung behalten werden. Es reicht nicht aus, entspannte Zweisamkeit auf einen zweiwöchigen Jahresurlaub zu beschränken – dann wird der Erwartungsdruck so hoch, dass auch diese zwei Wochen zum Scheitern verurteilt sind. Vor allem: Geben Sie den angenehmen Aktivitäten Priorität vor der Arbeit und anderen Pflichten. Das ungetrübte gemeinsame Vergnügen bringt Sie einander näher.

❗ Bestätigen Sie Ihren Partner in seiner Bedeutung

Stellen Sie Ihren Partner auf einen imaginären Marmorsockel. Alle Menschen sehnen sich danach, einzigartig zu sein. Die Anerkennung der Bedeutung des anderen ist ein Schlüssel zu einer glücklichen Beziehung. Solange der Partner von Ihnen die Anerkennung bekommt, die er sich sehnlichst wünscht, wird er kein Verlangen entwickeln, sich diese Bestätigung woanders zu holen. Tatsächlich verabschieden sich Partner meist dann aus einer Beziehung, wenn sie eine neue und bessere Quelle für ihre Bedeutungsbestätigung gefunden haben. Mit anderen Worten: Wenn Sie Ihrem Partner nie sagen, wie gewünscht, attraktiv, toll, einzigartig und wichtig er ist, riskieren Sie früher oder später die Beziehung.

❢ Erweitern Sie Ihre Vorstellung von Sexualität

Es sind Klischees: Ein Mann versteht unter Liebe meist den Sex – und doch will er die ganze Beziehung mit allen Streicheleinheiten. Eine Frau versteht unter Liebe meist Zärtlichkeit und Zweisamkeit, ohne an den Sex zu denken. Mann und Frau hegen oft diese gegenseitigen Vorstellungen von der männlichen und weiblichen Sexualität. Sie denken in unterschiedlichen Schubladen und verkennen dabei die ganze Breite und Komplexität unserer »Intimacy« (wie die umfassende Zweisamkeit und Sexualität im angelsächsischen Raum genannt wird).

Es tut gut, sich vor Augen zu halten, dass auch der Mann mehr will als den Akt, und dass auch die Frau guten Sex genießt. Die Vorstellung, dass Frau und Mann im Bett nicht zueinanderpassen, ist eine Idee mancher Feministinnen und manch schlecht informierter Buchautoren. Tatsächlich wollen beide dasselbe – sie benennen es mitunter nur anders. Gerade wenn die Partner nicht über Liebe und Sex reden, dann denken sie oft weiter in getrennten Schubladen, dann vollziehen sie den Sex als Pflichtübung, der beide unzufrieden zurücklässt – und sie finden nicht zur gemeinsam gelebten Liebe.

Alle Formen der Sexualität, die Ihnen und Ihrem Partner Freude bereiten, sind Ausdruck der Liebe – von angenehmen Strokes bis hin zum Sex – so wie Sie und Ihr Partner ihn mögen. Begreifen Sie Sexualität als ein breites Feld, auf dem Sie Erfüllung finden können.

! Gestalten Sie Ihre Beziehung

Wenn Sie nicht daran glauben, dass Sie Ihre Beziehung gestalten können, wenn Sie denken, dass das nicht in Ihrer Macht liegt, dann haben Sie das gemeinsame Glück schon aufgegeben. Die Vorstellung der eigenen Machtlosigkeit ruiniert die Beziehung. Machen Sie sich Ihre Gestaltungsmöglichkeiten bewusst. Jeder Erwachsene besitzt die Freiheit, sein eigenes Leben und damit auch seine Partnerschaft ganz selbstbestimmt zu formen. Nehmen Sie diese Macht und zugleich Verantwortung an!

Das wahre Leben – immer vielfältiger als alle Theorien

Nach etwa drei Jahren treffe ich meine Freundin Esther wieder. Sie und ihr Mann hatten es damals nicht geschafft, die Beziehung ins Lot zu bringen. Sie konnte das an ihr nagende Misstrauen nicht abschütteln. Nun leben sie getrennt.

»Ist gut für die Karriere«, behauptet Esther, die jetzt als wissenschaftliche Mitarbeiterin an einer süddeutschen Universität arbeitet. »Ich kann meine Forschung vorantreiben, ohne immer daran denken zu müssen, an welche Frauen mein Mann gerade denkt.«

Trotzdem ist Esther nicht ganz allein. Es gibt jemanden, schon seit mehr als einem halben Jahr …

»Kannst du dir das vorstellen, ich habe im Januar an der Uni einen Kollegen aus Südamerika getroffen, Carlo. Wir haben uns so gut verstanden, hat schon in der ersten Woche gefunkt!«

»Super. Seid ihr schon zusammengezogen?«

»Nicht so schnell. Er war damals nur eine Woche in Deutschland. Jetzt ist er in São Paulo, an der dortigen Uni. Seit sechs Monaten und 21 Tagen habe ich ihn nicht mehr gesehen.«

»Nein!«

»Es wäre einfach zu teuer, zwischen den Kontinenten zu pendeln. Weder sein noch mein Gehalt geben das her. Aber zum Jahreswechsel – dann fliege ich doch.«

»Du musst aufpassen, vielleicht wirst du ihn nicht wiedererkennen«, scherze ich.

»Wo denkst du hin! Wir telefonieren jeden Tag über Skype! Das ist fast wie zusammenleben.«

Esther erzählt mir, dass Carlo gerade eine gescheiterte Ehe hinter sich hat. Die Trennung war für ihn eine schmerzhafte Erfahrung – seine drei Kinder leben jetzt bei der Exfrau, besuchen ihn aber regelmäßig. Skype bietet Carlo die Möglichkeit, eine neue Beziehung mit Sicherheitsabstand zu beginnen. Sein Leben ist noch so durcheinander, dass er geradezu Angst vor einer realen Partnerschaft hat. Esther hat sich darauf eingelassen, da sie gerade ein Forschungsprojekt betreut und fast jeden Abend lange in der Uni sitzt. Einen Freund zu Hause, der deswegen ständig nörgelt, kann sie nicht gebrauchen.

»Okay, ich verstehe, dass es so für euch gerade praktisch ist. Aber auf Dauer? Nur telefonieren? Keine körperlichen Streicheleinheiten? Ich würde das vermissen.«

»Die Vorteile überwiegen! Ich schlafe besser als früher. Ich kann mit ihm via Skype intensiver reden als mit meinem Ex! Carlo versteht mich so unendlich viel besser!«

»Und der Sex?«

»Wer weiß, vielleicht ziehen wir ja zusammen. Nächstes Jahr oder so. Ist nicht ausgeschlossen. Und überhaupt, der Sex mit einem Mann wird überbewertet.« Sie grinst.

Die Skype-Beziehung bietet Esther und Carlo im Augenblick Sicherheit vor Beziehungsproblemen und Enttäuschungen. Wenn sie beide eine echte Beziehung eingehen, beginnen womöglich wieder die altbekannten Dramen. In der momentanen Situation ihres Lebens bekommen sie durch die »virtuelle Beziehung« das, was sie sich wünschen. Doch irgendwann, wenn sich bei Carlo die privaten Umstände gefestigt haben und Esther ihr Projekt abgeschlossen hat, werden neue Bedürfnisse wachsen, die voraussichtlich mithilfe von Skype nicht mehr befriedigt werden können.

Esthers Geschichte zeigt, dass das Schicksal oft überraschende Wege geht. Man sucht in der Singlebörse vielleicht nach dem Mann in der Nachbarschaft – und findet ihn in Südamerika. Oder man glaubt, die ganze Weltbevölkerung nach dem einen scannen zu müssen – und irgendwann bemerkt man, dass er schon lange im Nachbarhaus auf einen wartet. Esthers Beispiel verdeutlicht zudem, dass es für ein erfüllendes Leben keine Patentrezepte gibt. Die Menschen müssen für sich selbst entscheiden, was ihnen guttut. Manchmal ist es eben eine Fernbeziehung.

Auch die Journalistin Karola ist nicht einsam geblieben. Sie hat jetzt zwei Freunde – und kann sich nicht entscheiden. Wir haben lange miteinander telefoniert und viel gelacht.

»Wolltest du nicht den Traummann finden, den Prinzen?«

»Es gibt eben mehr als einen Prinzen«, lacht Karola. »Aber im Ernst. Sie sind beide perfekt, jeder auf seine Art.«

»Erzähl!«

»Thomas habe ich im Skiurlaub kennengelernt, in Garmisch. Genauso alt wie ich. Ein ehrgeiziger Typ, aber trotzdem sympathisch. Er will die Welt erobern und mich mitnehmen. Stell dir vor, er wollte mit mir schon nach Rom fliegen, nur für ein Wochenende. Leider hatte ich da gerade ein Interview.«

»Und der andere?«

»Sandro. Ist viel älter als ich! Sechzehn Jahre!«

»Okay …«

»Zuerst fand ich das komisch, so ein alter Mann, nur sieben Jahre jünger als mein Vater. Aber er hat sich dann sanft und beharrlich in mein Herz geschlichen.«

»Was unterscheidet ihn von deinem jungen Verehrer?«

»Er gehört noch zu den Typen, die Frauen auf Händen tragen. Er hat immer Zeit für mich, besorgt alles für mich … und bezahlt sogar die Restaurantrechnungen!«

»Haben die Jungen verlernt, ich weiß.«

»Er ist auch so gelassen. Regt sich über nichts auf. In seiner Gegenwart geht es mir einfach gut. Das Glücksgefühl kommt von ganz tief drinnen.«

»Empfindest du das auch bei Thomas?«

»Darüber habe ich schon nachgedacht. Bei ihm ist es irgendwie anders, aber auch gut. Es ist so intensiv. Er zieht mich mehr mit.«

»Triffst du dich mit beiden?«

»Wird schon anstrengend, Arbeit und Freunde zu koordinieren. Sie dürfen sich ja nicht begegnen, sie wissen nichts voneinander!« Karola lacht.

»Lass dein Gefühl entscheiden, sonst …«

»Muss ich wohl. Sonst verliere ich irgendwann beide, du hast ja recht. Aber es ist so verdammt schwer … ich glaube, ich werde sie überreden, mit mir in einer Dreierbeziehung zu leben.«

»Nicht dein Ernst.«

»Nein, nicht wirklich, aber wer weiß …«

Fast alle Beziehungsprobleme haben psychologische Ursachen. Deshalb lassen sie sich nicht mit Medikamenten, sondern nur mit einer psychologischen Therapie lösen.

In meiner Praxis für psychologische Beratung kümmere ich mich um Paare und versuche, in gemeinsamer Arbeit ihre Beziehungsprobleme offenzulegen und anschließend zu beseitigen.

Wenn Sie in einer zerrütteten Ehe leben, wenn das Sexleben eingeschlafen ist, oder wenn Sie Ihren Partner nicht mehr verstehen – zögern Sie nicht, mich oder einen anderen Therapeuten anzusprechen. Es ist

meist besser, diese Probleme möglichst früh zu lösen, als einen neuen Partner zu suchen und dann in dieselben unproduktiven Muster zu rutschen.
Glück lässt sich erlernen!

Ihre Lena Kornyeyeva

eMail: kornyeyeva@imbdp.de
Twitter: @Doktor_Lena

ANHANG

Antworten im Wortlaut auf meine Umfrage
»Fünf Haupteigenschaften, die meine Wunschpartnerin/
mein Wunschpartner nach meiner Erwartung haben soll«

(Befragung von 173 Personen von Januar bis April 2015)

Frau, 50:

Muss mir ebenbürtig sein, aufmerksam (›Alte Schule‹),
selbstständig, mit beiden Beinen im Leben stehen, offen und ehrlich,
aktiv

Frau, 50:

Verständnis, Offenheit, Vertrauen, Respekt

Frau, 51:

Verschmust sein, rücksichtsvoll, treu, ehrlich, finanziell abgesichert

Frau, 49:

Humor, emotionale Intelligenz, Intelligenz, Empathie

Frau, 51:

Zuverlässigkeit, vertrauen können, Ehrlichkeit, Humor,
der Fels in der Brandung sein

Frau, 24:

Ehrlichkeit, Treue, Vertrauen, freundlich, Freiräume lassen/
nicht einengen

Frau, 50:

Ehrlichkeit, Treue, zuhören können, Fleiß, gepflegtes Erscheinungsbild

Frau, 54:

Verständnisvoll, aufmerksam, gefühlvoll, treu, humorvoll

Frau, 27:

Treue, zuverlässig, Freundlichkeit, Aufmerksamkeit, Ehrlichkeit

Frau, 49:

festes Einkommen, im Haushalt mit zupacken, gebildet, zuvorkommend, liebevoll

Frau, 50:

Ehrlichkeit, Humor, er sollte liebevoll sein, Geselligkeit, kinderlieb

Frau, 51:

Treue, zugewandt sein, herzlich, lachen können, unternehmungslustig

Frau, 49:

Liebevoll, Ehrlichkeit, Vertrauen, Toleranz, experimentierfreudig im Bett (Sex)

Frau, 50:

Gesundes Selbstbewusstsein, treu, humorvoll, zuverlässig, lieb

Frau, 51:

Humor, Wertschätzung, Einfühlungsvermögen, Liebe/großes Herz, sich selbst lieben/akzeptieren

Frau, 52:

Treu, zuverlässig, liebevoll, verständig, offen

Frau, 52:
Liebevoll, schöne Augen, verständnisvoll, schöne Zähne, beschützend

Frau, 57:
Loyal, ähnliche Interessen/Hobbys, herzlich/einfühlsam, aufgeschlossen gegenüber ›fremden‹ Menschen, respektvoller Umgang

Frau, 54:
Intelligent, humorvoll, finanziell unabhängig, treu

Frau, 46:
Humor teilen können, Selbstständigkeit, Ehrlichkeit, Frohnatur, Probleme zusammen lösen können

Frau, 66:
Ehrlich, treu, einfühlsam, verantwortungsvoll, zuverlässig

Frau, 51:
Ehrlich, intelligent, zuverlässig, gebildet, reiselustig

Frau, 48:
Zuverlässig, humorvoll, einfühlsam, großzügig, treu

Frau, 52:
Ehrlich, treu, einfühlsam, sozial, aktiv

Frau, 46:
Strebsam, verantwortungsbewusst, zärtlich, liebevoll, treu

Frau, 52:
Humorvoll, ehrlich, verständnisvoll, zärtlich, gewissenhaft

Frau, 47:

Zuverlässigkeit, Humor, Einfühlungsvermögen, Treue, Zärtlichkeit

Frau, 49:

Humorvoll, zuverlässig, treu, liebevoll, ehrlich

Frau 51:

Einfühlsam sein, Verlässlichkeit, Manieren, Sauberkeit, witzig

Frau, 54:

Treue, Zuverlässigkeit, Humor, Toleranz, Intelligenz

Frau, 45:

Aufmerksamkeit, Einfühlsamkeit, Verständnis, liebevoll, geduldig

Frau, 44:

Humor, Ehrlichkeit, Herzlichkeit, Verlässlichkeit, Treue

Frau, 55:

Humor, selbstständig (nicht beruflich gemeint), gepflegt
(aber nicht eitel), gebildet (mind. mein Niveau),
größer als ich

Frau, 56:

Humorvoll, einfühlsam, klug, tolerant, eigenständig

Frau, 49:

Vertrauen/Verlässlichkeit, Helfer im Haushalt, Pünktlichkeit,
Aufmerksamkeit, Sex-Appeal

Frau, 55:

Ehrlichkeit = oberste Priorität, Empathie

232

Frau, 37:
Treu, ehrlich, liebevoll/verständnisvoll, fleißig, kinderlieb

Frau, 54:
Humor/Witz, positive Lebenseinstellung, Intelligenz!, Einfühlsamkeit/
Empathie, Beständigkeit/Bodenhaftung

Frau, 32:
Ehrlichkeit, liebevoll/zärtlich sein, er sollte voll im Leben stehen
(berufstätig, finanziell abgesichert, selbständig), Treue, humorvoll

Frau, 51:
hilfsbereit, einfühlsam, gleichwertiger Partner, Familienmensch,
aufgeschlossen

Frau, 48:
Ehrlichkeit, verantwortungsvoll, treu, liebevoll, zärtlich

Frau, 53:
treu, ehrlich, humorvoll, hilfsbereit, zuverlässig

Frau, 49:
Zuverlässigkeit, liebevoll, Respekt, lustig

Frau 34:
Treue, Vertrauen, Zuverlässigkeit, liebevoll, humorvoll

Frau, 50:
Humor, Toleranz, Lebensfreude, Wärme, Zuverlässigkeit

Frau, 46:
Humor, Freundlichkeit, fleißig, sexuelle Anziehung, größer als die Frau

Frau 54:

Einfühlungsvermögen, Zuverlässigkeit, liebevoll, humorvoll, ehrlich

Frau 49:

Liebevoll, Aufmerksamkeit

Frau 51:

Ehrlichkeit, ausgewogenes Sexualleben, Zuverlässigkeit, Aufmerksamkeit, gepflegtes Äußeres

Frau, 52:

Vertrauen, Treue, Liebe, verständnisvoll, unternehmungslustig

Frau, 54:

Liebe und Einfühlungsvermögen, Entscheidungsfähigkeit, Ehrlichkeit, Zuverlässigkeit, Aufgeschlossenheit, Humor

Frau, 51:

Humorvoll, Zuverlässigkeit, Gelassenheit, einfühlsam, ehrlich

Frau, 54:

Treu, fürsorglich, ehrlich, gemeinsame Interessen, häuslich

Frau, 57:

Treue, Verantwortung, Sauberkeit, Sparsamkeit, Humor

Frau, 45:

Treu; aufrichtig; ehrlich; mich so nimmt, wie ich bin; höflich, nett und lieb

Frau, 46:

Ehrlichkeit, Treue, humorvoll, zuverlässig, zärtlich und erotisch

Frau, 67:

Klug, gesprächsbereit, witzig, gepflegt, freundlich

Frau, 48:

Ehrlich und verlässlich; keine schlechten Angewohnheiten: rauchen, trinken, spielen; sollte mich zum Lachen
bringen; sollte gebildet sein; die sexuellen Bedürfnisse
erfüllen

Frau, 47:

Ehrlichkeit, Treue, Humor, zärtlich/erotisch, Respekt

Frau, 48:

Treue, Gerechtigkeit, Hilfsbereitschaft, Zärtlichkeit, Fürsorge

Frau, 47:

Wissen, was er möchte; eigene Meinung und eigenes Ziel;
herzlich; Familienmensch; sauberes Auftreten; Ehrlichkeit;
kampfbereit; Zusammenhalt in Beziehung

Frau, 60:

Liebevoll, zärtlich, zuverlässig, pünktlich, treu

Frau, 63:

Treu, freundlich, ehrlich, Zeit zusammen verbringen, Probleme
besprechen

Frau, 47:

Mich akzeptieren wie ich bin, treu, ehrlich, verantwortungsvoll

Frau, 29:

Treue, Ehrlichkeit, Charme, Witz, Kritikfähigkeit

Frau, 60:

Mich lieben, Zärtlichkeit, treu, gebildet, großzügig

Frau, 60:

Treue, Einfühlungsvermögen, Selbstbewusstsein, Bildung, liebevoll

Frau, 45:

Treu, ehrlich, liebevoll, zärtlich, gesund, intelligent, aufmerksam

Frau, 36:

Innere Entspannung und Ausgeglichenheit, Ehrlichkeit,
Führungsqualitäten, Mitgefühl, finanzielle Sicherheit

Frau, 61:

Empathisch, ehrlich, zuverlässig, gebildet, großzügig

Frau, 60:

Ehrlichkeit, Zuverlässigkeit, Einfühlungsvermögen,
Aufgeschlossenheit, Humor

Frau, 49:

Treu, herzlich, lieb, sportlich

Frau, 42:

Humorvoll, ehrlich, kompromissbereit, gut aussehend, liebevoll

Frau, 53:

Humor, Einfühlungsvermögen, symp. Aussehen, aktiv sein,
gesicherte Existenz (regelmäßiges Einkommen)

Frau, 54:

Treue, Ehrlichkeit, Humor, Verlässlichkeit, sozialer Umgang

Frau, 47:

Humor, Empathie, Lebendigkeit, Ehrlichkeit, sympathisches Äußeres

Frau, 53:

Respekt vor Mensch und Tier; Selbstständigkeit, finanziell,
beruflich tätig; fröhlich und lustig, intelligent; zuverlässig
und fürsorglich; liebevoll und sexuell aktiv

Frau, 49:

Humor, er sollte auch mal über sich selbst lachen können;
Treue; Ehrlichkeit; Familiensinn; nicht übermäßig eifersüchtig

Frau, 53:

Ehrlich, zuverlässig, liebevoll/einfühlsam, treu, humorvoll

Frau, 60:

Humor, Herzenswärme, Treue, Lebenserfahrung, gute Allgemeinbildung,
finanziell unabhängig, kinderlieb, Familienmensch (Achtung vor
dem Alter)

Frau, 66:

Klug, gelassen (kein HB-Männchen), sportlich, schlank, abenteuerlustig

Frau, 58:

Aufrichtig-ehrlich, einfühlsam-mitfühlend, zuverlässig, soll gutes
Selbstwertgefühl haben, Treue

Frau, 56:

Zuverlässig, liebevoll, kinderlieb, ehrlich, gut aussehend, gepflegt

Frau, 58:

Hübsch, ehrlich, sportlich, charmant, humorvoll

Frau, 64:
Treue, Liebe, Ehrlichkeit, Vertrauen, Spontaneität

Frau, 76:
Vertrauen, Zuverlässigkeit, Zusammenhalt, Ehrlichkeit, lustig

Frau, 47:
Ich muss mich auf ihn verlassen können; dass er mich so nimmt, wie ich bin; mich im Haushalt und bei den Kindern unterstützt; an meinem Leben Interesse zeigt; mich in den Arm nimmt und mir Kraft gibt

Frau, 34:
Humor, sauberes Auftreten, Hobbys teilen können (z. B. Skifahren, Motorradfahren), wenig Alkohol trinken, kochen können

Frau, 50:
Ehrlichkeit, Respekt, verlässlich, treu

Frau, 53:
Ehrlichkeit, Treue, Humor, Zuverlässigkeit, fürsorglich

Frau, 42:
Treu, ehrlich, offen, Humor, Verständnis

Frau, 42:
Humorvoll, Zuverlässigkeit, Treue, Sensibilität, Ausstrahlung

Frau, 48:
Treu, humorvoll, verständnisvoll, sportlich, intelligent

Frau, 48:
Treue, Zielstrebigkeit, Humor, romantisch, sportlich

Frau, 54:

Fröhlich, lebensbejahend, einfühlsam, flexibel, naturverbunden

Frau, 55:

Eine Beziehung zu Gott (Jesus Christus) haben, weitherzig und großzügig, kommunikativ, interessiert (dem Leben zugewandt, intelligent), sportlich (etwas), zumindest sich gerne bewegen

Frau, 53:

Humor, Intelligenz, Ehrlichkeit, Treue, Flexibilität

Frau, 52:

Treue, humorvoll, gepflegtes Äußeres, ehrlich, Schultern zum Anlehnen

Frau, 50:

Aufrichtig und ehrlich, liebevoll, aufmerksam, höflich, gepflegt; er soll sich wünschen, dass es mir gut geht

Frau, 45:

Humor, Toleranz, eigene Meinung, gute Manieren, Allgemeinwissen

Frau, 24:

Treue, Humor, dunkle Haare, ›im Leben stehen‹ (unabhängig), Ehrlichkeit

Frau, 35:

Treue, Geduld, Barmherzigkeit, Sanftmut, zielstrebig

Frau, 41:

Humorvoll, spontan, gebildet, unternehmungslustig, aufgeschlossen

Frau, 44:

Treu, ehrlich, charmant, hilfsbereit, freundlich

Frau, 46:

Zuverlässigkeit, Ehrlichkeit, Toleranz, Spontaneität, Humor

Frau, 55:

Großzügig, gepflegt, humorvoll, tolerant, gesund

Frau, 45:

Ehrlichkeit, Flexibilität, Sauberkeit, tierlieb, humorvoll

Frau, 62:

An der Hausarbeit beteiligen, Humor, sollte mit Geld umgehen können, Familiensinn, gleiche Freizeitinteressen

Frau, 56:

Rücksichtsvoll, zärtlich, handwerklich begabt, klug, körperlich kräftig

Frau, 45:

Treue, Vertrauen, gutes Einfühlungsvermögen, mich mit meinen Macken, Ecken und Kanten nehmen, ehrlich, höflich

Frau, 60:

Ehrlich, treu, witzig, klug, einfühlsam

Frau, 51:

Ehrlichkeit, Zuverlässigkeit, Treue, Liebe/Zärtlichkeit, Sauberkeit/Ordnung

Frau, 51:

Humorvoll, unternehmungslustig, zuverlässig

Frau, 55:

Ehrlich, treu, verantwortungsbewusst, humorvoll, zärtlich

Frau, 60:

Verständnis für den Partner, über alles ehrlich reden können,
öfter zusammen lachen, Anerkennung erhalten, mit Freunden etwas
zusammen unternehmen

Frau, 55:

Ehrlichkeit, Treue, Humor, Gelassenheit, verlässlich

Frau, 57:

Ehrlich, intelligent, humorvoll, liebevoll, häuslich

Frau, 61:

Humorvoll, zuverlässig, einfühlsam, großzügig

Frau, 44:

Gebildet, gepflegt, ›mit beiden Beinen im Leben stehen‹, lebensfroher
Macher, sportlich, flexibel

Frau, 53:

Humor, Zuverlässigkeit, Treue, Ehrlichkeit, Stärke

Frau, 51:

Zuverlässigkeit, Treue, respektvoll, verantwortungsbewusst,
Ehrlichkeit

Frau, 55:

Humor, Ehrlichkeit, Verlässlichkeit, Einfühlsamkeit, Verständnis

Frau, 39:

Ehrlichkeit, humorvoll, liebevoll

Mann, 30:

Attraktiv, sympathisch, möglichst dieselben Vorlieben, immer zu mir stehen (Zusammenhalt), vorbildlicher Umgang mit Geld!

Mann, 35:

Humor, Leidenschaft, Intelligenz, pflichtbewusst, treu

Mann, 50:

Natürliche Herzlichkeit, Ehrlichkeit, Toleranz, Engagement, Attraktivität

Mann, 47:

Treue, Verständnis, liebevoll, selbstbewusst, Gelassenheit

Mann, 49:

Gebildet, gut aussehend, gutmütig, ehrlich/treu, kommunikativ

Mann, 56:

Keine Wunschpartnerin mehr, weil ich nach 32 Jahren sehr von einer Frau enttäuscht wurde! Das Vertrauen ist dahin!

Mann, 49:

Liebevoll, treu, ehrlich, lustig, kommunikativ

Mann, 50:

Sie muss etwas an sich haben, was mich an sie bindet, z. B. starke Ausstrahlung oder tolle Augen, eine tolle Art etc. Ich muss mich in sie verlieben können. Sollte vielseitigen, abwechslungsreichen Sex mögen. Sie ist vielseitig, kann in High Heels, aber auch in Jeans und Turnschuhen. Mag Sport und ist Nichtraucher. Ist zuverlässig, ehrlich, lieb, kann verwöhnen und mag verwöhnt werden!

Mann, 54:

Zuverlässigkeit, Ehrlichkeit, adrettes Aussehen (sollte auf ihr Äußeres achten), Treue, Offenheit

Mann, 27:

Zuverlässigkeit, nettes Äußeres, Humor, Offenheit, Lockerheit

Mann, 51:

Gefühlvoll, ehrlich, hübsch, Teamfähigkeit, nicht vollschlank/dick

Mann, 41:

Blauäugig, liebevoll, ordentlich, natürlich, dünn

Mann, 40:

Humorvoll, passende Chemie, sexy, freundlich, treu

Mann, 52:

Intelligenz, Einfühlsamkeit/Feingefühl, Allgemeinbildung, Anpassungsfähigkeit, Lebensfreude

Mann, 56:

Ehrlich, treu, zuverlässig, zu mir passend (Figur, Größe etc.), bescheiden

Mann, 76:

Vertrauen, Zuverlässigkeit, Ehrlichkeit, Lebensfreude/positive Lebenseinstellung, liebevoller Umgang miteinander

Mann, 55:

Ehrlich, humorvoll, gemütlich, geduldig, zufrieden

Mann, 55:

Zuverlässigkeit, Treue, Respekt, Gewichtsbewusstsein (auf die Figur achtend), sportlich

Mann, 45:

Ausstrahlung, Sympathie (beiderseitig), fröhlich, lustig, einfühlsam, schöne Augen (lachende Augen), so wie die Sonne aufgeht, Verständnis

Mann, 55:

Verlässlich, treu, fürsorglich, herzlich, fröhlich, positive Lebenseinstellung, attraktiv, gepflegt, gebildet, intelligent

Mann, 52:

Ehrlichkeit, Treue, Zuverlässigkeit, Natürlichkeit, Humor

Mann, 50:

Sympathisch, einfühlsam, gebildet, attraktiv, spontan, etwa meine Größe

Mann, 44:

Sie muss interessant sein, mich mit ihrem Wesen/ihrer Art ansprechen und ich muss mit ihr reden können; sie sollte sportlich sein; sie sollte mir (optisch) gefallen; sie sollte Humor haben; die Interessen sollten möglichst passen

Mann, 49:

Gut aussehend, attraktiv, gleiche/ähnliche Interessen, treu, ähnlicher Humor, offenes und freundliches Wesen

Mann, 32:

Selbstbewusstsein, liebevoll, Kreativität, Ehrlichkeit, gebildet

Mann, 52:

Achtsam, rücksichtsvoll, liebevoll, respektvoll, selbstständig

Mann, 74:

Noch lange bei mir ist, gesund bleibt, noch viel mit mir erlebt

Mann, 61:

Einfühlungsvermögen und Empathie, Hilfsbereitschaft, gute Bildung, gute Beweglichkeit (körperlich und geistig), Reiselust, Nichtraucher, Alkohol nur gelegentlich

Mann, 51:

Harmonie, Spaß am Leben, Bereitschaft zu Reise und Urlaub, Bewegung und Ernährung, Selbstbewusstsein, eigenständig-motiviert-engagiert

Mann, 63:

Tolerant, weltoffen, geistig und körperlich aktiv, in Beruf und Leben selbstständig, liebevoll, achtsam, solidarisch, neugierig, interessiert am Neuen

Mann, 55:

Ehrlichkeit, Treue, Verständnis, gutes Aussehen, sollte kochen können

Mann, 71:

Vertrauen, Zuneigung, Herzlichkeit, diskussionsfreudig, Toleranz

Mann, 61:

Treue, Toleranz, werteorientiert, liebes Wesen, humane Lebenseinstellung

Mann, 64:

Lieb, verständnisvoll, harmoniebedürftig, tolerant, sexy und erotisch

Mann, 50:

Spontan, treu, verständnisvoll, ehrlich, zärtlich

Mann, 42:

Intelligent, schön, sportlich, einfühlsam, treu

Mann, 32:

Verlässlichkeit, liebevoll, Verständnis, Selbstständigkeit, Treue

Mann, 61:

Humor, einfache, liebe Erscheinung, Spontaneität, Verständnis, Standvermögen

Mann, 66:

Treue, für den anderen da sein, vertrauen können, Zuverlässigkeit, Ehrlichkeit, sich über Probleme des Lebens unterhalten und austauschen können, mitfühlend bei Freude, Trauer, Schmerz (= soziale Kompetenz), sich respektieren, keine egoistischen Eitelkeiten

Mann, 56:

Charakter, gut aussehen, gepflegt, treu, ohne Altlasten, man wird Abstriche machen müssen ;-)

Mann, 65:

Treu, hübsch, sexy, zuverlässig, kinderlieb

Mann, 53:

Ehrlichkeit, humorvoll, verständnisvoll, hübsch (zumindest eine gute Figur), intelligent

Mann, 55:

Verlässlichkeit und Treue, Humor, Fantasie und Sinn für Kultur, Musik,

innere Schönheit und auch ein bisschen äußere Schönheit, man muss
mit ihr über alles reden können

Mann, 62:
Treue, schlank, sportlich, erotisch, liebevoll

Mann, 77:
Gute Ehefrau, treu, Zuverlässigkeit, gute Hausfrau, Aufmerksamkeit

Mann, 45:
Verständnisvoll, liebevoll, humorvoll, bodenständig, selbstständig

Mann, 70:
Ehrlich, freundlich, humorvoll, schlank, hübsch

Mann, 56:
Schön, liebevoll, zuverlässig, fürsorgend, sexy

Mann, 61:
Treue, Ehrlichkeit, Humor, Ordnungssinn, Streicheleinheiten

Mann, 57:
Ehrlich, zuverlässig, humorvoll, unternehmungslustig, fürsorglich

Literatur

Adam, Birgit: *Think Single*, München 2007

Austen, Jane: *Emma*, München 2005

Austen, Jane: *Stolz und Vorurteil*, Stuttgart 2008

Austen, Jane: *Verstand und Gefühl*, München 2000

Bachmann, Ronald: *Singles, Reihe XXII Soziologie*, Band 235,
Frankfurt am Main u. a. 1992

Berne, Eric: *Spiele der Erwachsenen*. Psychologie der menschlichen
Beziehungen, Reinbek 2002

Bohn, Caroline: *Die soziale Dimension der Einsamkeit*. Unter besonderer
Berücksichtigung der Scham, Hamburg 2008

Bretécher, Claire: *Die Frustrierten*, Band 1, Reinbek 1978

Buchthal, Stanley und Bernard Comment (Hg.): *Marilyn Monroe.
Tapfer lieben*. Ihre persönlichen Aufzeichnungen, Gedichte und Briefe,
Frankfurt am Main 2010

Deml, Sonja: *Singles in der Moderne*. Ursachen und vermeintliche
Ursachen des Single-Phänomens, Saarbrücken 2007

Deml, Sonja: *Singles. Einsame Herzen oder egoistische Hedonisten?*
Eine kritische und empirische Analyse, Herbolzheim 2010

Dreitzel, Hans Peter: *Die Einsamkeit als soziologisches Problem*,
Zürich 1970

Epp, Annette: *Herz, nun kannst du jubeln*. Liebesgedichte der Kaiserin
Elisabeth, München 2007

Fauser, Jörg: *Alles wird gut*, München 1979, 1982

Frances, Allen: *Normal*. Gegen die Inflation psychiatrischer Diagnosen,
Köln 2013

Grözinger, Gerd (Hg.): Das Single. Gesellschaftliche Folgen und Trends, Opladen 1994

Hillis, Marjorie: *Live alone and like it*. Benimmregeln für die vergnügte Singlefrau, München 2005

Hoffmann, Monika: *Solo aufs Parkett*, Nürnberg 2006

Houellebecq, Michel: *Ausweitung der Kampfzone*, Berlin 2005

Houellebecq, Michel: *Die Welt als Supermarkt*, Köln 1999

Houellebecq, Michel: *Elementarteilchen*, Köln 1999

Hradil, Stefan: *Die ›Single-Gesellschaft‹*, München 1995

Kaufmann, Jean-Claude: *Singlefrau und Märchenprinz*. Über die Einsamkeit moderner Frauen, Konstanz 2002

Kern, Jutta: *Singles*. Biographische Konstruktionen abseits der Intim-Dyade, Opladen/Wiesbaden 1998

Kornyeyeva, Lena: *Die sedierte Gesellschaft*. Wie Ritalin, Antidepressiva und Aufputschmittel uns zu Sklaven der Leistungsgesellschaft machen, München 2014

Kracauer, Siegfried: *Die Angestellten*, Frankfurt am Main 1930

Lauth, Gerhard W. und Peter Viebahn: *Soziale Isolierung*. Ursachen und Interventionsmöglichkeiten, Weinheim 1987

Lloyd Webber, Imogen: *Der Single Girl's Guide*, Berlin 2009

Macia, Robert: Endlich Single! *Das Manifest*, München 2011

Maslow, Abraham: *Motivation and personality*, New York 1954

Meier-Jakobsen, Angela: *111 Gründe, Single zu sein*, Berlin 2011

Mettler-von Beibom, Barbara: *Einsamkeit in der Mediengesellschaft*, Münster 1996

Musil, Robert: *Mann ohne Eigenschaften*, Hamburg 1987

Perry, P. und C. Steiner: *Emotionale Kompetenz*, München 1999

Puls, Wichard: *Soziale Isolation und Einsamkeit*. Ansätze zu einer empirisch-nomologischen Theorie, Wiesbaden 1989

Richrath, Monika: *Das kleine Singlewohlfühlbuch für Frauen*, München 2005

Sartorius, Marieta: *Die hohe Schule der Einsamkeit*, Gütersloh 2006

Schreiber, Hermann: *Singles. Allein leben – besser als zu zweit?*, München 1978

Senett, Richard: *Der flexible Mensch*. Die Kultur des neuen Kapitalismus, München 2000

Steiner, Claude, G. Michel und H. Oberdeck: *Die Kunst, sich miteinander wohl zu fühlen*. Emotionale Kompetenz in Familie und Partnerschaft, Freiburg 2004

Steiner, Claude: *Wie man Lebenspläne verändert*. Die Arbeit mit Skripts in der Transaktionsanalyse, Paderborn 2005

Stewart, I. und V. Joines: *Die Transaktionsanalyse*. Eine Einführung, Freiburg 2000

Tudor-Sandahi, Patricia: *Verabredung mit mir selbst*, Freiburg 2013

Tworuschka, Udo: *Die Einsamkeit*. Eine religionsphänomenologische Untersuchung, Bonn 1974

Vom Scheidt, Jürgen: *Singles*. Alleinsein als Chance des Lebens, München 1980

Wagner, Ursula: *Die Kunst des Alleinseins*, Bielefeld 2011

Weininger, Otto: *Geschlecht und Charakter*, Wien 1904 (2. Auflage)

Wickenhöfer, Olaf: *Unfreiwillig Single*, Marburg 2004

Anmerkungen

1 Tweet von »madame deux coeurs«, @2ndfeeling, am 12.02.2015 auf Twitter

2 Michael Allmaier: »Das geheime Leben der Singles«, *Die Zeit*, 26.11.2007, online-Ausgabe, www.zeit.de/2007/48/Singles, Abruf am 1.3.1015

3 Michel Houellebecq: *Elementarteilchen*, Köln 1999

4 Houellebecq, a. a. O., S. 15

5 Houellebecq, a. a. O., S. 16

6 Houellebecq, a. a. O., Vorrede

7 Jörg Fauser: *Alles wird gut*, München 1979, 1982, S. 7

8 »Zahl der Singles in Deutschland auf dem Höchststand«, *Hamburger Abendblatt*, 11.7.2012, http://www.abendblatt.de/vermischtes/article108264691/Zahl-der-Singles-in-Deutschland-auf-dem-Hoechststand.html, Abruf am 15.06.2015

9 http://www.heise.de/tp/artikel/42/42896/1.html, Abruf am 01.03.2015

10 https://www.youtube.com/watch?v=072LrlGvSq8, Abruf am 28.2.105

11 Kurt Tucholsky: *Schloß Gripsholm*, Berlin 1931, S. 10 Immerhin war *Schloß Gripsholm* trotz der Vorrede noch ein Liebesroman.

12 Jane Austen: *Stolz und Vorurteil*, Stuttgart 2008 (engl. Originalausgabe 1813), S. 5 f.

13 Richard Sennett: *Der flexible Mensch. Die Kultur des neuen Kapitalismus*, Berlin (7) 2000, S. 141

14 Der Film *Menschen am Sonntag*, 1930 in Berlin uraufgeführt, illustriert

sehr anschaulich das Leben der Angestellten in der Metropole.
Vier junge Erwachsene verbringen einen Sonntag …

15   Richard Sennett: *Der flexible Mensch. Die Kultur des neuen Kapitalismus*, München 2000

16   Jürgen vom Scheidt: *Singles. Alleinsein als Chance des Lebens*, München 1980

17   Vom Scheidt, a. a. O., S. 80

18   Vom Scheidt, a. a. O., S. 129

19   http://www.horizont.net/medien/nachrichten/IVWProgrammies-verlieren-Land-und-Kochmagazine-im-Aufwind-118748, Abruf am 05.03.2015

20   http://www.nido.de/artikel/category/familienleben/ Abruf am 05.05.2015

21   Réda El Arbi: »Die Unsicheren, die Arroganten & die Idioten«, Züritipp Stadtblog, 18.6.2014, blog.tagesanzeiger.ch/stadtblog/2014/06/18, Abruf am 01.03.2015

22   Réda El Arbi: »Fasnacht für die Männlichkeit«, *Tagesanzeiger*, Züritipp Stadtblag, 22.11.2014, http://blog.tagesanzeiger.ch/stadtblog/2014/11/22/fasnacht-fuer-die-maennlichkeit, Abruf am 01.03.2015

23   Vom Scheidt, a. a. O., S. 144

24   Ebd.

25   Martin Spiewak: »Die biologische Uhr anhalten«, *Die Zeit*, 19.07.2013, online-Ausgabe, http://www.zeit.de/2013/29/kinderwunsch-socialfreezing-eizellen-einfrieren/komplettansicht, Abruf am 1.3.2015

26   Vgl. die Angaben auf der homepage der dänischen Samenbank: http://dk-de.cryosinternational.com/ spendersuche/?donor-search-id=&donor-searcheyecolor= 0&donor-search-haircolor=1&donor-searchrace= 2&donor-search-ethnicity=0&donor-searchtype= 1&donor-search-standard=0&donor-searchheight= 5&donor-search-weight=0&donor-searchusage= 0&donor-search-bloodtype= 0&donor-searchprofile= 0&donor-search-quality=0&donor-searchquantity= 0, Abruf am 7.3.2015

27   Cosima Schmitt: »Miiiiiez, miezmiezmiez«, *Die Zeit*, 26.05.2014,
      online-Ausgabe, http://www.zeit.de/2014/21/katzencafe-schnurrke-
      koeln, Abruf am 06.03.2015

28   »Kuschelhaus in Wisconsin: Küssen verboten«, *Der Spiegel*,
      21.10.2013, online Ausgabe, http:// www.spiegel.de/panorama/
      usa-kuschelhaus-eroeffnet-inmadison-in-wisconsin-a-928979.html,
      Abruf am 6.3.2015

29   Silvia Sandes: »Familienplanung ohne Liebe – der Trend geht zur
      Design-Familie – Psychologen besorgt«, in *Focus*, online-Ausgabe,
      6.10.2013, http://www.focus.de/gesundheit/baby/familienplanung-
      ohne-liebe-der-trend-geht-zur-design-familie-psychologen-besorgt_
      aid_1121552.html, Abruf am 15.3.2015

30   »The number of single people has reached a record high. A survey
      in 2011 found, that 61% of unmarried men and 49% of woman aged
      18-34 were not in any kind of romantic relationship, a rise of almost
      10% from five years earlier. Another study found that a third of people
      under 30 had never dated at all.« Abigail Haworth, »Why have
      young people in Japan stopped having sex«, in: The Observer,
      20.10.2013, www.theguardian.com/world/2013/oct/20/youngpeople,
      Abruf am 6.3.2015

31   Tweet von @Adnan:Imamovic am 8.2.2015 auf Twitter

32   »Digitaler Dopamin-Rausch«, in: *Buchreport*, online-Ausgabe,
      http://www.buchreport.de/nachrichten/nachrichten_detail/da-
      tum/2015/04/30/digitaler-dopamin-rausch.htm?no_cache=1&cHash=
      a3255695815e9f46ffce3e7ca48f4c37, Abruf am 3.5.2015

33   Wort, das Japanerinnen beispielsweise benutzen, um eine sexuelle
      Beziehung abzulehnen. Eine Beziehung sei »mendokusai«,
      zu anstrengend, einfach lästig.

34   www.grimme-institut.de/html/index.php? Id=138, Abruf am 6.3.2015

35   Manchen Nutzern reicht es nicht, nur über Facebook und andere
      soziale Medien in die digitale Parallelgesellschaft einzutauchen. Sie
      nehmen am Spiel »Second Life« teil, das tatsächlich eine zweite

Realität bietet. In dieser kann man einen eigenen Avatar aufbauen und dessen Leben begleiten. Über 36 Millionen Nutzerkonten soll es bei »Second Life« inzwischen geben.

36 Michael Allmaier, *Die Zeit*, 22.11.2007, a. a. O

37 Ebd.

38 http://www.edarling.de/ratgeber/singleleben-partnersuche/weihnachten-allein, Abruf am 6.3.2105

39 Tweet von »Roboklops«, @outerspace_girl am 16.2.2015 auf Twitter

40 Vgl. David Hugendick: »Domian – Bist du noch da?«, *Zeit* online, 10.3.2015, http://www.zeit.de/kultur/film/2015-03/domian-sendung-wdr, Abruf am 15.3.2015

41 »Emotionale Kompetenz« (»emotional literacy«) ist ein Begriff, den der amerikanische Psychologe Claude Steiner geprägt hat. Er bezeichnet die Fähigkeit, seine Gefühle zu erkennen, mit sich selbst und anderen angemessen umzugehen und eine erfüllte Beziehung aufzubauen.

42 Werbung von »Friedscout 24« in: Freundin, 13/2014, S. 111

43 https://de.lovoo.com, Abruf am 06.03.2015

44 thtp://www.singleboersen-vergleich.de/ news_einzel_2009/2014-03-14-ruecklick-singlesymposium-2014-berlin.htm, Abruf am 15.03.2015

45 Michel Houellebecq: *Die Welt als Supermarkt*, Köln 1999, S. 58

46 Der Begriff »Drehbuch« ist hier der Theorie des amerikanischen Psychologen Eric Berne entnommen. Bei dem Drehbuch handelt sich um ein Szenario, das sich das Kind selbst unterbewusst schreibt – auf der Grundlage der Informationen, die ihm die Eltern und andere Kontaktpersonen zukommen lassen.

47 Finanzen.net am 15.2.2015, http://www.finanzen.net/nachricht/aktien/ROUNDUPBeate-Uhse-profitiert-von-weiblicher-Erotik-Welle-4185314, Abruf am 6.3.2015

48 Stephan Happel: »Der Trend zum Alleinsein verändert den Einkauf«, *Wirtschaftswoche*, 10.11.2014

49 www.plentymorefishoutofwater.com/2009/09/singlenight-at-tesco.